Michaela Glöckler

Macht in der zwischenmenschlichen Beziehung

Nelson Mandela,
dem unermüdlichen Kämpfer für das Gute
gewidmet.

Michaela Glöckler

Macht in der zwischenmenschlichen Beziehung

Grundlagen einer Erziehung zur Konfliktbewältigung

MAYER

Michaela Glöckler, Dr. med., geboren 1946 in Stuttgart. Studium der Germanistik und Geschichte in Freiburg und Heidelberg. 1971 Staatsexamen, danach Medizinstudium in Tübingen und Marburg mit anschließender Weiterbildung zur Kinderärztin am Gemeinschaftskrankenhaus in Herdecke und an der Universitätsklinik in Bochum. Bis 1988 Mitarbeit in der Kinderambulanz am Gemeinschaftskrankenhaus und schulärztliche Tätigkeit an der Rudolf-Steiner-Schule in Witten. Seit 1988 Leitung der Medizinischen Sektion am Goetheanum in Dornach/Schweiz. Publikationen: Goebel/Glöckler: »Kindersprechstunde«, »Elternsprechstunde«, »Elternfragen heute«, »Vom Umgang mit der Angst«, »Männliche und weibliche Konstitution«, »Das Schulkind«, »Medizin an der Schwelle«,»Begabung und Behinderung«, »Heilkraft der Religion«.

Die Deutsche Bibliothek – CIP-Einheitsaufnahme

Glöckler, Michaela:
Macht in der zwischenmenschlichen Beziehung: Grundlagen einer Erziehung zur Konfliktbewältigung/Michaela Glöckler. – Stuttgart; Berlin: Mayer, 1997
ISBN 3-932386-09-4

ISBN 3-932386-09-4

Umschlag: Bruno Schachtner, Dachau
Satz und Druck: Clausen & Bosse, Leck

Inhalt

Vorwort

Beziehungen stehen im Zentrum jedes Menschenlebens. Sie bereichern das Leben und sind Grundlage für beglückende Formen der Zusammenarbeit. Sie können aber auch das Gegenteil bewirken, indem sie Lähmung verursachen, Verwirrung stiften oder Haß und Kälte ausstrahlen. Ja, es können Probleme und Konflikte im Bereich der zwischenmenschlichen Beziehungen das Leben der Betroffenen so sehr belasten, daß dies in Krankheit und Tod hineinführen kann. Dabei spielt die Macht, die wir über einander haben, gegen- oder füreinander ausüben, eine zentrale Rolle. Entsprechend sind Macht- und Führungsfragen Dauerthemen im privaten und beruflichen Leben der meisten Menschen der Gegenwart. Wie kann ein menschenfreundlicher Umgang mit der Macht gelernt werden? Welche Möglichkeiten haben Erziehung und Selbsterziehung, um Führungsqualitäten zu fördern, so daß Machtbefugnisse konstruktiv eingesetzt werden?

Dieses Buch ist Ergebnis einer während zwanzig Jahren immer wieder durch die Arbeit geforderten Beschäftigung mit dieser Thematik. Dabei stand die Frage im Vordergrund, was Erziehung und Selbsterziehung beitragen können, um Machtkonflikten in Beziehungskrisen vorbeugen zu können oder – wenn sie schon unvermeidlich sind – doch zumindest bewältigen zu helfen. Denn sowohl in den Jahren meiner kinder- und schulärztlichen Tätigkeit als auch während der jetzt im zehnten Jahr stehenden Arbeit in der Medizinischen Sektion am Goetheanum war ich immer wieder gefragt, hierzu Gesichtspunkte und Lösungsansätze aus Medizin, Pädagogik und der Anthroposophie Rudolf Steiners beizutragen. So konnte ich – als der Verleger Johannes Mayer mich fragte, zu diesem Thema etwas zu veröffentlichen – auf von Zuhörern bearbeitete Manuskripte und persönliche Notizen zurückgreifen. Ich möchte dabei all denen herzlichst danken, die mir diese Vortragsmanuskripte zur Verfügung gestellt haben und mir durch ihre Fragen und Sorgen die Möglichkeit gaben, mich mit dieser immer brennender werdenden Problematik auseinanderzusetzen.

Johannes Mayer und Johannes Labudde gilt mein besonderer Dank für die redaktionelle Mitarbeit und Hilfe bei der Fertigstellung des Manuskriptes, insbesondere auch für die Anfertigung des Namens- und Sachverzeichnisses. Elisabeth von Kügelgen und Georg Glöckler danke ich für wertvolle Anregungen und Hinweise, meiner Mitarbeiterin Ruth Andrea aber für das sorgfältige Besorgen der Schreib- und Korrekturarbeiten.

Ich habe den mündlichen Charakter der Darstellung beibehalten. Hatte doch alles, was ich mir zu dieser Thematik erarbeitet habe, seinen Anlaß in konkreten Situationen und Fragestellungen aus den Konflikten des täglichen Lebens, in denen das offene Gespräch gefragt war. So wurden auch gewisse thematische Wiederholungen in den einzelnen Kapiteln belassen, um von verschiedenen Ansatzpunkten her immer wieder neu an die schwierige Frage einer Erziehung zum konstruktiven Umgang mit der Macht heranzugehen. Entsprechend findet auch die Begleitthematik »Erziehung und Selbsterziehung zur Konfliktbewältigung« in jedem Kapitel Fortsetzung oder Beleuchtung aus anderer Perspektive.

Dornach, Pfingsten 1997 — Michaela Glöckler

Macht in der zwischenmenschlichen Beziehung

Frei ist der Mensch,
insofern er in jedem Augenblicke seines
Lebens sich selbst zu folgen in der Lage ist.

Rudolf Steiner

Was ist Macht?

Die Fähigkeit, etwas zu tun und damit in irgendeiner Form Macht auszuüben, ist eine naturgegebene Anlage jedes Menschen, so wie es die Möglichkeiten der Sinneswahrnehmung, des Mitempfindens, der Gedankenbildung und der Ideenentwicklung sind. *Stärke, Schönheit und Weisheit* nannte man diese menschlichen Grundveranlagungen in den alten Kulturen.[1] Wo immer der Mensch aber etwas unternimmt, verändert er die Welt und greift damit in Lebensbedingungen und Handlungsabläufe anderer Menschen ein. Er kann gar nicht handeln, ohne zu verändern, zu beeinflussen, das heißt ohne »Macht« auszuüben. Die Frage ist nur, wie *weisheitsvoll, schön* beziehungsweise *konstruktiv* seine Handlungen erlebt werden.

Menschliche Beziehungen leben einerseits im Spannungsfeld persönlicher Erwartungen und Ansprüche und andererseits im Spannungsfeld sozialer Rücksichtnahme und der durch Leben und Arbeit geforderten Sachkompetenz. Und so fordert der Umgang mit der Macht die Ausbildung von Fähigkeiten auf drei Gebieten:

- dem Gebiet der Selbsterkenntnis und Selbsterziehung, das heißt dem Gebiet der Machtausübung über sich selbst in Form der Selbstbeherrschung,
- dem Gebiet sozialer Rücksichtnahme im Umgang mit den Bedürfnissen und Intentionen der Mitmenschen und
- dem Gebiet der sachbezogenen Lebensaufgaben, der beruflichen Qualifikation, der Hingabe an die »Macht einer Aufgabe«, der man sich widmen möchte.

Schlüssel im Umgang mit der Macht

Jeder Mensch besitzt je nach Willensvermögen und Motivationen seine besonderen Möglichkeiten zu handeln und damit auch Macht über Vorgänge, Situationen und andere Menschen auszuüben. Andererseits sind es gerade eben diese Vorgänge, Situationen und Menschen, die ihn selber zu Handlungen motivieren können.

Schon in der Antike war es bekannt, daß der Herrscher nur regieren kann, wenn Menschen da sind, die sich beherrschen lassen. Dies gilt auch für jede kleinste Verursachung einer Handlung. Wären die Gründe für ein mögliches Agieren nicht gegeben, könnte dieses gar nicht stattfinden, und umgekehrt: würden die Gründe vom Handelnden nicht wahrgenommen beziehungsweise für richtig befunden, so würde keine Handlung erfolgen. Eben dieser Tatbestand ist es, der den bewußten Umgang mit der Macht einerseits so komplex und schwierig macht, andererseits aber auch so anregend für Selbsterkenntnis und Weltverständnis. Denn die Gründe zur Machtausübung liegen zum einen im Zentrum der Persönlichkeit, die sich zu einer Handlung entschließt. Zum anderen liegen sie in den jeweiligen Menschen verborgen, deren Verhalten oder deren Bedürfnisse Anlaß für das eigene Handeln werden. So liegen sie auch in denjenigen, die Verhalten und Handlung des Mächtigen erhoffen, erleiden oder ignorieren. Denn von *ihnen* hängt ab, wie sie mit den Aktionen des Mächtigen umgehen, wie sie sich dazu stellen, was sie daraus für sich machen. *Sie* entscheiden letztendlich, ob sie sich in einer Situation äußerer Abhängigkeit auch *innerlich* unfrei machen lassen, so daß der Mächtige tatsächlich herrscht.

Selbst wenn an äußeren Machtverhältnissen und Verhaltensweisen des »Mächtigen« nichts zu ändern ist, so ist doch fortwährend an der Art und Weise etwas zu ändern, wie der einzelne diesen Verhältnissen innerlich begegnet. Jeder Machtkonflikt ist durch dieses Spannungsfeld gekennzeichnet, das sich zwischen denen, die herrschen wollen, und denjenigen, die sich beherrschen lassen (müssen), auftut. Sich in diesem Spannungsfeld konstruktiv zu bewegen, ist nicht einfach. Daher gibt es auch eine Fülle von Literatur zum Konfliktmanagement und zu Führungsfragen. Es zeigt sich immer deutlicher, daß eine bewußte Schulung hier sehr viel bewirken kann. So möchte ich an dieser Stelle ein Beispiel solcher Literatur anführen und es im Hinblick auf unser Thema ein wenig kommentieren. Es handelt sich um Stephen Coveys Buch *Die sieben Wege zur Effektivität.*[2]

Covey – amerikanischer Unternehmensberater – schildert in einfacher, gut nachvollziehbarer Art sieben Verhaltensweisen beziehungsweise Formen einer bestimmten Art der Machtausübung. Das Durchdenken und Üben dieser sieben Verhaltensweisen verhilft nicht nur dazu, sich selber im Machtkonflikt nicht mißbrauchen zu lassen, sondern auch zu lernen, wie man die eigenen Möglichkeiten der Machtausübung anderen gegenüber nicht mißbraucht.[3] Immer wieder sind wir in Gefahr, entweder in Machtausübung zu verfallen, indem wir andere ohnmächtig machen, oder aber aus Schwäche uns selbst anderen gegenüber auszuliefern. Jeder Mensch steht in diesem Spannungsfeld zwischen Übermacht und Ohnmacht, und die Frage ist, wie er lernt, damit umzugehen. Kann es gelingen, das Willensvermögen so zu beherrschen, daß man nur da auf den Willen anderer Einfluß nimmt, wo dies gewollt wird oder durch die Sache, um die es geht, gefordert ist?

Einleitend erinnert Covey daran, was viele Zeitgenossen in ihrem Lebensgefühl heute als eine Art Grundstimmung haben, indem sie sich in dreifacher Weise beeinflußt beziehungsweise determiniert erleben: körperlich durch Vererbung, seelisch durch Eltern und Erzieher und geistig durch Schule und Studium.[4] Diese Grundstimmung ist aber ein großes Hindernis für das freie Ergreifen des eigenen Willens, da man an diese Freiheit gar nicht mehr glaubt.[5] Covey betont nun, wie entscheidend es ist, sich innerlich von diesem dreifachen Determinismus zu befreien und darauf aufmerksam zu werden, daß wir als Menschen – auch wenn wir uns noch so abhängig erleben von unserer körperlichen Konstitution und dem, was an Handlungsabläufen aus der Umwelt auf uns zukommt – doch immer einen Freiraum haben, einen »Spielraum«, der uns ermöglicht, auf unsere körperliche Konstitution und die Handlungsabläufe der Umwelt so einzuwirken und zu reagieren, *wie wir es wollen.*

Wie reagiere ich zum Beispiel, wenn ein Kind brüllt, provoziert und mir die Zunge herausstreckt oder absichtlich mit Essen um sich wirft? Ich kann spontan reagieren und dem Kind einen Klaps auf die Hand geben, das Essen wegnehmen oder es in ein Zimmer bringen, wo es sich ausbrüllen kann. Ich kann aber auch sehr bewußt die Art meiner Reaktion gestalten – ganz so, wie ich es in diesem Augenblick will. Denn vielleicht weiß ich ganz genau, warum das Kind jetzt schlechte Laune hat, da ich es viel zu spät vom Spielplatz geholt habe und es total müde ist. Also zeige ich mich ruhig und tue alles, um das Kind möglichst bald ins Bett zu bringen. Ich kann die Sache aber auch durch »Übersehen« entschärfen und durch eine Ablenkung und verstärkte Aufmerksamkeit dem Kind gegenüber für den Abschluß des Essens eine neue Situation schaffen.

Auch in schwierigsten Situationen im Leben kann ich mir klarmachen, daß es zwischen meinen durch körperliche Konstitution und mein bisheriges Leben geprägten Verhaltensmustern und Reaktionsmöglichkeiten und dem Ereignis, mit dem ich jetzt konfrontiert bin, einen Entscheidungsspielraum gibt. Ich *muß* nicht reagieren – ich *kann.* Ich kann mir die Situation anschauen. Wie ich aber darauf reagiere und mich dazu einstelle, ist ein Prozeß, den ich selber in Freiheit gestalte. Ich werde nicht abhängig davon, sondern lerne aktiv daraus und bestimme selbst, wohin es mich führt. Eine solche Erfahrung ist zugleich auch die Geburtsstunde eines gesunden Selbstbewußtseins. Denn der Mensch muß überhaupt nichts – er muß nicht einmal seinen Prägungen und seinen Veranlagungen folgen! *Einzig er allein entscheidet, was er muß, will und können möchte.*

Covey referiert hierzu das Beispiel des in der Nazizeit im Konzentrationslager inhaftierten Psychiaters Viktor Frankl. Dieser war von seiner Ausbildung her eigentlich ein Determinist und ein in der Freudschen Analyse geschulter Psychiater. Und das Wunder geschieht: Auf dem Gipfel der äußeren Unfreiheit entdeckt er seine innere Freiheit auf allen drei Ebenen, der körperlichen, seelischen und geistigen. Er befreit sich von diesem dreifach angenommenen Determinismus und beginnt, sich dessen bewußt zu werden, was er später »die letzte Freiheit des Menschen« nannte. Jene Freiheit, die ihm die Nazischergen nicht wegnehmen konnten, mochten sie seine Umgebung kontrollieren und mit seinem Körper machen, was sie wollten: Viktor Frankl blieb er selbst, er konnte beobachten, was mit ihm geschah, und sich dazu stellen. Seine Identität blieb intakt, und so konnte er selbst entscheiden, wie er auf das, was mit ihm geschah, letztlich reagieren wollte und ob es ihn zerstören oder in seiner Menschlichkeit erhalten beziehungsweise weiterbringen sollte. Zwischen dem, was ihm widerfuhr, und seiner Reaktion darauf erlebte er seine Freiheit und die Kraft, seine eigene Reaktion zu bestimmen. Inmitten dieser furchtbaren Erfahrungen projizierte Frankl sich selbst in andere Umgebungen, unter andere Bedingungen und sah sich beispielsweise schon in Gedanken, wie er nach einer möglichen Befreiung aus dem Lager später seine Studenten ganz anders unterrichten würde, als er es vor dem Lageraufenthalt getan hatte. Er malte sich aus, wie er diese Erfahrungen für seine künftigen Hörer fruchtbar machen würde.

Obschon dies mit Sicherheit eine der extremsten Situationen ist, in der die Freiheit des Willens entdeckt und die Willensbefreiung geübt werden kann, so ist es doch zugleich auch eines der trostreichsten Beispiele. Denn es macht deutlich, welch übergroße Leistungen auf diesem Gebiet für den Menschen möglich sind. Erlebt doch jeder im Laufe seines Lebens an irgendeiner Stelle Machtübergriffe auf sich selbst, ohne sich wehren und jetzt sagen zu können: Auch wenn ich diese Machtausübung nicht verhindern kann, so will ich doch selbst entscheiden oder zumindest mitbestimmen, inwieweit es mir schadet und was ich durch Arbeit an meiner eigenen Einstellung zu diesem Ereignis dazu tun kann, daß es mich letztlich doch in meiner Entwicklung *fördert*. Wer diese Möglichkeit bei sich entdeckt, der hat den Schlüssel für den Umgang mit der Macht in die eigene Hand bekommen.

Im Folgenden seien die sieben Wege im einzelnen charakterisiert:

- ☐ Der erste Weg, der beschritten werden muß, besteht darin, die obengenannte *Willensfreiheit* bei sich selber zu entdecken.[6] Auch Nelson Mandela hat diese Erfahrung während der Zeit seiner 27-jährigen Haft in Südafrika eindrucksvoll beschrieben.[7] Jeder Mensch kann sie auf seine Weise in den individuellen Gefängnissituationen seines Lebens machen. Durch diese Erfahrung lernen wir, »pro-aktiv« zu werden. Das heißt wir entwickeln eine unternehmerische Gesinnung für unser eigenes Leben und die Arbeit – ganz unabhängig von der »Position«, die wir gerade einnehmen. Wir motivieren uns, Kraft unserer Willensfreiheit, aus allem das für uns und unseren Umkreis Beste zu machen.

- ☐ Der zweite Weg, der einzuschlagen ist, ist die Einsicht: Wenn ich über einen freien Willen verfüge, so muß ich diesem Willen *Ziele setzen*. Ich muß ein Ziel für meine Entwicklung haben.[8] Denn der Wille braucht für alles, was er vollbringen soll, eine möglichst klare Orientierung. Was ist also mein Lebensmotiv? Warum soll dies oder jenes geschehen? Je weniger ich selber weiß, was ich will, desto mehr kann ich von anderen benützt oder mißbraucht werden. Für eine sinnvolle und menschliche Machtausübung braucht man ein Ziel, an dem sich der Wille orientieren und um dessentwillen man dann auch Hindernisse überwinden kann.

□ Als dritte Wegrichtung erscheint die praktische Durchführung der Ziele in der Form, daß *man lernt, die richtigen Prioritäten zu setzen.*[9] Denn wer seine Willensfreiheit entdeckt hat und auch weiß, was er will, braucht jetzt den geeigneten Weg, um von dieser Zielvorstellung zur Wirklichkeit zu kommen. Und hier gilt der Hinweis, sich immer an das zu halten, was im Hinblick auf das Ziel im Moment das Wichtigste und Wesentlichste ist. Wer also beginnen möchte, die Machtausübung über sich selbst ernsthaft zu üben, der sollte alle Energie darauf verwenden, die eine Sache, die ihm wirklich wichtig ist, auch zu bearbeiten beziehungsweise – wenn er sich ablenken lassen muß – sie nicht aus dem Auge zu verlieren und bei der nächstmöglichen Gelegenheit in Angriff zu nehmen. Denn es schwächt den Willen, wenn man sich immer wieder etwas vornimmt und es dann ohne Not von außen einfach nicht tut.

Umgekehrt stärkt den Willen nichts mehr, als wenn wir das, was wir uns vorgenommen haben, auch wirklich tun. Man kann dies schon bei kleinen Dingen, die man sich vornimmt, unmittelbar erleben. Selbst wenn man sich nur vornimmt, eine Blume täglich anzuschauen – nach Möglichkeit sogar zur selben Zeit – bemerkt man den wohltätigen Einfluß auf das eigene Willensvermögen.[10] Nur das stete Verfolgen des Wesentlichen und das Lernen, Wesentliches von Unwesentlichem zu unterscheiden, läßt nicht nur das Ziel näher rücken, sondern stärkt auch täglich den eigenen Willen.

- Der vierte Weg betrifft den familiären und beruflichen Alltag, in dem man es mit dem *Aufeinanderprallen verschiedener Ansichten* zu tun hat.[11] Der eine will im Urlaub das Meer genießen, der andere lieber im Gebirge klettern oder in den freien Wochen zu seiner kranken Mutter fahren, um die Schwester in der Pflege zu entlasten. Ein Vierter hingegen will einen harmonischen Familienurlaub machen, bei dem man nicht mit Alltagssorgen belastet ist. Oder aber die Szene, die jeder aus dem Familienalltag kennt: Das Kind möchte gerne noch aufbleiben, es soll aber eigentlich schon zu Bett gehen. Entsprechend gibt es im beruflichen Leben Meinungsverschiedenheiten über notwendige Innovationen, über die Aufteilung der Arbeit und vieles mehr. Normalerweise verhält man sich in einem solchen Meinungskonflikt so, daß man sagt, was man selbst für richtig hält. Es geht dann meist darum, wer seine Ansicht am besten »verkaufen« kann, wer durchkommt, wer also »siegt«. Dies aber ist eine unkonstruktive Haltung, wenn man alle Betroffenen mit ihrem freien Willen ernst nehmen will. Es gilt also, *an einer Lösung zu arbeiten, die allen Beteiligten gerecht wird.* Zum Beispiel geht das Kind abends eben doch schon früh ins Bett, bekommt dafür aber noch eine besonders schöne kleine Extrageschichte erzählt. Es gewinnt etwas, muß jedoch auch etwas dafür einsetzen. Ebenso der Erwachsene. Er verliert eine Viertelstunde, die er für das Erzählen aufwenden muß, aber er gewinnt dafür das schöne Gefühl, daß das Kind am nächsten Morgen ausgeschlafen sein wird. In dieser Weise kann man auch mit den Ferienplänen umgehen und sich fragen, wie man einen Weg finden kann, allen Seiten gerecht zu werden und Kompromißlösungen zu finden, *durch die jeder etwas gewinnt und nicht nur verliert.* Solche Lösungen durch gegenseitiges Sich-Interessieren, Zuhören, Vergleichen und Abwägen aufzuspüren, ist oft schwierig und mühsam. Und so fühlen sich auch viele Menschen, die das versuchen, im konkreten Fall oft hilf- und ideenlos und fragen sich, wie man denn zu den Einsichten kommt, Konflikte dieser Art konstruktiv zu bewältigen.

- Diese Frage macht einen weiteren Weg nötig. Bevor man nämlich nach einer Lösung für alle sucht, muß die Anstrengung erfolgen, *erst einmal jeden Beteiligten zu verstehen.*[12] Erst dann besteht Aussicht, selber verstanden zu werden. Die meisten Menschen beanspruchen, daß man zunächst sie versteht und rechtfertigen sich, damit sie verstanden werden. Versucht man jedoch, erst einmal den anderen zu begreifen, so daß dieser sich tatsächlich verstanden fühlt, so hat man am Ende auch die Möglichkeit, sich ihm gegenüber besser verständlich zu machen. Denn der andere muß sich dann nicht mehr verteidigen und rechtfertigen, braucht einen nicht mehr zu überzeugen, sondern kann sich jetzt eher öffnen und hören, was man selbst vorbringen möchte.

- Der sechste Weg ist die Fähigkeit zur *konstruktiven Zusammenarbeit,* was Covey – so wie auch andere Unternehmensberater – das »Prinzip der Synergie« nennt.[13] Damit ist die Fähigkeit gemeint, sich von Familienangehörigen, aber auch von jedem anderen, besonders von denjenigen, mit denen man im Beruf zu tun hat, ein positives Persönlichkeitsbild zu verschaffen; das heißt, sich eine Vorstellung von den anderen zu bilden, in der deren Fähigkeiten und Talente zum Tragen kommen. Synergie heißt, Kräfte zum Zusammenwirken aufzurufen. Und gerade hier wird beruflich und privat in der Regel schwer gesündigt. Man kennt genau die Schwächen seiner Mitmenschen und verbringt viel mehr Zeit damit, sich über diese aufzuregen, als man Zeit aufwendet, sich über die Vorzüge und das Bewundernswerte seiner Mitmenschen zu verständigen. Hinzu kommt oft der verhängnisvoller Irrtum, zu meinen, man müsse alles selber machen. In dem Maß, wie man die Fähigkeiten der anderen sehen lernt und anerkennt, bekommt man auch Einfälle, wie man diese Fähigkeiten im Dienste des Ganzen nutzbar machen und ihnen eine Chance geben kann, indem man Verantwortung abgibt und Vertrauen ausspricht.

- Der siebte Weg, den Covey empfiehlt, ist, daran zu arbeiten, *sich selber schöpferisch zu erhalten.*[14] Er empfiehlt, dies dadurch zu üben, daß man bewußt zu einer Lektüre greift, die nicht den eigenen Vorlieben entspricht und deswegen eine Herausforderung für das eigene Verständnisvermögen darstellt. Indem man sich anstrengen muß, fremde oder andere Ansichten auf das eigene Denken wirken zu lassen und sich damit auseinanderzusetzen, entsteht schöpferische Aktivität. Bildhaft umschreibt Covey diese Aktivität mit dem Ausdruck »die Säge schärfen«. In der geistigen Auseinandersetzung mit Andersdenkenden wird das eigene Verständnisvermögen geschärft und die eigenen schöpferischen Möglichkeiten werden erfrischt. Wer dies hin und wieder tut – es gibt Menschen, die wöchentlich oder sogar täglich einen Artikel oder ein Buch dieser Art bearbeiten – wird bemerken, wie die eigenen Denkgewohnheiten dadurch in Bewegung kommen und sich neue Perspektiven für die Anschauung von Welt und Leben herausbilden.

  Und damit schließt sich der Kreis dieser Wege. Zuerst muß man sich zu einer gewissen Eigenaktivität entschließen, sich von Abhängigkeiten freimachen und immer mehr in eine produktive und positive Lebenshaltung hereinkommen und zuletzt dann dafür Sorge tragen, daß dieses schöpferische Vermögen weiterhin Nahrung erhält, um nicht wieder nachzulassen.

Das Überdenken dieser sieben Wege beziehungsweise Verhaltensmöglichkeiten für den Willen beleuchtet vieles in den täglichen Abläufen, auf das man vorher nicht geachtet hat. Auch macht es menschliche Charaktereigenschaften bewußt, die zwar jedem bekannt sind, an denen man aber bisher nicht arbeiten konnte, weil einem der Ansatz dazu fehlte.

Selbsterkenntnis und Selbsterziehung

Wer so ein Buch liest, wie das eben kurz kommentierte von Stephen Covey, gewinnt fraglos neue Gesichtspunkte für seine Selbsterkenntnis. Noch umfassender geschieht dies jedoch, wenn man sich das Schulungsbuch Rudolf Steiners *Wie erlangt man Erkenntnisse der höheren Welten?* vornimmt[15] Da wird so viel vom menschlichen Wesen beleuchtet, von den Möglichkeiten, mit seinem Denken, Fühlen und Wollen umzugehen, daß man nach Beendigung dieser Lektüre mit einem Schlag über sich und die anderen Menschen, ja über das ganze Weltgeschehen in einer Weise orientiert ist, wie man das vielleicht nie für möglich gehalten hat.

Damit beginnt jedoch zugleich auch ein nicht zu unterschätzendes Problem. Denn dieser Zuwachs an Kenntnis befähigt einen, viel deutlicher als bisher auch die Schwächen anderer Menschen wahrzunehmen und je nach Temperament diese anzusprechen beziehungsweise zu kritisieren, womit an die problematische Seite von Wissen, Erkennen und Denken gerührt ist.

Im Durchschauen, im »Wissen« liegt immer die Gefahr verborgen, daß es uns nicht nur problembewußt, sondern unter Umständen auch überheblich, arrogant und anmaßend macht. Plötzlich wissen wir ganz genau, was geschehen müßte, was dieser oder jener hätte tun sollen oder können, und bemerken gar nicht, wie wir uns selbst immer mehr auf ein Podest stellen und von dort aus auf die Verhältnisse herabblicken. Aber auch mit der Selbsterkenntnis ist ein Problem verbunden: der Ärger, ja die Verzweiflung darüber, was man alles *nicht kann*. Man legt dann ein solches Buch wie das von Covey oder Steiner vielleicht mit dem deprimierten Gefühl aus der Hand: Ich weiß ja genau, daß dies alles wahr ist und daß man das eigentlich tun müßte – aber ich kann das nicht.

Mit diesen Reaktionen sind die beiden klassischen Feinde jeder effektiven Selbsterziehung charakterisiert: Der eine kleidet sich in die Illusion, daß, wenn man etwas verstanden hat und weiß, man dann auch das Recht hat, andere Menschen entsprechend zu be- und verurteilen, die dieses Niveau seiner Meinung nach noch nicht haben – aber eigentlich doch haben müßten. Auch liegt oft die Täuschung vor, etwas »zu wissen« bedeute auch schon, daß man »es kann«. Der andere Feind kleidet sich in die Resignation, die bis zur Depression gehen kann, daß man sich diesen Entwicklungsweg nicht zutraut und den Mut zum ersten Schritt nicht hat.

Mit beiden Formen der Selbsttäuschung im Sinne einer Über- und Unterschätzung der eigenen Möglichkeiten hat wirkliche Selbsterkenntnis nichts zu tun. Denn sie muß sich vor allem auf das Gebiet erstrecken, das mit dem *Willen* und dem tatsächlichen *Können* zusammenhängt. Sie beginnt nicht mit dem, was man weiß oder zu wissen meint, sondern ganz schonungslos mit dem, *was man selbst wirklich ist und kann*. Und dies ist weder »nichts« noch »alles«, sondern das jetzt schon Vorhandene, das es zunächst wahrzunehmen und zu schätzen gilt. Erst dann hat man auch die Ruhe, auf das hinzublicken, was fehlt oder änderungsbedürftig ist. Dies aber ist nicht leicht, so daß mit Recht gesagt wird, daß Selbsterkenntnis die schwerste Erkenntnis überhaupt ist, um die man sich bemühen kann. Denn wie gerne breiten wir den Schleier der Selbsttäuschung, der Unbewußtheit und des Im-Grunde-nicht-Wissen-Wollens doppelt und dreifach darüber. Wohingegen das Verhalten anderer Menschen offen und gleichsam nackt vor uns liegt und wir hier gerne unsere Erkenntnismöglichkeiten betätigen. Wenn die anderen jedoch über uns sagen, wir wären so oder so, dann weisen wir das oft weit von uns und denken dabei, daß der Betreffende ja gar keine Ahnung hat, wer und wie wir eigentlich sind und was wir können.

Wirkliche Selbsterkenntnis ist von Selbsterziehung nicht zu trennen – ja mehr noch. Rudolf Steiner betont immer wieder, daß jeder Schritt in der Erkenntnis des eigenen Selbst und der Welt begleitet werden muß von drei Schritten in der Charakterbildung, das heißt in der Selbsterziehung. Er nennt dieses sogar die *Goldene Regel*, die besagt: »Wenn du *einen* Schritt vorwärts zu machen versuchst in der Erkenntnis geheimer Wahrheiten, so mache zugleich *drei* vorwärts in der Vervollkommnung deines Charakters zum Guten.«[16] Wer an sich selber immer wieder die Erfahrung gemacht hat, wie schwer echte Selbsterkenntnis und die damit verbundene Selbsterziehung sind, dem vergeht das Kritisieren der Schwächen anderer Menschen um des Kritisierens willen ganz und gar. Er nimmt sie zwar weiterhin wahr, so wie seine eigenen auch, aber er geht innerlich mit der Frage um, wie er dem anderen helfen kann, an dieser Schwäche zu arbeiten, so wie er selber darum ringen muß. Und da weiß er von sich selbst eines: daß man die Selbsterziehung gerne *selber* vornehmen und nicht von anderen nahegelegt bekommen möchte.

Und so nützt es auch wenig, wenn andere Menschen einem die eigenen Schwächen vorhalten und denken, mit einer solch »ehrlichen Aussprache« wäre etwas Gutes bewirkt. Weiß man doch selber viel zu gut, warum die Dinge so sind, wie sie sind. Positiv ist allenfalls daran, daß derartige Offenbarungen von Mitmenschen uns ein gehöriges Maß an Selbsterziehung abfordern, indem man die vorgebrachte Kritik zunächst einmal entgegennehmen und wenn irgend möglich in Ruhe stehen lassen sollte. Wer jedoch diesen Grad an Selbstkontrolle nicht aufbringen kann, wird zunächst verletzt und zu Rechtfertigungen oder Erklärungen herausgefordert. Beim Umgang mit der Wahrnehmung eigener oder der Schwächen anderer ist es besonders wichtig, sich klarzumachen, daß wir gegenwärtig in einer Zeit leben, in der das Selbstbewußtsein der Menschen so sensibel und wach ist wie wohl nie zuvor.

Es ist heute schon in der Schule so, daß die Kinder eine auffällige Empfindlichkeit ihres Selbstbewußtseins an den Tag legen. Eigentlich braucht jedes von ihnen täglich eine kleine Extrabestätigung und Bejahung für sein Selbstbewußtsein. Das empfindliche Reagieren auf Äußerungen, auf kleinste Ablehnungen oder Tadel ist überstark. Bei Kindern und Erwachsenen ist durchwegs diese hohe Sensibilität in bezug auf das eigene Selbst zu beobachten, womit eine leichte Verletzbarkeit im Gefühlsbereich und der damit verbundenen Selbstwahrnehmung einhergeht. Bei Kindern ist es noch relativ naheliegend, sie mit Sympathie zu umgeben und ihnen die Bejahung zu geben, die sie brauchen, um bei Lernprozessen auch mit Hindernissen und Enttäuschungen fertig werden zu können. Als Erwachsene können wir eine solche rücksichtsvolle Behandlung seitens unserer Mitmenschen nicht erwarten. Da müssen wir auf andere Möglichkeiten zurückgreifen, unser Selbstbewußtsein aufrechtzuerhalten und unsere Selbstachtung zu pflegen. Wie kann man sich also vor Beleidigungen oder persönlicher Demontage schützen und dennoch aus dem Vorfall das Notwendige lernen? Rudolf Steiner gibt hierzu ein schönes Beispiel:

»Es fügt uns jemand eine Beleidigung zu. Vor unserer Geheimerziehung* wenden wir unser Gefühl gegen den Beleidiger. Ärger wallt in unserem Innern auf. In dem Geheimschüler aber steigt sofort bei einer solchen Gelegenheit der Gedanke auf: ›Eine solche

* Rudolf Steiner benützt in seinem Buch *Wie erlangt man Erkenntnisse der höheren Welten?* das Wort Geheimerziehung oft synonym mit Selbsterziehung, da diese ganz im geheimen, im verborgenen stattfindet.

Beleidigung ändert nichts an meinem Werte‹; und er tut dann, was gegen die Beleidigung zu unternehmen ist, mit Ruhe und Gelassenheit, nicht aus dem Ärger heraus. Es kommt natürlich nicht darauf an, etwa jede Beleidigung einfach hinzunehmen, sondern darauf, daß man so ruhig und sicher in der Ahndung einer Beleidigung der eigenen Person gegenüber ist, wie man wäre, wenn die Beleidigung einem anderen zugefügt worden wäre, bei dem man das Recht hat, sie zu ahnden. –«[17]

Allein diese Frage, warum zum Beispiel die Beleidigung etwas an meinem Wert geändert haben soll, ist sehr hilfreich. Denn das Ausmaß der Verletzbarkeit im eigenen Gefühlsbereich lernt man so nach Kenntnis der Sachlage selbst zu bestimmen. Das Unberechtigte weist man klar von sich, läßt es nicht an sich heran. Wenn an der Beleidigung jedoch etwas Wahres daran war, so fügt uns diese Wahrheit denselben Schmerz zu, den auch sonst Selbsterkenntnisprozesse zufügen. Dann aber ist es ein gesunder Schmerz, der wach macht für das, was zu lernen ist. Und so ist Selbsterziehung das Mittel, sich weder von Lob allzusehr beeindrucken zu lassen, noch von Vorwürfen, die von außen an einen herankommen oder die man selber gegen sich erhebt. Vielmehr geht die Übung dahin, sachlich herauszufinden, wo tatsächlich schon die eigenen Fähigkeiten liegen und was an bestimmten Vorwürfen oder Kritiken berechtigt beziehungsweise unberechtigt ist. Für das Berechtigte kann man sich dann bedanken, das Unberechtigte jedoch gilt es wie durch ein Sieb abtropfen zu lassen beziehungsweise in aller Ruhe von sich zu weisen.

Ein anderes wichtiges Element für die Selbsterziehung im Umgang mit Menschen kann aus der Erfahrung gewonnen werden, daß man das am liebsten tut, was man ganz aus freien Stücken unternimmt. Ja, daß einen Gedanken besonders freuen, auf die man selbst durch eigene Anstrengung gekommen ist. Hat man sich dieses Phänomen in aller Deutlichkeit vor die Seele geführt, so fällt es leichter, sich anderen Menschen gegenüber so zu verhalten, daß man sie nicht belehrt, sie nicht mit faszinierenden Argumenten zu überzeugen versucht, sondern daß man seine Intelligenz dafür einsetzt, dem anderen solche Fragen zu stellen, die ihm helfen, selbst auf das zu kommen, was für ihn wichtig oder hilfreich ist. Rudolf Steiner formuliert diesen Gedanken so: »Nicht darauf kommt es an, daß ich etwas anderes meine als der andere, sondern darauf, daß der andere das Richtige aus Eigenem finden wird, wenn ich etwas dazu beitrage.«[18]

Mit Hilfe dieser einfachen Regel für die Selbsterziehung kann insbesondere den Konflikten vorgebeugt werden, die dadurch entstehen, daß – zum Beispiel in einer Ehe – der eine Partner dem anderen intellektuell weit überlegen ist und im Grunde bei allem und jedem immer genau sagen könnte, was jetzt »das Richtige« ist. Gelingt es aber, dieses Wissen da zurückzuhalten, wo die Freiheitssphäre des anderen beginnt, und zu warten, bis der andere selber aktiv wird, oder so vorzugehen, daß man dem anderen weiterführende Fragen stellt, so entsteht plötzlich wieder Luft zum Atmen und beide haben die Möglichkeit, etwas zu lernen und in ihrer Entwicklung weiterzukommen.

Beeinflussung durch Temperamentseigenschaften

Die Temperamentseigentümlichkeiten des Menschen stellen nicht nur eine mehr oder weniger große Herausforderung dar.[19] Vielmehr spielen sie auch eine nicht unerhebliche Rolle in der Befähigung, Macht auszuüben. Daher seien einige charakteristische Macht- beziehungsweise Manipulationsmittel angesprochen, mit denen man selbst – aber auch jeder andere – umgehen lernen muß.

So sind beispielsweise Phlegmatiker und Sanguiniker zur Machtausübung über andere und damit auch für Führungsaufgaben weniger gut gerüstet als Choleriker und Melancholiker. Denn diese verfügen konstitutionell über eine größere innere Stärke und mehr Konzentrationsfähigkeit. Durchhaltevermögen, Pflichtbewußtsein und Pünktlichkeit gehören zu ihren Tugenden. Auch fällt es ihnen leicht, zu einem gewissen Lebensidealismus hinzufinden. Dagegen sind typische Sanguiniker und Phlegmatiker von der Veranlagung her friedliebende, sonnige und eher ausgleichende Naturen. Ihre Lebenseinstellung ist mehr realistisch-rational. Es fällt ihnen leichter, Dinge auf sich beruhen zu lassen. Auch haben sie keine Mühe, die Arbeit einmal liegenzulassen beziehungsweise dem Leben gegenüber zurückzustellen.

Der typische *Melancholiker* benutzt – oft ohne sich dessen bewußt zu sein – seine Unzufriedenheit, seine Leidensmiene oder seine ständige Verzichtbereitschaft, um auf andere moralischen Druck auszuüben. Denn diese nehmen aus seiner Sicht die Dinge nicht so ernst wie er, sind weniger opfer- und verzichtbereit. So kann der Melancholiker im sozialen Verkehr durch seine Neigung, zu vergleichen und sich als benachteiligt zu erleben, in der Tat Macht ausüben – und sei es nur mit Hilfe seiner ernsten Miene, durch die er bei anderen die Tendenz zum »schlechten Gewissen« erzeugt. Er muß gar nicht viel sagen, nur den anderen anblicken oder mit einem bestimmten Schritt wortlos den Raum verlassen und löst damit unter Umständen länger anhaltende Reaktionen bei seinen Mitmenschen aus. Wenn sich hier etwas ändern soll, so hilft es nicht, den Versuch zu unternehmen, ihn aufzuheitern oder ihm klarzumachen, daß die Dinge nicht gar so ernst und wichtig sind, wie er meint. Das würde sein Verhalten nur zum Negativen hin verstärken, da er sich jetzt zu allem Überfluß auch noch mißverstanden fühlt. Wenn es jedoch gelingt, ihn aufmerksam anzusehen, ihm wirklich zuzuhören und durch ein paar anerkennende Worte zu bestätigen, daß man sein Problem ernst nimmt, so entspannt sich die Atmosphäre.

Im häuslichen Bereich ist es immer wieder nötig, eine schlechte Stimmung oder ein »unlösbares Problem« auf sich beruhen zu lassen, es schlicht und einfach auszuhalten. Anstatt viel Zeit zu investieren, den anderen umstimmen zu wollen oder Lösungsvorschläge zu unterbreiten, ist es besser, sich mit der Feststellung, daß das zur Zeit wirklich unlösbar ist, an eine sinnvolle Tätigkeit zu begeben. Man kann sich so den Manipulationsmitteln »miese Stimmung«, »Vorwurfshaltung«, »leidbetonte Miene« entziehen.

Entsprechend ist es auch mit der Neigung zum Moralisieren, die so manchem Melancholiker eigen ist. Er empfindet mehr oder weniger bewußt, daß er durch seinen Lebensernst, seine Charakterfestigkeit und seine moralischen Grundsätze »besser« ist als viele andere. Hier hilft es, selbstbewußt darauf Verzicht zu leisten, von ihm als »moralisch wertvoll« anerkannt zu werden und sich so verhalten zu wollen, daß er es gut findet. Denn in dem Augenblick, in dem man beginnt, sich so zu verhalten, daß er es anerkennen kann, ist man bereits auf dem Weg, sich von ihm abhängig zu machen, ihn herrschen zu lassen. In einer solchen Situation ganz zu sich zu stehen und zu tun, was man *selber* für richtig hält, wirkt befreiend. Es ist dies auch ein bewährtes Mittel, sich davor zu schützen, von einem eindrucksvollen Menschen unversehens abhängig zu werden. Denn es gibt fähige Menschen, die es lieben, Bewunderer oder Anhänger um sich zu scharen. Sie verstehen es, durch ihr Verhalten und das, was sie sagen, den Eindruck einer besonderen Geistesstärke und Seelengröße und vor allem einer äußerst moralischen Gesinnung zu erwecken, indem sie mit großer Schärfe und oft sorgen- oder leidvoller Miene andere Menschen kritisieren und ihre Unfähigkeiten und Schwächen schonungslos immer wieder mit neuem Eifer beleuchten oder anprangern. Dadurch entsteht der mehr oder weniger bewußte Wunsch bei den Bewunderern, den hohen Maßstäben dieses Menschen selbst standhalten zu können, von ihm anerkannt zu werden. Durch diesen Wunsch aber wird man unmerklich von ihm abhängig und lauscht ängstlich auf seine zustimmende oder ablehnende Miene bezüglich des eigenen Verhaltens; man bemüht sich, ihm alles recht zu machen. Hier hilft nur die Einsicht, daß man so ist, wie man eben ist, und daß man nur ehrlich vor sich bestehen kann, wenn man an sich arbeitet und nicht mehr sein will, als man ist.

Nichts schützt einen besser vor dem Abhängigwerden von Menschen, die gerne seelisch herrschen, als ehrlich zu sich zu stehen und es durchaus zu akzeptieren, daß man von ihnen dann vielleicht als weniger wertvoll, ernsthaft oder charakterfest beurteilt wird als andere. Auch lernt man auf diesem Wege, Menschen an ihren eigenen Maßstäben zu messen und die Kritik an anderen zu durchschauen und nicht zum Maßstab zu deren Beurteilung zu machen.

Während das melancholische Temperament also zur inneren, seelischen Machtausübung verleitet, sind *Choleriker* mehr zu äußerer Beherrschung und Machtausübung disponiert. Sie haben die Fähigkeit, ihre Mitmenschen zu verplanen, immer genau zu wissen, was jetzt gerade getan werden sollte, und auch die Fähigkeit, dies unter Umständen sehr charmant so zu inszenieren, daß man erst auf halbem Wege oder danach merkt, daß man wieder überrumpelt beziehungsweise benützt worden ist. Choleriker reagieren mit äußerer Kraftentfaltung, mit Geschwindigkeit und Willensstärke. Demgegenüber kann man sich nur behaupten, wenn man sich diese Stärken zum Bewußtsein bringt und selber wach mitentscheidet, ob und wo man in einer perfekten Planung oder Vereinnahmung mitarbeiten möchte und wo nicht. Denn in dem Augenblick, in dem man die Ziele des Cholerikers auch zu den eigenen macht und »freiwillig« mitarbeitet, ist es nicht mehr *er*, der herrscht, sondern man *selbst*. Auf dieser Basis ist es dann auch leichter, sich bei einzelnen Entscheidungen oder Verfügungen zu wehren und zu begründen, warum dieses jetzt nicht möglich ist. Denn wenn man sich im Prinzip mit dem Choleriker über seine Führungsstrategien und Ziele einig ist, akzeptiert er auch den Widerspruch im Einzelfall ganz anders, als wenn er den Eindruck hat, man opponiere immer insgeheim oder sei ihm gegenüber nicht zuverlässig.

Beim Umgang mit *Sanguinikern* ist nicht nur die Gefahr des Abgelenkt-Werdens zu berücksichtigen. Hier kann es auch sein, daß man mit großer Emphase in ein Problem eingeweiht wird und den Eindruck gewinnen muß, alles hänge davon ab, daß man sich hier voll einsetzt. Und dann tut man es mit allem Zeit- und Kraftaufwand, während der andere mit seinem Interesse bereits wieder woanders ist. Auch hier muß gelernt werden, sich nicht nur durch den *anderen* von etwas überzeugen zu lassen, sondern vor allem für sich *selbst* zu prüfen, ob und wie man hier tätig werden will. Dann bleibt es auch sinnvoll, weiterzumachen, wenn das Interesse des anderen nachläßt oder die erhoffte Anerkennung ausbleibt.

Im Umgang mit einem ausgesprochenen *Phlegmatiker* ist es dagegen wichtig, sich nicht von dessen Hang zur Bequemlichkeit mehr anstecken zu lassen, als man dies möchte. Auch muß man lernen, die eigene Ungeduld und Nervosität zu beherrschen, wenn man an dessen Langsamkeit Anstoß nimmt. Man darf es ihm nicht gestatten, seinetwegen in Wut zu geraten – es sei denn, man *will* ihm jetzt diese Reaktion, aus welchen Gründen auch immer, zumuten. Immer wenn wir *re*-agieren, lassen wir uns von Mensch und Umwelt mit ihren Eindrücken beherrschen. Erst wenn wir an unseren Reaktionen arbeiten und selbst entscheiden, wie wir uns verhalten beziehungsweise wie wir antworten wollen, werden wir frei im Umgang mit ihnen.

Die im Gang der bisherigen Betrachtung so selbstverständlich angesprochene Fähigkeit zur Selbsterziehung hat Vorbedingungen. Sie entwickelt sich im Kindes- und Jugendalter um so leichter, je mehr die eigene Erziehung auf das Selbständigwerden hin orientiert war. So seien noch einige wesentliche Hinweise dazu angeschlossen.

Erziehung zu selbständigem Handeln

Die Fähigkeit zur Machtausübung ist beim Säugling nur indirekt vorhanden, indem er durch seine Ohnmacht und Hilfsbedürftigkeit die Menschen seiner Umgebung in Bewegung versetzt, um *seine* Bedürfnisse zu befriedigen. Es dauert Jahre, bis das Kind selber klar sagen kann, was es denkt, und bis es beginnt, einsichtsvoll zu bestimmen, was es tun möchte. Insbesondere in den ersten drei Lebensjahren muß aus den Lebensäußerungen und Handlungsabläufen des kleinen Kindes abgelesen werden, was es braucht und will.[20] Daher ist es so entscheidend, diese kindlichen Bedürfnisse ernst zu nehmen und mit liebevoller Annahme darauf zu reagieren. Im Mutterleib war das Kind noch ganz Teil des mütterlichen Organismus und bekam in jedem Augenblick, was es braucht. Im ersten Lebensjahr muß nun der behutsame Übergang geschaffen werden zu einer Lebensform, in der das Kind auf die eigenen Füße kommt.

Zunächst orientiert sich die kindliche Handlungsbereitschaft ganz und gar an Sinneseindrücken, die von einem anderen Menschen und von den Gegenständen der Umgebung herrühren. Sie sind es, die das Kind zur Nachahmung und damit zur Handlung anregen. Die Art und Weise, wie der Erwachsene sich verhält, ob er weiß, was er will, ob er Liebe oder Haß ausstrahlt, Freude oder Ärger, beeinflußt das Willensverhalten des Kindes nachhaltig. Es hat zum Beispiel Angst vor Zornausbrüchen und stellt sein Verhalten darauf ein, indem es solche möglichst nicht provoziert. Entsprechend ist es mit Belohnung und Strafe – auch durch sie wird das Kind nachhaltig beeinflußt.[21] Vieles an seinem Willensverhalten wird durch die Art und Weise geprägt, wie Erwachsene mit ihrem Denken, ihren Emotionen und Gefühlen auf das kindliche Wahrnehmungsvermögen einwirken und damit entsprechende Reaktionen ängstlicher Abwehr oder freudiger Nachahmung hervorrufen. Ob der Erwachsene es will oder nicht, er muß die Kinder bezüglich ihres Eigenwollens und ihrer Machtfähigkeit zunächst beeinflussen. Entscheidend ist nur, *daß er sich dieser Tatsache bewußt ist* und sich dabei als Anwalt und Förderer ihrer späteren Eigenständigkeit erlebt. Wenn er dazu verhilft, daß Handlungsbereitschaft und Geschicklichkeit des Kindes durch sinnvolle Tätigkeiten geübt werden, so werden Fähigkeiten veranlagt, die seine späteren Handlungsmöglichkeiten erweitern. Denn letztlich ist es so, daß jeder Mensch ausüben kann, was er sich als Fähigkeiten erworben hat. Machtausübung ist immer auch Ausdruck des Beherrschens von Fähigkeiten. Etwas tun zu *können*, verleiht einem Macht über sich selbst, über Dinge und Vorgänge. Schon das Fehlen von Vorbildern und nachahmenswerten Tätigkeiten in der frühen Kindheit und im Vorschulalter können den Grund legen für einen Mangel an Selbstbeherrschung und Geschicklichkeit. Antriebsschwäche und Lustlosigkeit stellen sich ein – und damit auch Unsicherheit und Frustration. Diese können dann wiederum zur Ursache werden für spätere destruktive Machtausübung über Wehrlose und Schwache. In den letzten Jahren war aus der anwachsenden Literatur über sexuellen Mißbrauch im Kindesalter zu erfahren, daß die Mehrzahl derer, die Kinder mißbrauchen, als Kind selbst Ähnliches in irgendeiner Form erlitten haben. Und wenn nicht dieses, so haben sie anderes erlebt, was den Aufbau eines gesunden Selbstbewußtseins und Sozialverhaltens erschwert beziehungsweise verhindert hat.[22] Wer im Verlauf seiner Entwicklung Anregungen erhält, sich der Selbstbestimmung seines Willens und der Macht über sich selbst bewußt zu werden, der kann auch aus äußerst schwierigen sozialen Verhältnissen herauswachsen und ein konstruktives Sozialverhalten entwickeln. Begegnungen, die von Zuwendung und Liebe zu dem betroffenen Kind geprägt sind und sein Selbstvertrauen wecken, sind dabei entscheidend.

Aufgrund der Vererbungs- und Milieutheorien des 19. und 20. Jahrhunderts ist bei vielen Menschen heute die Meinung herrschend geworden, die heranwachsende Persönlichkeit werde im wesentlichen durch Vererbung und Umwelteinflüsse geprägt. Viel zu wenig Aufmerksamkeit hat man jedoch der Tatsache geschenkt, daß es letztlich doch die besonderen zwischenmenschlichen *Beziehungen* sind, von denen der prägende Einfluß ausgeht. Bei einer Beziehung herrscht aber *gegenseitige* Beeinflussung. Das Kind wird nicht nur durch seine Erzieher beeinflußt, sondern es prägt auch diese durch sein Verhalten. Auch sind Gedanken noch ungewohnt, die das vorgeburtliche Wesen des Kindes ernst nehmen und es bei der Auswahl seines Erbgutes und seines Schicksalsumkreises *selber mitbeteiligt sehen.*[23]

Die Entwicklungspsychologin Judy Dunn und der Verhaltensgenetiker Robert Plomin sind in einer umfangreichen Untersuchung der Frage nachgegangen: *Warum Geschwister so verschieden sind.*[24] Dabei kamen sie zu dem überraschenden Ergebnis, daß Kinder aus ein und derselben Familie – angesichts der vielen gemeinsamen prägenden Umwelteinflüsse – einander viel ähnlicher sein müßten, als sie es sind: *Weil die Kinder diese scheinbar gemeinsamen Umwelteinflüsse sehr verschieden auf sich wirken lassen und ganz unterschiedlich damit umgehen.*

Es wird hier auf eine Tatsache hingewiesen, die Rudolf Steiner in seinen pädagogischen Vorträgen wiederholt ausgesprochen und Eltern und Erziehern ans Herz gelegt hat, nämlich daß in Wirklichkeit nicht *sie* es sind, die das Kind erziehen, sondern daß *das Kind sich* anhand der Eindrücke und Erfahrungen, die ihm Eltern und Erzieher zukommen lassen, *selbst erzieht.* Eltern und Erzieher schaffen dem Kind die Umwelt, gleichsam das Material für seine Willensbetätigung – es ist jedoch das Kind selbst, welches sich dieses oder jenes zu eigen macht und aktiv mit dieser Umwelt auseinandersetzt.[25] Je ungehinderter und freier sich das Kind in den ersten Jahren seines Lebens nachahmend betätigen darf, und je sinnvoller und konstruktiver die wahrgenommenen Handlungsabläufe sind, die vom Kind aufgegriffen und geübt werden können, um so vielseitiger kann das Kind diese Einflüsse aufnehmen und Geschicklichkeiten und Fähigkeiten veranlagen und ausbilden als Grundlage für sein späteres Können.

In den ersten Schuljahren klingt die Begabung, nachzuahmen, ab und damit auch die enorme Lernfähigkeit, die durch das an die Sinne gebundene Nachahmungsvermögen des Kindes gegeben ist. Jetzt wird nicht mehr primär durch das Vorbild auf den Willen des Kindes Einfluß genommen, sondern über das gesprochene Wort und die damit verbundenen Gefühlsstimmungen und Erklärungen. Insbesondere sind es jetzt die im Kind durch den Erwachsenen geweckten Gefühle, die es motivieren, etwas zu unternehmen. Nicht mehr Vorbild, sondern *Lust* und *Unlust* entscheiden, ob und wie das Kind etwas tut.[26] – Dem muß insbesondere auch der Unterricht in der Schule jetzt Rechnung tragen. Dieser kommt bei den Schülern in dem Maße an, als sie sich begeistern können oder nicht. So kommt in diesem Alter der künstlerischen Erziehung eine besondere Bedeutung zu, da in den künstlerischen Fächern das von Gefühlen und Wahrnehmungen geleitete *Üben* im Vordergrund steht. Es dauert an, bis das Bild »fertig« ist oder ein Musikstück »schön klingt«. So werden Gefühl und Wille durch regelmäßiges Üben systematisch ausgebildet. Was man vom Muskeltraining her gut kennt, daß nur durch wiederholtes Üben die gewünschte Stärke erreicht werden kann, das gilt für den gesamten Bereich der Gefühls- und Willenserziehung.[27]

Nach der Pubertät entzieht sich die Handlungsbereitschaft des Jugendlichen bis zu einem gewissen Grade auch dem Gefühl. Jetzt kann der Wille nur noch dadurch wirksam erreicht und beeinflußt werden, daß der Erwachsene an die *Einsicht* des Jugendlichen appelliert. Der Jugendliche ist in der Lage, sich auch zu Handlungen zu motivieren, für die er kein Vorbild hat. Auch kann er Dinge in Angriff nehmen, die er eigentlich ungern tut – einfach weil er einsieht, daß es nötig oder sinnvoll ist.

Vorschulalter	Motivierung des Willens durch Vorbild und Sinneserfahrung
Schulzeit	Motivierung des Willens durch Gefühle
Jugendalter	Motivierung des Willens durch Denken und Einsicht

Hat das Willensvermögen den Anschluß an die eigene Einsicht gefunden, so ist die Grundlage für Selbstbestimmung und Selbstbeherrschung im späteren Leben gelegt. Diese Fähigkeiten der Selbstbestimmung und Selbstbeherrschung sind es jedoch auch, welche die Voraussetzung dafür schaffen, Machtkonflikte in zwischenmenschlichen Beziehungen konstruktiv zu bearbeiten und zu lösen. Sind diese Fähigkeiten unzureichend entwickelt, so treten unter den Belastungen des Lebens regressive Willensstörungen auf, das heißt der Erwachsene fällt auf frühere Entwicklungsetappen zurück. Sein Handlungsvermögen erscheint dann überwiegend als von Stimmungen und Gefühlen geleitet oder er braucht für alles Mögliche Vorbilder und Beratung, wo andere Menschen selber nachdenken, entscheiden und handeln.

Denn es bleiben die drei genannten Motivationsquellen für den Willen – über die Sinne, das Gefühl und die Einsicht – bis zu einem gewissen Grade zeitlebens nebeneinander bestehen. Nur existieren sie beim gesund entwickelten Erwachsenen einander untergeordnet, indem die Einsicht führend bleibt, Gefühls- und Vorbildfunktion hingegen nachgeordnet sind. Wer sich zum Beispiel in seinem Verhalten und Handeln durch Werbung stark beeinflussen läßt, überläßt sich der Motivierung durch Sinneseindruck und Vorbild, die Einsicht ist bei ihm nachgeordnet. Es fehlt ihm die Möglichkeit, sich mit Hilfe seiner Einsicht den manipulierenden Einflüssen über die Stimulation der Sinne und des Gefühlslebens zu entziehen. Wer diese Möglichkeit jedoch besitzt, ist zum Beispiel auch in der Lage, wenn jemand schlechte Stimmung verbreitet, sich dem zu entziehen und sich zu sagen: das ist *sein Problem* und braucht mich nicht zu beeinflussen. Er kann lernen, sich davon nicht anstecken zu lassen.

Es gehört zu den hervorragenden Aufgaben späterer Selbsterziehung, diese drei Bereiche immer bewußter handhaben zu lernen. Sich suggestiven Leitbildern zu entziehen, auch wenn sie sehr populär sind, weil man sie als solche durchschaut hat, ist ebenso wichtig wie das Sich-unabhängig-Machen von Stimmungen und Gesichtspunkten anderer, wenn diese nicht dem entsprechen, was man selbst für richtig erkannt hat und tun wollte. Je mehr man sich jedoch solch elementarer Beeinflussungsmöglichkeiten des eigenen Willens bewußt wird, um so mehr »Macht« gewinnt man potentiell, den Willen anderer Menschen zu beeinflussen – wenn man es will. Es steht und fällt das Problem »Macht in der zwischenmenschlichen Beziehung« damit, *wie* man seinen Willen, seine Macht, im Leben einsetzt und zur Geltung bringt. Je bewußter, freier, selbstbestimmter man auf diesem Gebiete wird, um so größer wird die Verantwortung. Denn damit wächst auch die Möglichkeit, die eigene Macht zu mißbrauchen.

Viele Probleme, die wir gegenwärtig im sozialen Leben haben, werden vor dem Hintergrund dieser knappen Skizze der drei Etappen der Willensreifung verständlich. So auch die Tatsache, daß Menschen, die wegen Gewaltanwendung, Brutalität und Kriminalität auffällig werden, charakteristische Defizite der Persönlichkeitsreifung aufweisen, insbesondere im Bereich der emotionalen Reifung. Im Kindesalter ist vieles noch normal, was für einen Jugendlichen oder Erwachsenen bereits abwegig beziehungsweise »böse« wäre. Kinder dürfen zum Beispiel noch »grausam« sein. Auch dürfen sie spontan aufeinander losgehen und sich balgen und ärgern. Bis ins dritte, vierte Schuljahr hinein sind körperliche Auseinandersetzungen dieser Art als »körpersprachliche Kommunikation« durchaus altersentsprechend, das heißt »normal«. Im Jugend- und Erwachsenenalter kann ein solches Verhalten hingegen zu Gewaltanwendung und Körperverletzung führen. Demgegenüber zeigen Fundamentalisten und Fanatiker, daß sie auf der zweiten Entwicklungsetappe stehengeblieben sind, denn die Stoßkraft ihres Willens ist überwiegend von Gefühlen der Sympathie und Antipathie geleitet. Sie sind unfähig, eine Sache von verschiedenen Seiten anzuschauen und anstelle des »Entweder-oder« das »Sowohl-als-auch« zu setzen. Bei ihnen gilt nur das Ja oder Nein, das Dafür oder Dagegen. Dieses Verhalten entspricht ganz und gar der dem Gefühlsleben zugrundeliegenden Polarität von Sympathie und Antipathie, und die Dominanz dieser Gefühlsspannung ist es, die zu dem engen Freund-Feind-Denken führt. Differenzierte Betrachtungen, die gedankliche Beleuchtung eines Tatbestandes von ganz verschiedenen Gesichtspunkten aus, sind nicht möglich, weil die emotional bedingte Vorentscheidung schon gefallen ist.

Es ist wichtig, Verhaltensweisen wie die genannten als Entwicklungsrückstand zu erkennen, um bewußter, als dies bisher weltweit geschieht, solchen Entwicklungsrückständen und -verzögerungen während der Schulzeit *vorbeugen* zu können. Auch ist es Grundlage für einen pädagogisch orientierten Strafvollzug. Denn hier muß beispielsweise gelernt werden, eine versäumte Pubertät nachzuholen. Es muß geübt werden, Gefühle gedanklich zu verarbeiten und sich selbst und die Welt achten zu lernen.

Ein Mensch, der über eine zureichende Gefühlskultur verfügt, wird nicht wissentlich seinen Willen mißbrauchen und andere schädigen – sein Mitempfinden schützt ihn davor. Grundlage für eine solche Gefühlskultur ist jedoch, daß im Schulalter gelernt wird, Gefühle nicht nur auf sich selbst zu konzentrieren, sein eigenes Gefallen und Mißfallen zu erleben und zu äußern, sondern sie auch der Umwelt und anderen Menschen vollumfänglich zuzuwenden. Denn Machtmißbrauch ist gut vereinbar mit Intelligenz. So muß es zu Problemen führen, wenn zum Beispiel ein vierzigjähriger, hochintelligenter Akademiker mit Bezug auf sein Gefühlsleben die Reife eines neunjährigen Kindes besitzt und nicht in der Lage ist, Ablehnung oder Kritik konstruktiv zu verarbeiten. Er kann vielleicht nur beleidigt und mit Antipathie reagieren und bestrebt sein, hinter Arroganz und »Image« seine Empfindlichkeit zu verbergen.

In vielen Schulen und Elternhäusern wird heute in erster Linie auf die Intelligenzförderung geachtet und daneben noch auf ein gewisses Maß an Willensbetätigung in Form von sportlichen Aktivitäten. Wo aber findet die spezifische Ausbildung des Gefühlslebens statt? Hier bedarf es eines Erziehungskonzeptes, in dem die künstlerischen Fähigkeiten von Anfang an systematisch ausgebildet werden: Farbschattierungen zu unterscheiden, Aufbau und Komposition eines Bildes zu beschreiben, Musikwerke zu empfinden, selber zu gestalten – auch die Schönheit und Differenziertheit von Sprache und Bewegungsausdruck zu beobachten und handhaben zu lernen – all dies bereichert und stabilisiert das Gefühlsleben. Ganz abgesehen von der schon erwähnten didaktischen Notwendigkeit, im Schulalter die Lehrinhalte so zu bringen, daß dadurch das Gefühlsleben der Kinder und Jugendlichen angesprochen wird und sie sich interessieren und begeistern, anstatt »lernen zu müssen«. Für die möglichen Defizite in der Gefühlsentwicklung sensibel zu werden und systematisch an deren Überwindung zu arbeiten, ist Voraussetzung für ein konstruktives Umgehen mit dem Machtproblem.

Beziehung und Gefühl

Es wäre wünschenswert, daß Kinder in Zukunft früh lernen könnten, ihre Gefühle ernstzunehmen, sie zu verstehen und einzuordnen. Elternhaus, Kindergarten, Schule könnten ihnen Hilfestellung dabei leisten, sobald die Berechtigung, ja Notwendigkeit für diese Form von ›Erziehung‹ endlich anerkannt wird.

Alice Miller

Ein entscheidendes Instrument für die Erfahrung und die Weltorientierung, für das, was echt, richtig und authentisch ist, ist das Gefühl.

Hans-Joachim Maaz

Selbstfindung im Spannungsfeld von Sinneserfahrung und Denken

Das Gefühlsleben empfängt seine bewußte Prägung und Differenzierung über den Körper mit seinen Sinnesorganen und über das Denken. Im Spannungsfeld dieser beiden Formen des Selbsterlebens erwacht dann dasjenige, was wir die »individuelle Persönlichkeit« nennen. So objektiv die Welt den Menschen über die Sinne beeindruckt, so persönlich empfindet und erlebt er diese Eindrücke mit Hilfe seines Gefühlslebens. So klar und überindividuell gültig auch das Gedankenleben an den Menschen herankommt – erst durch sein Gefühlsleben gewichtet er das eine stärker als das andere und macht dadurch für sich selbst bedeutsam, was für einen anderen Menschen vielleicht ganz unwichtig oder unbeachtet geblieben ist. *Persönlich, individuell wird das Erleben und der Sinnbezug an der Welt nur durch das Gefühl.* Und so ist es berechtigt, dieses als das Zentrum der Persönlichkeit anzusprechen. Daher ist es auch verständlich, daß heute eine gewisse Angst vor Gefühlen oder vor dem Zeigen von Gefühlen noch immer weit verbreitet ist. Man scheut sich, sich in seinem eigenen persönlichen Werden zu zeigen. So ist es immer leichter, Gefühle zu unterdrücken oder zu verdrängen, als sie ernst zu nehmen, zu zeigen und dadurch in die Lage zu kommen, bewußt daran zu arbeiten. Darum aber geht es heute. Die Zeit ist vorbei, in der man Gefühle ausklammern beziehungsweise über das Persönliche anderer Menschen einfach hinweggehen konnte. Das berufliche und das private Leben verlangen es immer mehr, daß nicht nur die Arbeitsleistung Anerkennung findet, sondern auch der Mensch selber, seine Persönlichkeit mit ihren Stärken und Schwächen. Darauf sind wir jedoch kulturell schlecht vorbereitet. Es mangelt, wo man hinschaut, an sozialer

Wahrnehmung, an Mitgefühl und an »Sensibilität« für das, was wirklich gebraucht wird. Und andererseits erfordert es echtes Menscheninteresse und die Bereitschaft, mit dem anderen mitzufühlen, um seine Lage zu verstehen und beitragen zu können, den für ihn sinnvollen Platz im Leben zu finden.

So gibt es heute eine Vielzahl spezieller Therapieverfahren, um das Gefühlsleben erst richtig zu entdecken und zu aktivieren. Körpertherapie, Sensitivity-Training, Massagetechniken, Gestalttherapie, Bioenergetik, Primärtherapie und nicht zuletzt die künstlerischen Therapien.[28] Ihre wachsende Zahl macht deutlich, daß der Mangel an Gefühlskultur und -erziehung im Laufe von Kindheit und Jugend bewußt geworden sind und nun versucht wird, auf therapeutische Weise dieses Defizit auszugleichen.

Schwerpunkt gegenwärtiger Erziehungspraxis ist jedoch weltweit immer noch das »Beibringen von Wissen«, das einseitige Benoten von intelligenten Leistungen, wobei sportliche Aktivitäten zum Ausgleich dienen und in reichem Maße angeboten werden. Damit wird aber das Zentrum der menschlichen Persönlichkeit, das Gefühlsleben, vernachlässigt. Das ist um so unverständlicher, als aus der Lernpsychologie gut bekannt ist, daß Kinder und Jugendliche, aber auch Erwachsene das am besten lernen und behalten können, wofür sie sich selber wirklich interessieren und auch begeistern können. Was ohne Gefühlsbeteiligung gelernt wird, wird entweder erst gar nicht behalten oder rasch wieder vergessen. Das Erkenntnisleben und insbesondere das Erinnerungsleben sind in hohem Maß abhängig davon, wofür wir uns gefühlsmäßig »erwärmen«. Diese fundamentale Tatsache wird auch von Rudolf Steiner in seinem Schulungsbuch *Wie erlangt man Erkenntnisse der höheren Welten?* von den verschiedensten Seiten beleuchtet und angesprochen. So lesen wir schon im ersten Kapitel mit der Überschrift »Bedingungen«, welch zentrale Bedeutung dem Gefühlsleben auch für die höhere Erkenntnis geistiger Zusammenhänge zukommt:

»Es wird dem Menschen anfangs nicht leicht, zu glauben, daß Gefühle wie Ehrerbietung, Achtung usw. etwas mit seiner Erkenntnis zu tun haben. Dies rührt davon her, daß man geneigt ist, die Erkenntnis als eine Fähigkeit für sich hinzustellen, die mit dem in keiner Verbindung steht, was sonst in der Seele vorgeht. Man bedenkt dabei aber nicht, daß die *Seele* es ist, welche erkennt. Und für die Seele sind Gefühle das, was für den Leib die Stoffe sind, welche seine Nahrung ausmachen. Wenn man dem Leib Steine statt Brot gibt, so erstirbt seine Tätigkeit. Ähnlich ist es mit der Seele. Für sie sind Verehrung, Achtung, Devotion nährende Stoffe, die sie *gesund,* kräftig machen; vor allem kräftig zur Tätigkeit des Erkennens. Mißachtung, Antipathie, Unterschätzung des Anerkennenswerten bewirken Lähmung und Ersterben der erkennenden Tätigkeit. [...] Erst was wir im Innern erleben, gibt uns den Schlüssel zu den Schönheiten der Außenwelt. Der eine fährt über das Meer, und nur wenig innere Erlebnisse ziehen durch seine Seele; der andere empfindet dabei die ewige Sprache des Weltengeistes; ihm enthüllen sich geheime Rätsel der Schöpfung. Man muß gelernt haben, mit seinen eigenen Gefühlen, Vorstellungen umzugehen, wenn man ein inhaltsvolles Verhältnis zur Außenwelt entwickeln will. Die Außenwelt ist in all ihren Erscheinungen erfüllt von göttlicher Herrlichkeit; aber man muß das Göttliche erst in seiner Seele selbst erlebt haben, wenn man es in der Umgebung finden will.«[29]

Und so kann die Schulung des Gefühlslebens über die verschiedenen Sinnestätigkeiten und das Erarbeiten gedanklicher Zusammenhänge, deren Sinnhaftigkeit man erlebt, zur Vorbereitung werden für eine bewußte seelische Schulung, bei der Gefühlskultur und Persönlichkeitsentwicklung Hand in Hand gehen.

Alice Miller hat in ihrem Buch *Das Drama des begabten Kindes* dargestellt, wie viele Menschen im späteren Leben daran kranken, daß es ihnen in der Kindheit verwehrt war, ihre eigenen Gefühle äußern zu dürfen, leben zu dürfen, zu bejahen und auf dieser

Grundlage ein ehrliches und starkes Selbstwertgefühl zu entwikkeln.[30] Um es den Erwachsenen recht zu machen und sich an deren Bedürfnisse anzupassen, mußten sie vieles verdrängen, was dann im späteren Leben wie ein verlorenes Paradies gesucht wird: angenommen werden, so wie man ist, seine Gefühle und Reaktionen zeigen dürfen, so spontan und ehrlich, wie man sie empfindet, ohne Angst haben zu müssen, daraufhin von den anderen abgelehnt oder lächerlich gemacht zu werden. Später werden dann oft Freunde, Lebenspartner oder die eigenen Kinder Opfer dieser Suche nach dem verlorenen Paradies. Von ihnen wird nun erwartet, daß sie das geben können, was man selbst in der frühen Kindheit vermißt hat. Auch wenn Alice Miller als psychoanalytisch geschulte Psychotherapeutin zu ihrem Vorgehen die Bedeutung des Denkens für die seelische Entwicklung unterschätzt und die spirituelle Dimension der Entwicklung nicht einbezieht, ist es doch ihr Verdienst gewesen, Millionen von Menschen auf die zentrale Stellung des Gefühls für die Persönlichkeitsentwicklung aufmerksam gemacht zu haben.

In diesem Zusammenhang sei auch auf die Bücher von Hans-Joachim Maaz hingewiesen, der die Folgen des repressiven Systems der ehemaligen DDR mit ihren verheerenden Auswirkungen für die Persönlichkeitsentwicklung der Kinder und Erwachsenen beschreibt. In seinem »Psychogramm der DDR« sagt er:

»Die wesentlichen Gefühlsqualitäten (Angst bei Bedrohung der Befriedigung und bei Befriedigungsstau, Wut bei der Behinderung der Befriedigung, Schmerz bei Mangel an Befriedigung, Trauer bei Verlust der Befriedigungsquelle und Lust bei erfolgter Befriedigung) waren allesamt tabuisiert [...] Die Erziehungsmittel gegen Angst waren Beschämung und Forderung, gegen Wut wurden moralische Erschütterung oder autoritäre Gewalt und Strafen eingesetzt, bei Schmerz waren vor allem Ablenkung und billiger Trost probate Mittel, und Trauer wurde meist durch schnellen Ersatz, durch Orientierung auf neue Möglichkeiten vermieden. Auch hier waren sich Eltern, Schule und Staat einig: Das Kind hatte sich anzupassen, zu gehorchen, ruhig und gefügig zu sein. Die gefühlsunterdrückende Erziehung konnte man auf jedem Kinderspielplatz, in jedem Eisenbahnabteil, in jeder Schulklasse beobachten. Die Erwachsenen reagierten entnervt auf Gefühlsäußerungen, sie ermahnten, beruhigten, sprachen Verbote aus oder verteilten drohende Klapse. Eine Bejahung und Förderung des Gefühls war so gut wie unbekannt. [...] So beherrschten unterdrückte und abgespaltene Gefühle das Leben unserer Kinder, machten sie blaß und gehemmt und mitunter, scheinbar zusammenhanglos, aggressiv-unruhig, gereizt oder still-depressiv und kontaktscheu.«[31]

Gefühle sind die stärksten Kräfte der Persönlichkeit, aber auch die verletzlichsten. Sie stehen im Zentrum menschlicher Beziehungen und können so – wie oben ausgeführt – Anlaß werden für Einflußnahme und Abhängigkeiten größten Ausmaßes. Daher ist das Umgehen-Lernen mit dem eigenen Gefühlsleben und mit den Wirkungen, die es auf andere Menschen haben kann, ausschlaggebend für das, was wir »Reifung der Persönlichkeit« und deren »Ausstrahlung« nennen.

In einer großen Tageszeitung war neulich zu lesen, daß »die Persönlichkeit der Ärzte« gravierende Defizite aufweisen würde. Beim Lesen dieses Beitrags wurde deutlich, daß diese angemahnten Defizite sich ausschließlich auf den Mangel an Empathie und Mitgefühl mit dem Patienten beziehen. Den Ärzten wird zwar hervorragendes Wissen und Können bescheinigt, jedoch ein völlig unzureichendes Gefühlsleben und damit eine unzureichende Persönlichkeit. Das Fazit war, daß das Mitgefühl das entscheidende Merkmal der Arztpersönlichkeit sei, denn ohne dieses mangele es den Ärzten an Sensibilität für das Wesentliche, was der Patient gerade in dieser seiner ganz besonderen Lebenssituation braucht.

Es ist unmittelbar verständlich, warum ein solcher Mangel an Mitgefühl und Sensibilität gerade im klinisch-medizinischen Bereich als besonders gravierend empfunden wird. Ist doch das Gefühlsleben des Kranken ohnehin schon sehr belastet durch Gefühle des Unwohlseins, des Schmerzes, der Hilflosigkeit und des Verlassenseins. Er ist außerhalb seiner gewöhnlichen Lebensumstände, erlebt sich isoliert, ausgesetzt, in Frage gestellt, schwach und weiß oft nicht, wie es weitergehen soll. Und wenn der Arzt hierauf, aus welchen Gründen auch immer, keine Rücksicht nehmen kann, fühlt sich der Patient unmenschlich und vor allem unpersönlich behandelt.

Das Gefühlsleben bestimmt die Art und Weise, wie das Beziehungsnetz der Menschen untereinander geknüpft wird und trägt. Es bestimmt auch die Grenzen für das, was wir zu tun bereit sind. So liegt im Gefühlsleben auch der Schutz, der uns davor behütet, unseren Mitmenschen zu schaden und Destruktives anzutun. Wohingegen ein Mangel an Mitgefühl den betreffenden Menschen immer in die Gefahr bringt, daß er seine Intelligenz und sein Handeln mißbraucht, das heißt, nicht zum Wohl seiner Umgebung einsetzt. Denken und Handeln werden erst durch das Mitgefühl »menschlich«. Anders wäre es nicht zu verstehen, warum wir immer wieder so viel Brutalität erleben. Denn unserer Kultur mangelt es nicht an Intelligenz und »action« – es mangelt ihr aber an der Ausbildung und Pflege eines gesundes Gefühlslebens. Was bedeutet auch alles Wissen, wenn wir uns nicht dafür begeistern können, wenn es uns »nichts sagt«? Was bedeutet auch alles Können, wenn andere und wir selbst uns daran nicht mehr freuen können? Dann sind diese Bereiche wie abgeschnitten vom eigentlichen Leben unserer Persönlichkeit, das ein Leben in Gefühlen ist.

Gefühle sind wie aufgespannte Saiten eines Instrumentes. Sie verbinden uns mit allem, was wir denken und tun, mit allem, was uns begegnet – mit uns selbst und der Welt. Sie sind das mehr oder weniger harmonische Beziehungsnetz von angespannten, entspannten oder gerissenen Saiten, die die Melodie unseres Seelenlebens bestimmen. So kommt dem Stimmen dieser Saiten, der Arbeit am Gefühlsleben eine zentrale Bedeutung zu für den Umgang mit der Macht in menschlichen Beziehungen.

Pflege der Gefühle durch Sinnesschulung

Grundlage der Anregung des Gefühlslebens durch die Sinne sind die verschiedenen Sinnesempfindungen. Sie werden durch die Sinnesorgane vermittelt. Diese Sinnesempfindungen sind zunächst zart und flüchtig und werden nur bewußt, wenn wir unsere Aufmerksamkeit auf sie richten. Dann kann die Sinnesempfindung das ihr entsprechende Gefühl wecken.

Ein Beispiel möge dies verdeutlichen. Man kann sich vornehmen, einen Strauß Sonnenblumen so zu betrachten, daß man zunächst einmal seine ganze Aufmerksamkeit auf das Gelb der Blüten richtet und sein warmes strahlendes Leuchten ganz auf sich wirken läßt. Diese Wahrnehmung löst ein Empfinden von Wärme und Helligkeit in der Seele aus. Anders ist es beim matten, moosartig-samtigen Grün der Blätter. Die Empfindung, die hier wach wird, hat etwas Stilles, zur Ruhe Kommendes, Ausgleichendes.

Es fällt heute sehr vielen Menschen schwer, sich angesichts der permanenten Reizüberflutung noch auf bestimmte Sinneseindrücke in Ruhe einzulassen. Entschließt man sich jedoch dazu, so kann man deutlich spüren, wie das Empfinden dessen, was man wahrnimmt, unmittelbar Nahrung ist für das in der Alltagshetze allzumeist übergangene Gefühlsleben. Nimmt man nun dieses anregende Gelbe und beruhigend Grüne wahr, so kann man als nächsten Schritt die Augen schließen und versuchen, an die entstandenen Empfindungen starke Gefühle anzuschließen. Gelingt dies, so hat die flüchtige Sinnesempfindung ein Gefühl geweckt, das jetzt – unabhängig vom Sinneseindruck – in der Seele festgehalten werden kann. Übungen wie diese können helfen, die eigenen Gefühlsstimmungen positiv zu beeinflussen und zum Beispiel negative Seelenstimmungen wie Langeweile, Lustlosigkeit, Unruhe oder Ängstlichkeit ausklingen zu lassen und helle oder beruhigte Seelenstimmungen anzuregen.

Auf diese Weise beginnt bereits das, was man auch Gefühlsmeditation mit Hilfe der Sinneswahrnehmungen nennen kann. Der Sinn solcher Meditationen liegt zum einen darin, sich der Quellen und des ganzen Reichtums möglicher Gefühle wieder bewußt zu werden. Er liegt aber auch darin, daß der Übende lernt, zarte Gefühle in sich zu verstärken und starke Gefühle dadurch abzuschwächen, daß man einen Ausgleich schafft durch Wecken anderer Gefühle. Friedrich Rittelmeyer nennt diesen bewußten Umgang mit den Gefühlen in seinem Buch *Meditationen* das sich Erarbeiten einer »seelischen Hausapotheke«, in der man sich immer besser auskennen lernt und durch die man in seiner Seele, je nach Situation, das wachrufen kann, was man als Gefühlsstimmung und unterstützende Kraft benötigt.[32]

Denn es gehört zu den Eigentümlichkeiten des Gefühlslebens, daß es »schlafen« kann. Es kann jedoch auch augenblicklich geweckt werden und sogar soviel »Raum« in der Seele einnehmen, daß diese ganz davon erfüllt ist. Daher spricht man auch vom »Ruhenlassen«, vom »Verdrängen« oder »Untertauchen« der Gefühle. Sie sind potentiell immer vorhanden und machen einen großen Teil des unbewußten Seelenlebens aus. Wenn durch einen Eindruck von außen die schlafenden Gefühle geweckt werden, so sind wir manchmal sogar sehr erstaunt, zu welchen Gefühlen – auch wir – fähig sind. Da können reinste Freude und Helligkeit der Seele auftreten oder Eifersucht, Zorn und Haß mit einer Intensität, die wir uns nicht zugetraut hätten. Wenn wir uns diesen Gefühlen überlassen, so können sie uns unter Umständen mitreißen, uns erheben und beglücken oder aber umtreiben und verfolgen.

Damit stoßen wir auf eine weitere Eigentümlichkeit des Gefühlslebens: Es ist, wie schon gesagt, zum einen der allerpersönlichste Bereich, zum anderen jedoch auch ein Gebiet, mit dem wir uns als etwas uns immer wieder »Fremdem« auseinandersetzen müssen. Denn hier begegnen wir unseren Emotionen, die von elementaren Wünschen und Begierden angefacht werden, die aus den Funktionsabläufen des Organismus stammen. Ist doch der ganze Leib »beseelt«. Nicht nur der »Trieb« mit allem, was an Spannung und Sehnsucht durch ihn bewußt werden kann, sondern auch das Treiben und »Begehren« der anderen Organsysteme macht den Reichtum dieser zunächst unbewußten Welt der Emotionen aus.

So stützt sich das Gefühl des Mutes, der Herzlichkeit und der Frische auf unsere Herzfunktion, das Ahnen weisheitsvoller Zusammenhänge auf die Lebertätigkeit, die Spannungs- und Lösungsdynamik des Gefühlslebens auf die Konzentrations- und Verdünnungsleistung der Nieren. Nichts wird seelisch erlebt und empfunden, was nicht im Körper seine funktionelle Grundlage hätte. Das Nervensystem macht uns dieses alles nur bewußt – es ist nicht der Erzeuger der Gefühle. Diese sind mächtige Trieb- und Bewegungskräfte, in die die sexuellen Funktionen auf besondere Art hereinwirken, weil die damit verbundenen Funktionsabläufe nur zum Teil dem eigenen Organismus zur Erhaltung dienen und zum anderen auf den Geschlechtspartner und den Aufbau eines neuen Organismus hinorientiert sind. In dem Stoffwechsel- und Reproduktionsleben des Körpers grenzt das Gefühlsleben an das Willensleben an, und man kann hier mit Rudolf Steiner das Gefühl den »zurückgehaltenen Willen« nennen und die Willenshandlung die ausgelebte Emotion, das ausgelebte Gefühl.

Von psychoanalytischer Seite wird immer wieder geltend gemacht, wie entscheidend das freie Ausleben der im Körper veranlagten Triebimpulse und emotionalen Spannungen ist. Dem muß entgegengehalten werden, daß nur das Tier die »naturgegebene«

Möglichkeit besitzt, sich auf die Weisheit seiner Instinkte und Triebe ganz verlassen zu können. Es verhält sich um so artgemäßer, je natürlicher es in seinem Lebensraum aufwächst. Beim Menschen hingegen ist das »Natürliche« nicht so geartet, daß es uns sicher zur Menschlichkeit hinführt, wenn wir uns ihm nur überlassen. Vielmehr bedarf hier alles »Naturgegebene« der zusätzlichen kulturellen Arbeit und Pflege. So muß selbst das erst gelernt werden, was für jedes Tier das selbstverständlichste ist: Essen, Schlafen, Fortpflanzen.

Dafür kann ein Tier nicht vollkommener werden, als es in seinem typisch artgemäßen Verhalten ist. Der Mensch hingegen kann immer »noch menschlicher« werden durch Arbeit an sich selbst. So wichtig es ist, zu seinen Bedürfnissen, Trieben und Emotionen zu stehen und sie nicht zu verdrängen, so nötig ist es auch, an ihnen zu arbeiten und ihnen einen immer menschlicheren Ausdruck zu verleihen. So kann gerade die bewußte Pflege der Sinnesempfindungen viel dazu beitragen, daß die aus dem Körper aufsteigenden Begierden und Emotionen auf angenehme und dennoch geordnete und geprägte Weise an der Welt bewußt werden und dadurch eine Klärung erfahren und handhabbar werden.

Das Egoismusproblem kann nur erfolgreich bearbeitet werden, wenn die »Daseinlust« des gesunden Organismus sich in der bewußten Anteilnahme an der Welt differenziert und verobjektiviert. Insofern kommt insbesondere in der Kindheit der Sinnesschulung eine durch nichts zu ersetzende Bedeutung für Weckung und Pflege des umweltorientierten Gefühlslebens zu. Denn es ist dies die Zeit vor der Pubertät, in der die Funktionsabläufe der Fortpflanzungsorgane noch unreif in das Gesamtgeschehen des kindlichen Organismus integriert sind.[33] Findet das Gefühlsleben in diesem Alter den vollen Anschluß an die Welt, so ist ein gesundes Selbsterleben die Folge, wodurch den Gefährdungen durch die Pubertät vorgebeugt ist.

Dabei ist es wichtig, die Sinnesempfindungen zu kennen, die über alle zwölf Sinne[34] des Menschen vermittelt werden. Sie sind das Fundament eines gesunden Selbstgefühls in der Begegnung mit der Welt und den Funktionen des eigenen Körpers.

Die zwölf Sinnesempfindungen

Der *Tastsinn* ist der umfassendste Sinn, den wir haben. Er erstreckt sich über die gesamte Körperoberfläche und ist mit verschiedenen kleinen Sinnesorganen und freien Nervenenden in der Haut lokalisiert. Dort vermittelt er das Erleben des eigenen Körpers an der Grenze zu allem, was nicht zu ihm gehört. Jede Berührung, auch die durch ein Kleidungsstück, lassen diese Erfahrung von Selbst und Welt, von Eigen und Fremd bewußt werden.

Die beruhigende und ausgleichende Wirkung, die zum Beispiel Spaziergänge oder Wanderungen haben können, sind auch darauf zurückzuführen, daß beim Gehen der Tastsinn positiv stimuliert wird, indem einerseits die Festigkeit und Sicherheit des Bodens erlebt wird sowie das existentielle Gestütztsein und andererseits über die Kleidung, die beim Laufen ständig ein wenig den Leib berührt, das Anwesenheitsgefühl im eigenen Körper verstärkt wird. Man ist am Ende eines solchen Ganges wieder mehr »bei sich« und »in sich« und kann den Erfordernissen des Lebens erneut und mit gestärkter Selbstsicherheit begegnen. Wichtig ist nur, daß wir überhaupt aufmerksam werden darauf, daß dieser Sinn existiert, und daß er uns Existenzvertrauen und Daseinserleben vermitteln möchte.

Haben die Tasterfahrungen insbesondere in der frühen Kindheit liebevolle Geborgenheit und Respekt vor der eigenen körperlichen Integrität spürbar werden lassen, so kann sich ein gesundes Empfinden für die eigene Existenz entwickeln. Dieses gibt dann die Gefühlsbasis für das *Existenzvertrauen* oder auch »Urvertrauen« als Grundlage jedes gesunden Selbstbewußtseins.

Der *Lebenssinn* nimmt über die vegetativen Nerven, welche die Funktion der inneren Organe aufeinander abstimmen, den Zustand wahr, in dem sich zum Beispiel die Verdauungsorgane und die Vitalität gerade befinden: Sättigung, Hunger, Behaglichkeit, Unbehaglichkeit – all diese Lebensbefindlichkeiten und -zustände werden durch ihn erlebt. Auch ob man sich in seinem Körper wohl fühlt oder bestimmte Organfunktionen nicht mehr richtig zusammenstimmen, wird durch ihn bewußt gemacht. Daher bedarf eine gute Ausbildung des Lebenssinnes im Kindes- und Erwachsenenalter der Einführung fester Gewohnheiten mit Bezug auf Schlafen und Wachen, Essen und Nüchternsein, Arbeit und Ruhe und überhaupt der Pflege von Rhythmus und Regelmäßigkeit in den Lebens- und Arbeitsabläufen soweit dies möglich ist. Meldet der Lebenssinn ungestörte Vitalität, so ist *Behaglichkeit* und *Harmonieempfinden* die Botschaft an das Gefühl, wenn sich dieses durch die vom Lebenssinn vemittelten Empfindungen anregen beziehungsweise wecken läßt.[35]

Der *Bewegungssinn*, das Wahrnehmen der eigenen Bewegungsfähigkeit, das über die Muskelspindeln vermittelt wird, ist Grundlage für das *Freiheitsempfinden*. Beim kleinen Kind ist dies besonders schön zu beobachten, wie es vom Krabbelalter an ständig versucht, seinen Bewegungs- und damit Freiheitsspielraum zu vergrößern. Entsprechend ärgerlich und frustriert reagiert es auch, wenn man es nicht agieren läßt und von allem möglichen, das nicht angefaßt werden darf, abhält oder gar wegreißt. Die Ausbildung eines gesunden Freiheitsempfindens als Grundlage für das Freiheitsgefühl ist das Erleben einer möglichst ungebrochenen Bewegungsfreude und Freiheit im Kindesalter. Auch später noch kann das Freiheitsgefühl durch Bewegungsübungen und -spiele gepflegt werden. Besonders empfehlenswert ist dabei die Eurythmie, durch die nicht nur das körperliche, sondern auch das seelische und geistige In-Bewegung-Kommen geübt wird.[36]

Der *Gleichgewichtssinn* ist im Innenohr lokalisiert und vermittelt das Bewußtsein von der jeweiligen Lage und Bewegung im Raum. Die Sinnesempfindung, die dadurch vermittelt wird, ist die des im Gleichgewichtseins und das Erleben des eigenen Schwerpunkts als Ruhepunkt. Dadurch wird die Voraussetzung geschaffen, daß in der Seele das *Gefühl der inneren Ruhe* geweckt werden kann. Es gibt Menschen, die ohne viel Mühe und Schulung dieses Gefühl in sich aufrufen können. In der Regel haben sie auch einen entsprechend gut ausgebildeten Gleichgewichtssinn. Wer einen gewissen Anhaltspunkt haben möchte, wie es um den eigenen Gleichgewichtssinn bestellt ist, der kann folgende Übung machen: Er stelle sich auf die Zehenspitzen und gehe langsam wieder auf den ganzen Fuß zurück. Mit offenen Augen ist dies nicht sehr schwierig, da viele Menschen Defizite im Bereich des Gleichgewichtssinns mit Hilfe von Auge und Ohr kompensieren. Macht man jedoch dieselbe Übung des Auf-den-Zehenspitzen-Stehens und Wieder-auf-die-Füße-Kommens mit *geschlossenen Augen* in sehr langsamem Auf und Ab, so fangen viele Menschen dabei ziemlich zu schwanken an und haben Mühe, das Gleichgewicht zu halten. In solchen Fällen ist es hilfreich, durch Eurythmie und/oder gymnastische Gleichgewichtsübungen diesen Sinn zu unterstützen. Kinder machen ganz von selber Spiele, bei denen sie – unbewußt – ihren Gleichgewichtssinn schulen. Sie balancieren gerne, hüpfen über Gegenstände, spielen blinde Kuh mit verbundenen Augen und so weiter.

Diese vier Sinne begründen ein gesundes Existenzgefühl im *Leib* durch das Empfinden von Vertrauen, Wohlbehagen, Freiheit und Ruhe.

Das Existenzgefühl im *Seelischen* wird veranlagt durch die Pflege des Geschmacks- und Geruchssinns, des Wärmesinns und des Sehens. Nie werden stärkere Sympathie- und Antipathiegefühle geweckt als über die Sinnesempfindungen von *Geruchs-* und *Geschmackssinn.* Ekelerregende Speisen oder Wohlgerüche können stärkste *Gefühle von Abscheu und Wohlbehagen* wachrufen. Entsprechend ist es mit dem Empfinden von *Wärme* und *Kälte.* Wieviel ist gesagt, wenn wir einen Menschen als *gefühlskalt oder -warm* erleben! Und welcher Gefühlsreichtum wird schließlich angeregt und geweckt durch das differenzierte *Farberleben* mit Hilfe des Auges! Das Gefühlsleben erwacht daran zur Selbstwahrnehmung seiner eigenen *Helligkeit,* seiner eigenen *Finsternis,* seiner Röte, seiner Bläue, seiner Grünheit, seinem Hell und Dunkel. Jede Farbe ruft eine andere Gefühlsgestimmtheit in uns wach, wenn wir nur die Aufmerksamkeit auf diese Vorgänge lenken und den Einfluß beobachten, den die Sinnesempfindungen auf das Wecken bestimmter Gefühle haben.

In der anthroposophischen Menschenkunde werden über den Hörsinn hinaus noch drei weitere Sinne beschrieben: Der Wortsinn, der Gedankensinn und der Ich-Sinn. Die Sinnesempfindungen, die durch diese vier Sinne vermittelt werden, ermöglichen ein gesundes Existenzerleben in der *geistigen Tätigkeit.* Das *Hören,* der Hörsinn, führt das seelische Leben aus dem äußerlich sichtbaren Raum heraus und herein in einen seelischen Innenraum, einen Hörraum. Hier werden Klänge, Worte, Geräusche bewußt. In diesem durch das Hören erschlossenen Innenraum erleben wir auch das Bewegen von Gedanken und Erinnerungen. Welche Sinnesempfindungen aber werden durch diese letzten vier Sinne vermittelt? Durch die Welt der Musik und der Klänge werden die Gefühle von *Einklang* und *Mißklang,* von Konsonanz und Dissonanz geweckt. Jeder Ton, jedes Intervall vermittelt das Empfinden einer besonderen Stimmung, die sich auch als Gefühl – losgelöst vom Sinneseindruck – festhalten läßt. Ebenso weckt das Erleben einer bestimmten Lautgestalt beziehungsweise eines bestimmten Wortes durch den *Wortsinn* ein ganz spezifisches Empfinden für dessen Bedeutung. Auch wenn man eine Sprache nicht versteht, sagen einem doch die Lautfolgen der Worte oft etwas über den Sinn. Verfolgt man hingegen ein Wort durch verschiedene Sprachen hindurch, so kann man mit Hilfe des Lautsinns empfinden, welche unterschiedlichen Bedeutungsaspekte dieses Wortes durch die verschiedenen Lautgestalten in den Sprachen zur Darstellung kommen. Wie anders wird »Mensch« empfunden als englisch »human being«, französisch »être humain« oder russisch »tschelowiek«. Durch diesen Sinn wird dem Gefühlsleben die Möglichkeit vermittelt, *individuelle Ausdrucksformen* als solche *unmittelbar zu empfinden.* Beim Wahrnehmen von Gedanken anderer Menschen durch Wort oder Schrift hingegen wird das unmittelbare *Empfinden des Sinnzusammenhanges,* der – unabhängig vom Wort – durch den Gedanken zum Ausdruck gebracht werden kann, erlebt. Diesem *Gedankensinn* ist es zuzuschreiben, daß, wenn man beispielsweise in einer fremden Sprache versucht, einen etwas komplizierteren Gedanken auszudrücken, dieser verstanden werden kann, auch wenn man sich einfacher oder nicht ganz zutreffender Worte dafür bedient. Der *Ich-Sinn* schließlich vermittelt das Empfinden, einem Wesen gegenüberzustehen. Er ist der Sinn, mit dessen Hilfe die *Anwesenheit eines übersinnlichen* – geistigen – *Wesens im Körper,* im Leib, wahrgenommen werden kann. Das Wahrnehmen von Wesenhaftem (Ich-Sinn), von Sinnvollem (Gedankensinn), von individuellem Ausdruck (Wortsinn) schließt das Gefühlsleben an den Bereich des denkenden Erkennens an.

Rudolf Steiner hat in seiner Sinneslehre ausgeführt, welch starke Beziehung der Gleichgewichtssinn zum Gehörsinn hat, bis dahin, daß beide Organe eng miteinander verbunden im Felsenbein des Schädels liegen, und jeder weiß, daß er, wenn er nicht innerlich ruhig wird, auch nicht wirklich zuhören kann. Ein Entsprechendes gilt auch für die drei anderen letztgenannten Sinne in ihrem Verhältnis zu den drei erstgenannten, ganz leiborientierten

Sinnen, dem Tast-, Lebens- und Bewegungssinn: So bildet sich das Sinnesorgan für den Wortsinn dadurch heraus, daß Bewegungen nicht nur ausgeführt, sondern nach und nach auch in ihrem Bedeutungsgehalt und ihrer physiognomischen Aussagekraft verstanden werden. In dem Maß, wie dieses Verständnis reift, entwickelt sich der Wortsinn, der auch Lautgestalt- oder Physiognomiesinn genannt wird. Eine Geste oder auch das Mienenspiel des Gesichtes kann genauso viel »sagen« wie Worte – es ist ein und derselbe Sinn, der als Wortsinn auch die Bedeutung der körpersprachlichen Äußerungen sowie die Formensprache der Dinge überhaupt erfaßt.

Das Erleben und selber Ausführen der verschiedenen Bewegungsformen in der Kindheit prägt sich dem Nervensystem ein. Der Zusammenhang all dieser Einprägungen bildet dann das Sinnesorgan für das unmittelbare Wahrnehmen des »Sinnes«, das heißt der Aussagekraft und Bedeutung einer Bewegung. Entsprechend ist es mit dem Gedankensinn. Er entwickelt sich als Folge der Aktivität des Lebenssinnes in der Kindheit. So wie das Kind über den Lebenssinn die Stimmigkeit seiner Organfunktionen wahrnimmt und auch die Stimmigkeit der Handlungsabläufe in seiner Umgebung, so prägen diese Wahrnehmungen im Lauf der Jahre in ihrem Zusammenhang die zentralnervösen Vernetzungen, die dann das Sinnesorgan für Stimmigkeit und Sinnzusammenhang der Gedanken anderer abgeben. Die Möglichkeit jedoch, das Wesen eines anderen Menschen unmittelbar wahrzunehmen, entwickelt sich auf der Grundlage der Tasterfahrung. So ist ebenso wie der Tastsinn der Ich-Sinn über den ganzen Körper des Menschen ausgebreitet. Über den Tastsinn erlebt das kleine Kind auch unmittelbar die Anwesenheit des Geistes in der Materie. Wesenswahrnehmung und äußere Erscheinung sind noch nicht deutlich getrennt.

Je kleiner die Kinder sind, desto enger verbunden – und noch nicht zur Eigenständigkeit ausgereift – sind diese oberen erkenntniszugewandten mit den unteren, ganz leibzugewandten Sinnen. Im Tasterleben des kleinen Kindes lebt unbewußt das Erleben des Geistig-Wesenhaften der Menschen mit, deren Außenseite es ertastet. Das Erleben dieses Wesenhaften führt entsprechend dem für Wort- und Gedankensinn Geschilderten zu Einprägungen im Nervensystem, deren Gesamtheit sich dann zum Wahrnehmungsorgan des Ichsinns entwickelt.

Alles, was von außen an den Menschen herankommt, trifft zuerst auf seine Sinne. An dieses Sinneserlebnis schließt sich dann einerseits das Denken an, in dem das Wahrgenommene vorgestellt wird. Andererseits findet das Gefühlsleben daran Anschluß, indem es durch die Sinnesempfindungen angeregt wird. Der Übergang von der Sinnesempfindung zum Gefühl kann nur bei sehr genauer Selbstbeobachtung festgestellt werden. Das Geweckt- beziehungsweise Angeregtwerden durch den Sinneseindruck von außen wird von innen durch die Aufnahme der Empfindung in das Gefühlsleben fortgesetzt. Es lebt dann die Empfindung als Gefühl fort, während das Sinneserlebnis, das die Empfindung ausgelöst hat, bereits aufgehört haben kann. So kann beispielsweise die Erinnerung an eine liebevolle Umarmung zum Abschied über Jahre hin bei den sich Verabschiedenden das Gefühl des Geliebtseins und der seelischen Geborgenheit wacherhalten, indem die Gefühle von damals wieder in der Seele rege gemacht werden. Es hängt ganz von dem betreffenden Menschen ab, wie ein solches Ereignis in seinem Gefühlsleben fortwirkt – ob es dem Bewußtsein wieder entschwindet oder eine bleibende seelische Kraft wird, die jederzeit wieder in das innere Erleben zurückgerufen werden kann. Sinneswahrnehmung und Denken (Erinnern) sind die Grenzen, an denen das Gefühlsleben erregt und sich seiner selbst bewußt wird.

Gefühle – sind sie einmal geweckt – können dann auch so etwas werden wie Wahrnehmungsorgane der Seele. Denn ein Gefühl, das man durch eine bestimmte Erfahrung entwickelt hat, kann einen jetzt sensibel machen für Gefühlszustände derselben Art bei einem anderen Menschen. Was ich erlebt habe, macht mich verständnisvoll für entsprechende Erfahrungen und Erlebnisse anderer Menschen. So sind Wahrnehmungsschwächen und Mangel an Mitgefühl immer auch Zeichen, daß bestimmte Erlebnisse und Erfahrungen noch nicht erworben werden konnten. Wo ein Mangel an Mitempfinden mit der Welt vorliegt, ist in der Regel auch ein entsprechendes Defizit in der Ausbildung eines gesunden Selbstgefühls die Folge. Dieses sei nochmals tabellarisch zuammengefaßt und verdeutlicht:

Defizite in der Sinnesentwicklung im Bereich

□ des Tastsinnes:	Mangel an Selbst- und Weltvertrauen.
□ des Lebenssinns:	Mangel an Sinn für Harmonie und Sinnerleben, zu wenig »Lust haben«, etwas zu tun.
□ des Bewegungssinns:	Mangel an Freiheitsempfinden.
□ des Gleichgewichtssinns:	Mangel an Möglichkeit, innere Ruhe zu empfinden.
□ des Geruchssinns:	Mangel an differenziertem Umgang mit elementaren Sympathien und Antipathien.
□ des Geschmackssinns:	Neigung, nur nach seinem persönlichem Geschmack zu urteilen. Man ist an sein »Lieblingsessen« gewöhnt und hat nicht umfassend genug schmecken gelernt.

□ des Wärmesinns:	Mangel an innerer Wärme und Aufmerksamkeit. (Sich »erwärmen« können, schärft die Aufmerksamkeit.)
□ des Hörsinns:	Mangel an Innerlichkeit.
□ des Wortsinns:	Mangel an individuellem Ausdrucksverständnis für Formen, Gesten und Worte. So auch Mangel an Wortgewissenhaftigkeit.
□ des Gedankensinns:	Mangel an Verständnis von Zusammenhängen. Neigung zu Mißverständnissen.
□ des Ich-Sinns:	Mangel an Wesenserfahrung, an Wirklichkeitssinn.

Der Mensch verdankt die Wahrnehmung seiner selbst der Sinnestätigkeit beziehungsweise der Art und Weise, wie er gelernt hat, seine Sinne zu gebrauchen. Wer daraufhin einmal das Leben der Kinder heute anschaut, wie vieles *nicht* mehr ungestört erlebt werden kann, oder wie sehr das Sinneserlebnis beziehungsweise die Zusammenarbeit der Sinne gestört werden, beispielsweise beim so beliebten Fernsehen, den wundert es nicht, daß jetzt immer mehr Beeinträchtigungen in der Selbst- und Umweltwahrnehmung auftreten. Auch wird besser verständlich, wie schwer es einem heute gemacht wird, die eigene Existenz als *sinn*erfüllt zu erleben. Der Mensch *ist* seiner Natur nach ewig (Vertrauen), integrationsfähig (Harmonieerleben), frei, in sich ruhend, sympathie- und antipathiebegabt, geschmackvoll, »warm«, »licht«, »innerlich«, individuell, sinnvoll eingebettet in den Weltzusammenhang und wesenhaft. Er wird sich dieser seiner geistig-seelischen Natur am Leib in der »Verkörperung« seiner selbst mit Hilfe der Sinneserfahrungen bewußt. In der Sinneswelt lernen wir es, die Sinnhaftigkeit unseres eigenen Daseins zu erkennen und handzuhaben.

Schulung der Gefühle durch das Denken

In der frühen Kindheit spielt die genannte Prägung des Gefühlslebens über die Sinne *die* entscheidende Rolle, da das Kind als nachahmendes Wesen mit offenen Sinnen und größtem Interesse auf seine Umwelt zugeht. Mit Beginn der Schulzeit ändert sich dies. Der Lehrer hat nun während der kommenden sechs bis acht Jahre Tag für Tag daran zu arbeiten, daß das noch stark an den Körper und seine Sinne gebundene Gefühlsleben sich emanzipieren lernt und an das Denken Anschluß findet.[37] Damit wird dann auch der Übergang vollzogen von dem kindlich selbstbezogenen: Wie erlebe *ich*? Wie fühle ich *mich*? zu einem wirklichen Mitgefühl mit *anderen Menschen, Dingen* und *Vorgängen.* Während in der frühen Kindheit die Ausbildung eines gesunden Selbstgefühls und Selbsterlebens in der Begegnung mit der Welt im Vordergrund steht, muß nun geübt werden, dieses Selbstgefühl zu erweitern zu einem Weltgefühl, zu einem Mitgefühl mit allem, was im Umkreis existiert. Mitgefühl ist eine Qualität, die unabhängig von der eigenen persönlichen Sympathie und Antipathie existiert. Es ist die Bereitschaft zu empfinden, wie es einem *anderen* geht, indem man sowohl dem Freund als auch dem Feind dasselbe beobachtende, mitempfindende Interesse entgegenbringen kann. Dies ist allerdings erst nach der Pubertät vollumfänglich möglich.

Ein Beispiel möge es verdeutlichen. Man stelle sich ein etwa fünfzehnjähriges Mädchen vor, das ein sehr ausgeprägtes Mitgefühl hat, wenn seiner Katze oder einem Hund in der Nachbarschaft, den es gern hat, ein Haar gekrümmt wird. Dasselbe Mädchen wird jedoch keine Probleme damit haben, zum Beispiel in der Schule einen Lehrer, den es nicht mag, nach allen Regeln kindlicher Psychologie zu schikanieren. Hier liegt also ein Mitgefühl vor, das noch ganz nach persönlicher Sympathie und Antipathie geordnet ist. In der Pubertätszeit werden Sympathien gleichermaßen legitim ausgelebt wie Antipathien. Sowohl bei dem innigen Streicheln der Katze als auch bei der Demontage eines Menschen, den man nicht leiden kann, tritt das unbefangene Ausleben dieser persönlichen Gefühlsausprägungen zutage. Erst wenn es gelingt, das eigene Sympathie- und Antipathievermögen zu benützen, um im Miterleben herauszufinden, wie es dem anderen geht, kann von wirklichem Mitgefühl gesprochen werden.

Eine solche Umwendung im Fühlen, das heißt eine solche Loslösung von der eigenen – auch körperlichen – Befindlichkeit und dem, was persönlich gefällt und mißfällt, kann nur gelingen, wenn das Gefühlsleben an das Denken Anschluß findet. Denn es ist das Charakteristische des Gedankens, daß er zunächst unabhängig von persönlichen Sympathien und Antipathien entsteht und seine Wahrheit in sich selber hat. Wird nun geübt, die Schönheit, Häßlichkeit, Stimmigkeit oder Durchsichtigkeit eines Gedankens zu fühlen, so lernt man, sich auch für Gedanken, Ideen und Ideale zu begeistern und die ganze Wärme (Sympathie) und Kälte (Antipathie) des Gefühls darauf zu richten. Es liegt ja im Wesen eines jeden Gefühls, daß es eine persönlich empfundene Beziehung herstellt. Jedes Gefühl ist gleichsam wie eine Saite, die zwischen mir und dem, was ich fühlen möchte, aufgespannt ist und einen ganz bestimmten Klang, einen ganz bestimmten Bezug herstellt. Das Wort Mit-Gefühl bringt diese Grundeigenschaft des Gefühlslebens am deutlichsten zum Ausdruck: Man selbst als der Fühlende, lebt ganz mit mit dem, was man fühlt. Selbst und Welt sind durch das Gefühl verbunden. Ich erfahre etwas in objektiver Weise über die Welt und erlebe zugleich mich selbst an der Welt. Die künstlerische Erziehung im Schulalter ist eine große Hilfe, das Gefühlsleben vorzubereiten und den Anschluß an die Objektivität der Weltvorgänge zu finden. Denn hier kann man lernen, die Schönheit einer Form zu empfinden, an Musikstücken so lange zu üben, bis sie wirklich klingen, am sprachlichen Ausdruck zu arbeiten, bis tatsächlich – wenn ein Abendgedicht geübt wird – Abendstimmung erlebbar wird.

Unter diesem Aspekt kann man auch die enorme Sehnsucht der Kinder und Jugendlichen nach Musik und Bewegung verstehen. Es liegt hier ein existentieller altersentsprechender Drang nach künstlerischer Betätigung und künstlerischem Ausdruck vor. Sie suchen diese Brücke, die ihr Gefühlsleben mit der Welt verbindet, und möchten sich mit ihrem Gefühlsleben an ein objektiv Gegebenes wie Töne, Formen und Farben anschließen. Gelingt dies, so ist dann auch der nächste Schritt zu schaffen, sich den Gedanken selbst so zuzuwenden, daß man auch sie als etwas Konkretes, als objektiv gegebene Tatsachen empfindet, die man fühlen und erleben kann.

Daher ist es entscheidend, *wie* in Elternhaus und Schule mit Gedanken umgegangen wird. Gedanken bekommen wir erzählt, wir lesen sie, sie werden über die Sprache vermittelt und schließlich machen wir sie uns auch selbst, indem wir über unsere Erfahrungen nachdenken oder etwas aktiv lernen. Es ist jedoch ein grundlegender Unterschied, ob man einen Gedanken nur hat, oder ob man ein solches Verhältnis zu seinem Denken bekommt, daß einem die Gedanken auch persönlich etwas sagen, indem man sie wirklich fühlt.

Als Beispiel sei der Gedanke der Ehrlichkeit angeführt. Das Denken selbst hat ja elementar mit Wahrheit, Ehrlichkeit und Aufrichtigkeit zu tun. Es gibt jedoch Menschen, die begeisternd über diese Qualitäten des Denkens sprechen können und dennoch selbst unehrlich sind. Das ist kein Widerspruch, wohl aber ein

Problem. Denn man fragt sich, wie das möglich ist. Als Antwort zeigt sich, daß bei diesen Menschen das Wahrheits*gefühl* nicht ausgebildet ist. Sie empfinden es gar nicht, wenn sie die Unwahrheit sagen. Da, wo Denken und Handeln nicht miteinander übereinstimmen beziehungsweise auseinanderklaffen, fehlt immer die entscheidende Brücke in Form des Gefühls. Denn nur mit Hilfe des Gefühls können wir erleben, ob Denken und Handeln wirklich zusammenstimmen. Es gibt Menschen, die ihre Handlungsweisen – selbst wenn sie kriminell sind – mit ungeheurer Intelligenz und Beredsamkeit erklären und legitimieren können und schlichtweg nicht empfinden, daß es sich hier um Ausreden handelt. Alles, was uns in unseren eigenen Gedanken oder denen anderer Menschen wesentlich und wertvoll ist, können wir erst dann zu einer Verbindlichkeit für uns erheben, wenn es uns gelingt, Gefühle damit zu verbinden.

Dies beleuchtet ein pädagogisches Problem ersten Ranges. Denn die Frage ist, wie das gelingen kann. Jeder, der Kinder unterrichtet hat, weiß, wie man sich anstrengen kann und dennoch unter Umständen nur in gelangweilte Gesichter blickt. Man merkt, daß das Gefühlsleben der Schüler nicht aktiviert, vielmehr uninteressiert ist, obwohl der Kopf alles mitbekommt. Dem Erwachsenen ist es freigestellt, Dinge entweder nur informativ zur Kenntnis zu nehmen oder sie existentiell einzubeziehen und zu prüfen. Es kommt vieles, ja zuviel tagtäglich an uns heran, als daß wir es uns alles in gleicher Weise »zu Herzen nehmen« könnten. Dadurch sind wir ständig in der Gefahr, oberflächlich und der Tendenz nach auch unwahr zu werden. Um so wichtiger ist es, daß in der Schule die Dinge gründlich behandelt werden, nach dem Prinzip »weniger ist mehr«, so daß die Kinder und Jugendlichen lernen können, sich wirklich *existentiell* und damit auch gefühlsmäßig mit bestimmten Gegebenheiten der Geschichte, der Naturkunde, ja selbst der Mathematik und der Sprachen auseinanderzusetzen. Je mehr Zeit gelassen wird, daß der behandelte Stoff vom Schüler selber nachgearbeitet, ergänzt, mit Fragen versehen werden kann, um so größer ist die Chance, daß der Schüler sich mit dem, was er tut, auch gefühlsmäßig verbindet. Erst dann wird diese Sache auch *seine* Sache, und es entsteht eine persönliche Beziehung und Verantwortlichkeit ihr gegenüber.

In diesem Zusammenhang gibt es einen interessanten Unterschied zwischen Jungen und Mädchen. Das Gefühlsleben der Mädchen hat es leichter, sich an das Gedankenleben anzuschließen. (Vgl. auch »Mann und Frau in der Partnerschaft«, S. 141.) Dafür ist es weniger begabt, sich über die Sinneserfahrung das Gefühlsleben anregen zu lassen. Bei Jungen ist dies genau umgekehrt. Sie sind wacher im Bereich der Sinnesempfindungen, wohingegen sie dem Denken gegenüber abstrakter und unempfindsamer organisiert sind.[38] Darauf sind sie oft stolz, und das entspricht auch insgesamt dem Trend zur Sachlichkeit in unserem Kulturkreis.

Es handelt sich hier um eine spezifisch männliche Art zu denken: Das Gefühlsleben sitzt in anderen Regionen und braucht zunächst einmal weniger den Anschluß an das Denken. Man(n) empfindet Gefühlsregungen als unsachlich und unnötig – das Persönliche sollte draußen bleiben. Gerade dieses aber ist charakteristisch für die männliche Konstitution, die eine zureichende Gefühlsbefriedigung durch die Sinne bezieht und deshalb den Anschluß des Gefühlslebens an die Gedanken für das eigene Selbsterleben nicht in dem Maße braucht. Dagegen kann sich das Gefühlsleben des Mädchens beziehungsweise der Frau stark nach außen wenden, weil es weniger stark an die körperlichen Sinne gebunden, dafür aber um so mehr disponiert ist, sich an das Gedankenleben anzuschließen. Daher ist es auch charakteristisch für Mädchen, daß sie beispielsweise eher dazu neigen, Tagebuch zu schreiben oder für alles mögliche zu schwärmen, während Jungens desselben Alters gerne einen Computer auseinandernehmen. Neben diesen geschlechtsspezifischen Unterschieden (die natürlich im Einzelfall sehr unterschiedlich ausgeprägt sein können), gilt es, bei jedem Schüler herauszufinden, wo er mit seinen Gefühlsneigungen zu Hause ist. Denn nur, wenn man ihn da abholt, wo er steht, wo er seine Sympathien und auch seine Antipathien hat, kann man den Weg finden, der es ihm möglich macht, diese Hinwendung des eigenen Gefühlslebens an das denkende Verstehen zu vollziehen.

Wut und Aggression

Der Krieg ist der Vater aller Dinge.

Heraklit

Das Willensproblem

Aggressiv nennen wir diejenigen menschlichen Handlungen und Willensäußerungen, die angriffslustig und überwiegend destruktiv sind. Wut hingegen ist der Ausdruck für die emotionale, gefühlsmäßige Seite der Sache. Es gibt Menschen, die sehr wütend sein können und sich dennoch nicht zu einer aggressiven Handlung hinreißen lassen. Und dann gibt es auch durchaus aggressive Handlungen, die nicht von ausgesprochener Wut begleitet sind, ja sie können sogar aus Langeweile heraus geschehen oder aus Emotionen wie Angst, Mißtrauen, Eifersucht und Haß. Das Wort Aggressivität bedeutet von seinem lateinischen Ursprung her »Annäherung«, und tatsächlich ist Aggression immer Begegnung. Man wird nicht nur mit anderen konfrontiert, sondern früher oder später auch mit sich selbst. Der griechische Philosoph Heraklit nannte den Krieg den »Vater aller Dinge«. Dies ist ganz sicher nicht für alles zutreffend. Für eines gilt es jedoch gewiß, und das ist das menschliche Selbstbewußtsein. Durch nichts werden wir uns unserer selbst stärker bewußt als dadurch, daß wir uns in Auseinandersetzungen hineinbegeben. Jede Begegnung, insbesondere aber die aggressive Auseinandersetzung, führt immer zu einer Verstärkung des Selbsterlebens und damit auch des *Selbstbewußtseins.*

Wut im spezifischen Sinn ist dagegen mehr unbewußte Emotion oder bewußt erlebtes Gefühl. Im Volksmund wird gesagt, die Wut sitzt »im Bauch«. Das ist menschenkundlich sachgemäß ausgedrückt. Denn die Basis für jedwede Kraftentfaltung beruht auf einer gut geregelten Stoffwechselleistung. Arme und Beine dienen dann dazu, dieses aus dem Stoffwechsel uns zufließende

Kraftpotential (im vorigen Kapitel wurde es auch das im Organismus lebende Trieb- und Begierdeleben genannt) in Handlungen umzusetzen, und so kann sich dann beispielsweise die Wut in aggressivem Handeln entladen.

Wille und Gefühl sind einerseits deutlich voneinander zu unterscheiden und andererseits kann das eine – das Gefühl, die innere Bewegung – unmittelbar in das andere – die Willenshandlung, die äußere Bewegung – übergehen. Das kindliche Gefühlsleben unterscheidet sich gerade dadurch stark von dem des Erwachsenen, daß Gefühl und Wille noch wenig differenziert sind. Schon die Nachahmungsfähigkeit des Kindes macht deutlich, daß alles, was das Kind interessiert, was es sieht und damit auch empfindet am liebsten auch getan, mitvollzogen, nachgemacht wird. (Vgl. Seite 62 f.) Und so äußert sich auch ein spontanes Unwohlsein sofort in lustlosen äußeren Bewegungen oder kleinen aggressiven Handlungen. Erst mit dem Einsetzen der Vorpubertät im neunten, zehnten Lebensjahr beginnt die Wende deutlich zu werden, daß Kinder jetzt in der Lage sind, Gefühle *in sich* zu bewegen, ohne sie sogleich nach außen durch Wort oder Tat sichtbar machen zu müssen. Dann löst sich das Gefühlsleben mehr und mehr von seiner unmittelbaren Willens- und Körperverhaftung los und wird der autonome seelische Bereich, in dem zwischen Denken und Handeln vermittelt werden kann. Nun sind äußerer und innerer Bewegungsdrang zunehmend voneinander getrennt. Es kulminiert dies dann im Pubertätsalter in einer ausgesprochenen Bewegungsunlust, was das äußere Bewegungsspiel angeht, und in einer extremen Bewegungsfreude, was das innere Gefühlsleben betrifft. Jetzt können die Jugendlichen stundenlang irgendwo lagern, Musik hören und das auf- und abwogende Gefühlsleben beobachten und genießen.

Um nun das Wesen aggressiver Handlungen besser zu verstehen, müssen wir uns angesichts dieser Entwicklungstatsachen etwas sehr Grundlegendes klarmachen. Wir müssen uns die Frage stellen: Wer ist es eigentlich, der handelt, will, fühlt und denkt? Wer betätigt sich denn in Leib, Seele und Geist des Menschen? Im vorigen Kapitel war von dem »Zentrum der Persönlichkeit« die Rede; wer oder was ist diese Persönlichkeit, die ihr Zentrum im Gefühlsleben, in ihrer Beziehungsfähigkeit erlebt?

Wo Gedanken, Wille oder Gefühle sich regen, geht dies immer *von einem bestimmten Menschen* aus. Wir rühren mit Überlegungen dieser Art an das Geheimnis des menschlichen Ich, an den Kern der Persönlichkeit. Personare heißt »durchtönen«. *Persönlichkeit* ist dem Wortsinne nach dasjenige, was von diesem menschlichen Ich durch Leib, Seele und Geist hindurchtönt, sich äußern kann. Diese drei erweisen sich somit bei genauerem Hinsehen als Arbeitsfelder des Ich, mit denen es sich auseinandersetzen und in denen es sich »inkarnieren« (Leib), »beheimaten« (Seele) und selbst »finden« (Geist) muß.

Es gehört zum Schönsten, was man beobachten kann, wenn man die unmittelbare Tätigkeit dieses *Menschen-Ich* wahrnimmt in Form *konzentrierter, gerichteter Aufmerksamkeit*. Dieses beginnt schon im Säuglingsalter, wenn hingebungsvoll wahrgenommen wird, was der Erwachsene mit einem tut, und insbesondere im Schmecken der Nahrung, das so intensiv erlebt und gefühlt wird, daß der Leib des Kindes bis in die Fußspitzen hinein an diesem Vorgang mitbeteiligt ist. Das Ich ist sich zwar denkend seiner selbst noch nicht bewußt, erlebt sich jedoch empfindend und wollend sehr stark im vertrauensvollen Hingegebensein an die Umgebung, die einen trägt, nährt, schützt und pflegt. Wird dieses Vertrauen und diese Hingabefähigkeit nicht seitens der Erwachsenen gestört, sondern vielmehr mit liebevollem Interesse begleitet, so kann sich das Ich durch seine aufmerksame Anwesenheit in der Sinnestätigkeit mit der Umwelt in Beziehung setzen und im Nachahmen des Erlebten sich selbst in seinem Körper als tätig erleben. Zurückweisungen dieser Aufmerksamkeit sowie körperliche Vernachlässigung und Mißhandlung führen zum Rückzug des Ich aus seinem Leib und zu einem sich in diesem Leib Unwohl- und Fremd- und – im Falle der Mißhandlung – auch des sich qualvoll Gefangen-Fühlens. Solche Entfremdungsprozesse erschweren dem Ich seine Verkörperung und sein Heimisch-Werden im Leib. Jede Form von Unwohlsein und Selbstentfremdung fördert jedoch die Neigung zu aggressiver Willensäußerung. Es gibt aber auch ein Lebensalter, in dem die aggressive Willensäußerung »normal« und »altersentsprechend« ist: die Kindheit bis zur Vorpubertät, der Zeit, in der Schritt für Schritt und nicht ohne Krisen gelernt werden muß, sich im Leib heimisch zu fühlen.

Im Vorschul- und ersten Schulalter ist es gesund und normal, daß die bewegungsfreudigen Kinder sich auch körperlich begegnen, daß sie einander schubsen, drängeln, sich ärgern, kneifen, an den Haaren ziehen und ähnliches. Es ist ein wichtiges Feld der Selbsterfahrung, das in jeder Familie, in der mehrere Kinder sind, in reichem Maß gegeben ist. Diese Möglichkeit, die Aktivitätsbereitschaft und das kindliche Willens- beziehungsweise Aggressionspotential auf körperlicher Ebene auszuleben und »auszutoben«, ist in der Regel nie besorgniserregend und sollte – wenn nicht irgendwelche wirklich schlimmen Auswüchse geschehen – auch vom Erwachsenen nicht gestört und beeinflußt werden. Nicht durch ständiges Ermahnen und Hinterherlaufen wird der Wille der Kinder zum Menschlichen hin erzogen, sondern durch möglichst altersentsprechende eigene Lebenserfahrungen und das Vor*bild* des Erwachsenen (nicht sein Reden). Wenn das Kind selbst immer wieder geärgert, gekniffen, geschubst worden ist, so weiß es, wie sich das anfühlt und lernt, mit diesen Erlebnissen umzugehen und sie weder sich noch anderen zuzumuten. Was wir Aggressionspotential oder auch Angriffsbereitschaft nennen, ist nichts anderes als der auf körperlicher Ebene noch nicht beherrschte, noch nicht genügend auf bestimmte Handlungen gerichtete Willen des Kindes. Willens- und Aggressionspotential sind identisch. *Aggressivität ist der noch unkultivierte, noch nicht* *genügend gelenkte und gesteuerte Wille.* Und so kann man Eltern von wilden oder auch aggressiven Kindern immer auch die hoffnungsvollen Worte sagen: Was sich jetzt in der Wut und im Toben äußert, sind genau dieselben Willenskräfte, mit denen der Mensch später Gutes bewirken kann, wenn er gelernt hat, sie in die Herrschaft des Ich zu bringen. Daher findet in der Vorschulzeit und den ersten Schuljahren vorwiegend Willenserziehung statt.

Dies ändert sich mit dem achten, neunten Lebensjahr deutlich. Jetzt wird das Gefühlsleben der Ort, an dem die Willenserziehung sich fortsetzt. Es werden große Anstrengungen unternommen, sich mit den erwachenden Gefühlen und immer bewußter werdenden Emotionen und Trieben auseinanderzusetzen. Gefühle wie Scham, Schuld, Angst, Haß müssen durchlebt werden, und das Ich muß lernen, sich selbst in dieser Seelenlandschaft der Gefühle immer bewußter zu erkennen und auch auszudrücken.

Bei der Willenserziehung im Bereich der Gefühle ist die Sprache die entscheidende Hilfe. Im Gespräch untereinander und mit Erwachsenen wird gelernt, über Gefühle zu sprechen, sie auszudrücken, sie zu bewegen und zu handhaben. Die im vorangegangenen Kapitel angesprochene Bedeutung der künstlerischen Erziehung für das Gefühlsleben ergänzt dieses in entsprechender Weise: Denn jede künstlerische Tätigkeit ist ihrerseits auch wieder sprachlicher Ausdruck, nur mit anderen Mitteln als denen des Wortes. So kann man durch Farben, Formen, Töne und Bewegungen »sprechen« und Gefühle zum Ausdruck bringen und diese bewußt formen und gestalten. Dadurch wird das Ich mit seiner Aufmerksamkeits- und Anwesenheitsbereitschaft auch im Gefühlsleben heimisch. Und es ist ein entscheidender Entwicklungsschritt, wenn Jugendliche sich anschreien oder heftig miteinander diskutieren – aber keinen Anlaß mehr sehen, körperlich aufeinander loszugehen und sich auf dieser Ebene »zu unterhalten«.

Für die Entwicklung einer gesunden Identität ist es notwendig zu lernen, sich mit *allen* Gefühlen nicht nur auseinanderzusetzen, sondern sie auch als zu sich gehörig anzunehmen. Nur dadurch wird auch der Umgang mit den negativen Gefühlen gelernt, wenn über Haß, Angst, Wut, Ohnmacht oder Ärger in der gleichen Weise gesprochen werden kann wie über Freude und Lust.

Nach der Pubertät richten sich Aufmerksamkeit und Interesse des Ich primär auf das Denken. Schon vom elften, zwölften Lebensjahr an bemerken Kinder mit Freude, daß sie nicht nur in Worten denken, sondern auch *unabhängig* von bestimmten Worten Gedanken haben können. Es ist dies die Zeit, in der sie die sogenannten »Teekessel« lieben und sich gegenseitig Worte erzählen, die unterschiedliche Bedeutungen haben, wie zum Beispiel der Schimmel, als weißes Pferd und als bläulicher Belag auf dem Käse. Bevor einem bewußt wird, daß der *nur gedanklich gefaßte Sinn* etwas Wortübergreifendes und damit auch vom Wort Unabhängiges haben kann, sind Denken und Sprache noch sehr eng miteinander verbunden. Wird dies erkannt, so beginnt der in der Pubertät kulminierende Loslösungsprozeß des Denkens als eine gefühlsunabhängige, eigenständige geistige Betätigungsmöglichkeit erlebbar zu werden.

Der Jugendliche bemerkt diese wachsende Eigenständigkeit im Denken daran, daß es ihm nun möglich wird, mit Hilfe des Denkens auch beruhigend auf sein Gefühlsleben einwirken zu können. Er erlebt plötzlich die Möglichkeit, daß er zwar eine Wut haben kann, sie aber nicht in Wort oder Tat »herauslassen« muß. Wenn er geärgert wird, kann er sich fragen: Will ich mich denn von diesem Blödmann ärgern lassen? Er beginnt zu entdecken, wie ihm das Denken die Möglichkeit gibt, sich von der Umwelt zu distanzieren und damit auch zu »immunisieren«, so daß er nicht mehr auf alles und jedes reagieren muß, wie dies in früheren Jahren der Fall war. Er will und kann jetzt zunehmend selbst entscheiden, was für ihn richtig ist. Er lernt, geistige Auseinandersetzungen zu führen – unter Umständen in polarster, härtester Weise bei extremen Meinungsverschiedenheiten – ohne dabei jedoch emotional zu werden und den anderen persönlich zu verletzen. Jetzt findet die Willenserziehung im Bereich des Denkens statt, in der geistigen Betätigung und Auseinandersetzung. Damit haben die aggressiven Kräfte nun ein Gestaltungsfeld gefunden, auf dem sie sich trotz schärfster – geistiger – Angriffe gegenüber Lügen oder Ansichten, die man problematisch findet, betätigen können, ohne einem anderen Menschen dabei persönlich zu nahe zu treten oder ihn zu schädigen. *Auf der geistigen Ebene ist die Auseinandersetzung, ja der Kampf zwischen verschiedenen Ansichten gesund und menschenwürdig, wenn es gelingt, auf der Gefühls- und Körperebene die Würde des anderen zu wahren.* Je stärker das Selbstbewußtsein eines Menschen ausgebildet ist, um so leichter wird es ihm fallen, es bei der geistigen Auseinandersetzung bewenden zu lassen und nicht emotional zu werden. Denn er braucht das starke Selbsterleben in der emotionalen oder aggressiv-körperlichen Handlung nicht mehr, um sein eigenes Selbstbewußtsein aufrechtzuerhalten. Er hat es jetzt auf der dritten Ebene seiner Selbstverwirklichung gefunden: der geistigen.

Der Bau des menschlichen Körpers entspricht dieser eben kurz skizzierten seelischen Entwicklung: Der Kopf kann sich allenfalls ein wenig drehen, wenn man ihn jedoch zum Denken benützen will, muß man ihn stillhalten. Hier ist ein Bereich, wo Ruhe herrscht. So stellt der Kopf den Ruhepol des Körpers dar, im Gegensatz zu den Gliedmaßen, für die Bewegung der normale Ausdruck für das Tätigsein ist. In der Mitte des Körpers werden die beiden Qualitäten, Ruhe und Bewegung, im rhythmischen Wechsel von Ein- und Ausatmung mit dem Ruheumschlagspunkt dazwischen sowie der Herzsystole – Diastole – Diastase ausgeglichen. Überall wo Polaritäten aufeinanderstoßen, bewirken sie ein rhythmisches Geschehen des Ausgleichens – so auch im Körper. Die Polarität von Kopf (Ruhe) und Gliedmaßen (Bewegung) findet ihren Ausgleich in den rhythmischen Körperfunktionen der Organe des Brustraums.[39]

Was durch die verschiedenen Sublimationstheorien zu beschreiben versucht wird, erfährt durch die Anschauung von der Inkarnation und Identifikation des Ich als eines rein geistigen Wesens mit Intention und gerichteter Aufmerksamkeit eine neue Dimension. Auf allen Ebenen muß »Aneignung«, »Vermenschlichung« stattfinden! Das Ich muß lernen, den Körper mit seinen Trieben und Begierden zum Ausdruck dessen zu machen, was es ist und tun will, und ebenso die Welt der Gefühle und Gedanken. Gelingt dies nicht beziehungsweise nur teilweise, so bleiben bestimmt Vorgänge in Leib, Seele und Geist dem Menschen-Ich »fremd«. Es kann sich nicht mit ihnen identifizieren und mit ihnen als sein eigen umgehen lernen. So kommt es zu den in der Psychologie beschriebenen Entfremdungs- und Abspaltungsprozessen, die sich nach außen durch Kontrollverlust oder Fehlverhalten bis hin bewußt gelebter »Unmenschlichkeit« darstellen können.[40] Wenn ein Erwachsener wiederholt aggressiv reagiert oder auch, wie man treffend sagt, »kopflos« oder »herzlos« wird, so liegt hier eine tiefgreifende Entwicklungsstörung vor, die ihre Ursache in Kindheit und Jugend des Betreffenden hat, und an der therapeutisch zu arbeiten ist.

Es muß jedoch auch deutlich betont werden, daß diese Arbeit der Identifikation auf körperlicher, seelischer und geistiger Ebene für jeden Menschen eine lebenslange Aufgabe darstellt, die keinesfalls mit den Entwicklungsjahren abgeschlossen ist. Wie oft geschieht es zum Beispiel, daß wir uns nicht mit dem identifizieren können, was wir tun, fühlen oder denken? Wie oft wurde etwas getan, von dem wir später sagen, daß wir es nicht gewollt haben, oder daß man das eigentlich gar nicht selbst gewesen ist? »*Es* hat in einem gelacht« oder »gefühlt«. Ganz unvermittelt sind einem Gedanken gekommen oder Gefühle beziehungsweise Emotionen aufgestiegen, die man nicht in der Hand hatte, so daß etwas getan wurde, was nicht mehr umgeschehen zu machen ist. Andererseits gibt es auch Handlungen, mit denen wir uns ganz und gar identifizieren können: Das war ich, das habe ich getan, das wollte ich so. Auch gibt es Gefühle, die reinster Wesenausdruck des betreffenden Menschen und Ausdruck dessen sind, worin dieser völlig lebt und sich verwirklicht. Ebenso ist es mit all denjenigen Gedanken, die wir uns selbst erarbeitet haben und hinter denen wir »ganz stehen können«. Wer diese beiden Seiten seines Wesens – das, was schon angeeignet werden konnte, und das, was noch fremd geblieben ist – betrachtet, rührt damit an die Problematik des »Nicht-Ich«, des »Gegen-Ich«, des »Schatten«, des »niederen Ich« beziehungsweise des Doppelgängers. Auf diese Thematik wird an anderer Stelle näher eingegangen. (Vgl. Seite 220ff.)

Das Sprachproblem

Was den Menschen vom Tier unterscheidet, ist der aufrechte Gang, die Sprachfähigkeit und das selbstbewußte Denken. Durch den aufrechten Gang und den freien Gebrauch der Hände kann sich die Menschlichkeit körperlich verwirklichen. Durch die Sprache mit ihrem Tonfall, ihrer Wärme oder Kälte und dem Gestaltungsreichtum der Vokale und Konsonanten kann sie sich seelisch verwirklichen und äußern. Mit Hilfe des Denkens ist die Möglichkeit gegeben, sich selbst als geistig-tätiges Wesen zu erfassen und darzustellen. Was in der psychoanalytischen Theorie die Sublimierung des Triebpotentials genannt wird, ist – wie schon angdeutet – bei genauerer Betrachtung die Aktivierung der immer selben Ich-Tätigkeit auf der jeweils höheren Ebene.

Im bewegungsorientierten ersten Lebensabschnitt steht die körperliche Selbstverwirklichung im Vordergrund, im gefühls- und sprachorientierten Kindheits- und Schulalter die seelische und schließlich im Jugendalter die gedanken- und erkenntnisorientierte Form. Wenn dem Ich infolge unzureichender Unterstützung und Anregung durch die Erziehung die Möglichkeit genommen ist, sich auf diesen drei Ebenen zu üben und zu bewähren, so kommen Verhinderungen und Verdrängungen der veranlagten Willens- und Triebimpulse zum Tragen mit der Gefahr, sich dann pathologisch in einem späteren Lebensabschnitt zu äußern. Es ist bemerkenswert, daß die Hauptzeit, in der Sinnesschulung und Leibergreifung durch Aufmerksamkeit und Bewegungsfreude stattfindet, in das kindliche Lebensalter fällt, in dem die Keimdrüsen der Fortpflanzungsorgane noch nicht mit vermehrter Hormonproduktion begonnen haben und somit die körperliche Grundlage sexueller Empfindungen noch nicht gegeben ist. Findet diese Entwicklung statt, so liegt der altersentsprechende Schwerpunkt der Willensreifung bereits im Seelischen. Daher kommt der Pflege der Sprache und des Gefühlslebens auch *die* entscheidende Bedeutung für den seelischen Umgang mit den aggressiven Kräften zu, zu denen jetzt neu auch die sexuellen Triebimpulse gehören. Amerikanische Untersuchungen haben ergeben, daß kriminelle Jugendliche und jüngere Erwachsene etwa auf dem Sprachniveau von Viertkläßlern im Volksschulalter stehen. Der Wortschatz ist relativ arm, die Sätze werden nicht zu Ende gesprochen, Stereotypen und eingefahrene Klassifizierungen und Beurteilungen werden häufig verwendet, und es ist kein eigentliches Potential da, seelische Erlebnisse und Sinnzusammenhänge zu verbalisieren und auszusprechen. *In der Sprachlosigkeit liegt eine der wesentlichsten Ursachen für das Nicht-Beherrschen-Können von Aggressionen im Gefühlsbereich.*[41]

Man kann diese Tatsache auch in klassischen Ehekrisen in nahezu jedem diesbezüglichen Film beobachten. Ein Paar kommt von einer Abendveranstaltung – man unterhält sich, setzt sich, trinkt etwas und dann fällt plötzlich ein Wort oder der Tonfall in der Stimme ändert sich, und der andere ist irritiert. Es erfolgt eine gereizte Erwiderung, und langsam aber sicher entspinnt sich auf der seelisch-verbalen Ebene eine heftige Auseinandersetzung. Und je gezielter die gegenseitigen Verletzungen treffen, um so mehr ringt der andere nach Worten, um den Partner ebenfalls an einer für ihn empfindlichen Stelle zu treffen. Erst wenn die Worte ausbleiben und man nicht mehr weiß, was man sagen soll, wird die Schwelle überschritten, körperlich aggressiv zu werden. Dies kann sich dann in Form von Aufspringen und Türenknallen, vom Ergreifen einer Blumenvase, die man nach dem anderen werfen möchte, oder in unmittelbarer körperlicher Gewalt äußern. Wir sehen hier das schrittweise Regredieren, das heißt Zurückfallen auf eine frühere Entwicklungsstufe. Zunächst hat man noch die gedankliche Auseinandersetzung, dann folgt der Fall auf die emotional-sprachliche Ebene und schließlich der Rückschritt in das kindliche Verhalten des direkt Aufeinander-Losgehens.

Dieses Beispiel kann besonders deutlich machen, daß das aggressive Verhalten im Grunde genommen nur eine Form ist – die kindliche –, miteinander Beziehung aufzunehmen. Es sind eigentliche gute Willenskräfte, die begegnen, die verstehen wollen, die die Auseinandersetzung, die Klärung suchen, die sich selbst in der Auseinandersetzung mit dem anderen erleben und bewußt werden wollen – es sind gute Kräfte, die nur durch Kontrollverlust auf der höheren Ebene jetzt auf der nächstniederen wirksam werden und damit destruktiv erscheinen.

Die Behandlung von straffälligen Jugendlichen nimmt zunehmend auf diesen Tatbestand Rücksicht. Man übt den Dialog, man setzt Theater und Psychodrama therapeutisch ein, um die Bewegungs- und sprachliche Ausdrucksfähigkeit ins Bewußtsein zu heben und zu üben, auf diesem Weg Aggressionspotential abzubauen. Oft zeigen Jugendliche erst dann Zeichen von Mitgefühl, wenn sie das Verbrechen, das sie begangen haben, szenisch wiederholen und selber spielen müssen.

Die Sprachlosigkeit ist jedoch nicht nur bei Jugendlichen anzutreffen, sie ist auch bei Erwachsenen ein verbreitetes Problem. Man findet keine Worte für vieles, was heute in der Welt geschieht und was schwere Sorgen bereitet: die Umweltzerstörung, kriegerische Auseinandersetzungen, Verbrecherbanden und Syndikate, die Drogenkriminalität, der Kindesmißbrauch, die Gewalt, das Verbrechen – man wird immer sprachloser und unfähiger, die Fülle negativer Informationen zu verarbeiten und zu verstehen. *Und proportional zu dieser Sprachlosigkeit sinkt ganz allgemein in der Bevölkerung die Reizschwelle aggressiver Neigungen, so daß es bei jedem grundsätzlich leichter zu aggressiven Handlungen kommt.*

Damit ist ein zweiter wichtiger Gesichtspunkt angesprochen, der zum Verständnis aggressiver Handlungen beiträgt: Jeder Mensch, der sich selbst beobachtet, kennt Momente in seinem Leben oder im Laufe des Tages, in denen er Mühe hat, sich unter Kontrolle zu halten. Diese persönliche Hemmschwelle kann jeder bei sich selbst unter verschiedenen Belastungen genau feststellen. Sie kann beispielsweise durch Hunger oder Schlaflosigkeit herabgesetzt sein oder aber durch Angst, durch sich unfrei und unterdrückt fühlen, durch seelische Belastungen der verschiedensten Art. Wer hungrig, müde oder seelisch belastet ist, reagiert bedeutend schneller gereizt als derjenige, der satt, ausgeschlafen und relativ zufrieden ist. So gibt es viele Ursachen für ein Sinken der Hemmschwelle und die Disponierung zur Aggressivität. *In Wirklichkeit reagiert der Aggressive in einer Art von Notwehr, um sich zu schützen, und weist Probleme heftig zurück, weil er nicht mehr in der Lage ist, sie anzunehmen und zu verarbeiten.* So besteht heute generell eine zunehmende Empfindlichkeit, mit der wir umgehen lernen müssen. Unzufriedenheit, Angst, Verzweiflung, Langeweile, Sinnlosigkeitserleben und Öde – mit einem Wort: Frustration schafft sich hier ein Ventil und motiviert zu aggressiven Neigungen und Handlungen. Wer sich überfordert fühlt oder ausgegrenzt, zu wenig beachtet oder verunsichert ist, der neigt bedeutend leichter zu verschiedenen Formen der Aggression. So kann die zunehmende Aggressionsbereitschaft in der Gesellschaft zugleich auch als ein Maß angesehen werden für die wachsende Unzufriedenheit der Menschen mit sich selbst und ihren Lebensumständen.

Damit ist an das Hauptproblem bei der Frage nach den Ursachen von Wut und Aggression gerührt: Viele Erwachsene leben ihren Kindern keine befriedigende Lebensgestaltung vor. Auch sind anregende, intensive Gespräche im Familienkreis oft nicht gegeben. Hinzu kommt das Defizit an Möglichkeiten, nach den verschiedensten Richtungen hin selbst tätig zu werden. Kinder lernen nicht, ihren Bewegungsreichtum zu üben, wenn sie nicht in den ersten acht Lebensjahren die Chance haben, viel zu Fuß zu gehen und körperliche Geschicklichkeiten zu erwerben. Statt dessen werden sie überall hingefahren, sitzen mit Vorliebe vor dem Fernseher, bedienen sich automatischer Spielzeuge, wobei dann die ferngesteuerten Autos herumsausen und sie nur Zuschauer sind. Wie soll sich da die Herrschaft des Ich über den Leib und seine Trieb- und Bewegungsimpulse entwickeln? Es ist dies praktisch unmöglich. Auf diese Weise entsteht ein kaum nachholbares Defizit an Selbsterfahrung auf körperlicher Ebene, an Freude am eigenen Tun, an der Bewegung, am Dasein. Auch das frühe Sitzen am Computer fördert diesen Trend. Anstelle von Beschäftigungen, die zu Bewegungen anregen, tritt das Tippen und die vom Computer geforderte Konzentration und körperliche Ruhe.

Kinder mit chronischer Bewegungsunruhe (Hyperkinetisches Syndrom) leiden insbesondere an diesem Bewegungsmangel.[42] Vielen konnte schon dadurch geholfen werden, daß sie nicht mehr mit dem Auto zur Schule gefahren wurden, sondern eine halbe Stunde Schulweg verordnet bekamen mit einem guten Frühstück zuvor. Wer morgens gegessen hat und eine halbe Stunde kräftig gelaufen ist, der möchte, wenn er in die Klasse kommt, erst einmal eine Weile sitzen. Wer sein Kind jedoch täglich vor der Schule absetzt, veranlagt das Gegenteil. Dann möchte es gerne etwas tun, der Tag fängt an – und so gibt es erst einmal Tumult in der Klasse. Viele Lehrer meinen, die Kinder würden immer schwieriger. Das ist jedoch nicht so. Die Kinder werden nicht schwieriger, sondern sie haben immer weniger Chancen, ihr Willens- und Aggressionspotential sinnvoll anwenden und üben zu lernen. Und da die meisten Kinder aus ihrer Vorschulzeit schon einen Bewegungsmangel mitbringen, ist ein verstärkter Drang vorhanden, diese angestaute Sehnsucht nach körperlicher Betätigung und Bewegung in der Schule auszuleben.

Hier ist die Schule gefordert, vieles zu übernehmen und auszugleichen, was Eltern heute oft nicht mehr leisten können. Es ist dringend erforderlich, daß Wanderungen organisiert werden, daß sich Eltern- und Lehrerinitiativen bilden, um Freizeitangebote vorzulegen, und daß auch der gesamte Schulunterricht genügend Elemente zur Bewegungsförderung enthält. Dafür bietet insbesondere der Lehrplan der Waldorfschulen eine Fülle an Möglichkeiten an, die jedoch für ihre Umsetzung ein hohes pädagogisches Können verlangen, für das auch die Lehrer vielfach erst noch weitere Ausbildung und Qualifizierung brauchen.[43] Des weiteren sollte der Pflege der Sprache und des Sprechens ein breiter Raum in der Schule eingeräumt werden. Sprachstörungen und Defizite im Wortschatz nehmen in erschreckender Weise zu, so daß die ersten Schuljahre im wesentlichen dafür eingesetzt werden müssen, den Kindern erst einmal artikuliertes Sprechen beizubringen mit Hilfe von täglichen Sprachübungen. Im freien Gespräch mit den Schülern kann sich dann der Wortschatz erweitern und das Zuhören gelernt werden. Man kann diesbezüglich heute nur noch wenig voraussetzen und braucht eine starke Motivation, vieles von dem, wovon man denkt, es könnte selbstverständlich von zu Hause schon mitgebracht werden, in der Schule erst zu veranlagen und auszubilden. Der Ausbildung der Sprachfähigkeit sowie dem Aufbau eines breiten Wortschatzes kommt auch insofern noch eine entscheidende Bedeutung zu, als sie wiederum Voraussetzung sind für die Entwicklung eines differenzierten Denkvermögens. So, wie ein gewisses Maß von Bewegungsentwicklung, insbesondere im Bereich der Feinmotorik, notwendig ist, um diesen anspruchsvollen Vorgang des artikulierten Sprechens vorzubereiten, ist differenzierte sprachliche Ausdrucksfähigkeit die Voraussetzung für ein klares Denken. Wo gute Bewegungsentwicklung stattgefunden hat, fällt auch die Sprachentwicklung leicht. Und wo das Gespräch gepflegt wird, erfährt das Gedankenleben die notwendigen Anregungen.

Aggressionen abbauen

Wer bei sich selbst nicht die Voraussetzungen kennengelernt hat, die zur Senkung der eigenen Aggressionsschwelle beitragen, wird auch nicht verstehen können, wie es bei anderen Menschen dazukommt, daß sie die Kontrolle über sich verlieren. Er kann dann nur verständnislos den Kopf schütteln und wird wenig Möglichkeiten haben, die Gewaltbereitschaft in unserer Gesellschaft abbauen zu helfen. An Ursachen für das Sinken der Aggressionsschwelle wurden schon genannt: Angst, sich unterdrückt fühlen, Müdigkeit, Hunger, Streß, seelische Belastung. Hinzu kommen noch individuelle Dispositionen wie zum Beispiel Haß auf einen bestimmten Menschen, cholerisches Temperament oder bestimmte Lebensumstände. Hierzu ein Beispiel: Er sitzt gemütlich zu Hause und freut sich, endlich zu einer Beschäftigung zu kommen, die er schon lange geplant hatte. Plötzlich stürzt sie herein und ruft: Komm sofort nach draußen, die Marianne hat sich ganz fürchterlich verletzt. – Er springt sofort auf und ist uneingeschränkt motiviert, zu helfen. Ärger darüber, daß er schon wieder von der gewünschten Beschäftigung abgehalten wird, kommt unter Umständen nur für Bruchteile von Sekunden auf und ist sofort überwunden. Das heißt, in dem Augenblick, in dem ein Einklang hergestellt werden kann zwischen der eigenen mobilisierten Willensbereitschaft und einem bestimmten Motiv, was zu tun ist, handelt man einig mit sich, ruhig und sachlich konzentriert. Würde man aber in derselben Situation von einem Hausgenossen an etwas erinnert oder zu etwas aufgefordert, von dem man genau weiß, daß es auch ein anderer machen könnte, der vielleicht nur zu faul ist, dieses zu tun, würde man gereizt reagieren, vielleicht sogar in Wut geraten wegen der unnötigen Unterbrechung und wäre unter Umständen anhaltend verstimmt. Es ist wichtig, auf dieses Mißverhältnis aufmerksam zu werden, das sich zwischen Denken und Handeln, zwischen dem Motiv und der mobilisierten Willensbereitschaft auftun kann. Wird es bewußt und als Ursache für emotionale oder aggressive Entladungen erkannt, so kann auch daran gearbeitet werden.

Wer nun bei sich entdeckt, daß er leicht wütend wird und gerne an seinem eigenen Aggressionspotential arbeiten möchte, kann sich folgendes vornehmen: Er merkt sich im Laufe des Tages die Augenblicke, in denen er von der Wut beherrscht wurde. Am Abend, wenn sie abgeklungen ist, gilt es dann, diese Augenblicke wieder ins Bewußtsein zu rufen und sich zu fragen, warum man hier der Wut freien Lauf lassen mußte und sie nicht beherrschen konnte. Es kommt jetzt darauf an, noch einmal genau den Ablauf der wuterzeugenden Situation durchzudenken. Gerät man jedoch dabei wiederum in Wut, so ist es besser, ein paar Tage verstreichen zu lassen und erst später an diese Situation heranzugehen. Gelingt es jedoch, ihr sachlich gegenüberzutreten, so, als wäre dies einem anderen Menschen passiert und nicht einem selbst, so kann man anfangen, sich Fragen zu stellen, was das Berechtigte an dieser Wut war, ob es unbedingt nötig war, mit diesem Ausbruch zu reagieren; welche Möglichkeiten es gegeben hätte, es anders zu machen. Und wenn man schließlich doch zu dem Schluß kommt, daß dies das einzig richtige Verhalten war, so kann man sich dennoch fragen, ob man den Verlauf des Wutausbruches – gerade weil er berechtigt war – nicht bewußter und konstruktiver hätte gestalten können. Warum hat man sich zu all den häßlichen Worten hinreißen lassen, anstatt nur zu sagen: »Merkst du gar nicht, wie unverschämt du bist? Laß mich jetzt in Ruhe.« Es kann aber auch sein, daß man bei einer solchen abendlichen Betrachtung bemerkt, daß man dem anderen doch Unrecht getan hat und sich nun vornimmt, auf den Betreffenden bei nächster Gelegenheit zuzugehen.

Die verbale Zurücknahme einer Handlung – auch wenn sie nicht mehr ungeschehen gemacht werden kann – ist immer heilsam. Sie schafft wieder Freiräume in der Begegnung und ermöglicht neue Schritte in der Beziehungsgestaltung. So ist es auch eine der vielfältig bewährten goldenen Regeln, die sich Ehepartner für ihr gemeinsames Leben vornehmen können, daß jeder darauf achtet, den anderen täglich mindestens einmal für irgend etwas »zu loben« und selber auch etwas »zuzugeben«, was man Dummes gesagt hat oder besser hätte machen können. Dies pflegt nicht nur die immer dankbar erlebte Anerkennung durch den anderen, sondern auch die Bereitschaft zu verstehen und zu verzeihen.

Um mit den eigenen aggresiven Neigungen umgehen zu lernen, ist es also hilfreich, sich jeden Abend wie ein Zuschauer vor die Theaterbühne zu setzen und verschiedene Szenen des durchlebten Tages auf ihr noch einmal ablaufen zu lassen und zu überlegen, wie man diese Szene anders oder besser hätte spielen können. Je intensiver man sich dann die andere oder bessere Möglichkeit, die Situation zu bewältigen, vor Augen führt und sich darauf freut, bei einer anderen Gelegenheit das jetzt so klar Erkannte in die Wirklichkeit umzusetzen, um so leichter wird es gelingen. Vielleicht können sogar bestimmte Worte und Sätze zurechtgelegt und geübt werden, damit man sie dann auch parat hat, wenn es soweit ist. Gerade in engeren menschlichen Beziehungen wie Ehen oder Lebensgemeinschaften entzünden sich unbeherrschte Wutmomente an immer gleichen oder ähnlichen Situationen, so daß diese Art des Übens und sich Vorbereitens tatsächlich sehr viel bewirken beziehungsweise helfen kann.

Selbstverständlich gelingt es nicht sofort beim nächsten Mal. Im Laufe der Zeit aber wird man in der Anwendung seiner eigenen Regieanweisungen immer sicherer. Hinzukommt auch, daß gerade in engen menschlichen Beziehungen eine grundsätzlich niedrigere Hemmschwelle herrscht als gegenüber Fremden. Das kann man schon an Kindern beobachten, die, wenn sie sich weh getan haben, in Gegenwart von Fremden noch nicht weinen, sondern erst dann ihre Anspannung loslassen, wenn sie die Mutter von weitem sehen oder nach Hause gebracht werden. Diese abgesenkte Hemmschwelle hat darin ihre Ursache, daß man sich in einer nahen Beziehung verstanden fühlt und auch auf Trost und Hilfe rechnet. So zeigt man die eigene Hilfsbedürftigkeit hier spontan und verbirgt sie nicht in der Gewißheit, mit den eigenen Bedürfnissen an der falschen Adresse zu sein. Daher können gerade in nahen Beziehungen schon kleine Infragestellungen tief verletzen und entsprechende Reaktionen hervorrufen.

Ideal ist es natürlich, wenn man einen Lebenspartner hat, mit dem man sich über solche Übungsaufgaben unterhalten oder gar gemeinsam am Abend in Ruhe Situationen dieser Art durchspielen und besprechen kann. Bei akuten Problemen im zwischenmenschlichen Bereich ist dies natürlich schwer, bei länger zurückliegenden ist es leichter. Immer hilfreich ist es jedoch für Situationen, welche die eigenen Kinder betreffen und den Umgang mit ihnen. Es wirkt sich stets wohltätig auf deren Erziehung aus, wenn sie spüren, daß die Eltern sich in wesentlichen Fragen einig sind oder einig werden und nicht ihre eigenen ungeklärten Fragen und Probleme auf ihrem Rücken austragen.

Wichtig ist auch zu berücksichtigen, daß insbesondere die Arbeit an Problemen und Konflikten nicht zu jedem Zeitpunkt vorgenommen werden kann.[44] Wer meint, nach Mitternacht noch mit dem Partner konstruktiv an Problemlösungen arbeiten zu können, hat sich in der Regel getäuscht. Man kann um diese Zeit zwar noch lange diskutieren – es kommt jedoch selten etwas Konstruktives dabei heraus, und meist hat man sich dann doch nur mehrfach im Kreis gedreht und ist am Ende müde und verzweifelt. Am nächsten Tag ist man dann unausgeschlafen und reagiert schon deshalb aggressiver als nötig. Am besten sind die Zeiten, die man gemeinsam verabredet und auf die man sich innerlich einstellt. Oder aber solche Augenblicke, die man im Laufe des Tages geistesgegenwärtig ergreift, wenn sich, durch irgend etwas anderes provoziert, ohnehin ein Gespräch ergeben hat, das man dann in Richtung der notwendigen Problemlösung fortsetzen kann.

Aufgrund solcher Übungen und Überlegungen fällt es dann auch leichter, bei Kindern dadurch entspannend zu wirken, daß man genauer abschätzen lernt, in welcher Situation sie sich gerade befinden. So hat beispielsweise »berechtigtes Schimpfen« zu einem Zeitpunkt, zu dem sie ohnehin übellaunig, aggressiv, müde, gestreßt oder hungrig sind, überhaupt keinen Sinn und sollte lieber vermieden werden. Viel effektiver ist es, in der akuten Situation zu schweigen und abzuwarten, bis beim Kind Ruhe und Aufnahmefähigkeit wieder hergestellt sind, und dann die notwendige Korrektur oder Erklärung vorzubringen.

Zufriedenheit – läßt sich dies lernen?

Was muß ich trainieren, wie muß ich mit mir umgehen, um frustationstoleranter und zufriedener zu werden? Hölderlin hat in seinem jetzt schon zweihundert Jahren alten Briefroman *Hyperion* den wunderbaren Ausspruch geprägt: »Zufrieden – da wäre ja geholfen, wo ein Gott nicht helfen kann.« Und Rudolf Steiner schreibt in seiner *Philosophie der Freiheit* zutreffend: »Der Mensch ist ein unzufriedenes Wesen.« Läßt sich dennoch daran arbeiten, wenigstens zufriedener zu werden? Im Grunde genommen können die Probleme, die heute durch Wut und Aggression in der Gesellschaft entstanden sind, auch als Symptomsprache begriffen werden, als Hilfeschrei nach einer dringend notwendigen Schulung zur Zufriedenheit. Was braucht denn ein Mensch, um zufriedener zu werden? Klar ist, daß Zufriedenheit durch Befriedigung entsteht. Was aber ist Befriedigung von Bedürfnissen auf der Gedankenebene, der Gefühls-, der Willens- beziehungsweise Handlungsebene? Befriedigung tritt dann ein, wenn wir uns mit uns selbst in Übereinstimmung empfinden und wenn wir uns mit der Situation, in der wir sind, möglichst weitgehend identifizieren können. Die meisten seelischen Turbulenzen entstehen durch Uneinigkeit mit sich selbst und mit der Lebenslage, in der man sich befindet, das heißt durch einen Identifikationsmangel, welcher die bedeutendste Quelle der persönlichen Unzufriedenheit ist. Ein Mensch, der sich seiner selbst einigermaßen sicher ist, der weiß, wozu er da ist und in welcher Richtung er arbeiten und sich entwickeln möchte, dem fällt es nicht sonderlich schwer, das Leben so zu nehmen, wie es ist, und den Dingen eine positive Wendung zu geben – selbst wenn es sich um schwierige und problematische Situationen handelt. Er wird mit sich und damit auch mit seinen Mitmenschen umgehen können, weil er fortlaufend an seiner Identität als Mensch arbeitet und aufgrund dieser Identitätsarbeit immer ein gewisses Maß an Zufriedenheit besitzt. Wie lernt man nun aber, fortlaufend an seiner Identität zu arbeiten? Hierzu gibt es eine mögliche Übung: sich selbst und sein Schicksal im großen wie im kleinen, so wie es ist, anzunehmen und zu bejahen. (Vgl. auch *Biographiearbeit*, S. 189 ff.) Ungeahnte Kräfte werden in dem Augenblick frei für sinnvolle Tätigkeit, wenn man sie nicht mehr dadurch verschleißt, daß man mit sich hadert und über dieses und jenes chronisch unzufrieden ist. Wenn das einfach so dargestellt wird, wie es hier geschieht, kann mit Recht eingewendet werden: Das klingt ja ganz schön – aber wie läßt sich denn so etwas realisieren? Warum ist es denn so schwierig? Was steht dem eigentlich entgegen?

Im Gespräch mit Drogenabhängigen, insbesondere aber auch mit Alkoholikern kann man immer wieder erleben, daß gerade diese Menschen ausgesprochene Idealisten sind. Nur sind deren Ideale so perfekt, so strahlend, daß ihnen gegenüber die kümmerliche Wirklichkeit einfach nicht ertragen wird. Sie leiden dann an der unüberbrückbaren Spannung, die sich zwischen Ideal und Wirklichkeit auftut, zwischen der Welt, in der sie leben, und der Welt, die sie sich wünschen. In dieser Unüberbrückbarkeit liegt der unstillbare Grund ihrer tiefen Lebensunzufriedenheit und auch der Zweifel am Sinn ihrer Existenz. Drogen- und Alkoholkonsum helfen zwar immer wieder über diesen unerträglichen Spannungszustand hinweg. Die Frage ist jedoch quälend, was in solcher Situation zu tun ist, wie geholfen werden kann.

Es gibt ein lesenswertes Buch von Wolfgang Schmidbauer.[45] Der Autor beschreibt die enorme Destruktivität, die Ideale haben können, wenn der einzelne sich mit ihnen so identifiziert, als müsse das, was er als Ideal vor sich sieht, *sein*. Könnte man Ideale im Handumdrehen verwirklichen beziehungsweise in den Seinszustand versetzen, so wären es aber keine Ideale! Rudolf Steiner schließt sein durch und durch idealistisches Buch *Die Philosophie der Freiheit* mit dem bemerkenswerten Satz ab: »Man muß sich der Idee erlebend gegenüberstellen können; sonst gerät man unter ihre Knechtschaft.«[46] Es ist so: Die Ideale sind zum *Werden* da und nicht und niemals zum zwanghaften *Sein*. Dies verstehen zu lernen, ist geradezu entscheidend, um das notwendige Maß an Zufriedenheit zu erlernen. Solange ich nicht mit den *beiden* Zuständen in mir leben lerne, dem einen, der zeigt, was ich schon *bin* – meinem jetzigen Ist-Zustand – und dem anderen, der ich fortlaufend *werden* will – meinem Zukunftszustand –, kann sich keine Lebenszufriedenheit einstellen. Wenn es mir nicht gelingt, mich mit den Idealvorstellungen für Mensch und Welt so zu verbinden, daß ich in ihnen Impulse der Entwicklung sehe, werden sie mich knechten und nicht nur unzufrieden, sondern auch unfrei machen. Gelingt es aber, sich mit der Tatsache zu identifizieren, daß man ein *Werdender* ist, daß man *lernen* darf, *Zeit* hat und in *Entwicklung* begriffen ist –, so kann ein gewisses Grundmaß an Zufriedenheit und vor allem auch Humor die Seele friedlich und auch fröhlich stimmen. Denn jetzt kann man an sich und den Lebensverhältnissen so viel arbeiten, wie man eben freiwillig und gerne schafft und in den täglichen Belastungen und Herausforderungen jeweils die momentane Aufgabe sehen. Man erlebt sich so in einer großen evolutiven Perspektive und verspürt zunehmend die Dankbarkeit, *daß dies so ist*. Daß man wirklich *werden* darf und seine eigene Entwicklung in die Hand nehmen kann.

Menschen ohne Ideale sind schwer vorstellbar. Zumindest im verborgenen spürt doch jeder, daß er Ziele und Möglichkeiten in sich trägt, die er ersehnt, die er aber nicht recht formulieren kann oder an deren Verwirklichung er schon verzweifelt ist und resigniert hat. Und je mehr es gelingt, durch Selbsterziehung und die Art, wie wir miteinander umgehen, bei dieser Selbstfindung zu helfen, desto mehr können wir dazu beitragen, an der Überwindung der gegenwärtigen großen Unzufriedenheit mitzuarbeiten. Warum gibt es noch keinen millionenstarken Verein, in dem die Arbeitslosen sich organisieren und an den Ursachen heutiger Arbeitslosigkeit arbeiten und dies politisch zur Geltung bringen? Bei einiger Besinnung könnten viel mehr Initiativen möglich sein, als derzeit ergriffen werden. Wenn wir nicht lernen, das Ideal menschlichen Werdens in einen Weg umzuwandeln und konkrete Schritte zu gehen, die uns täglich das Gefühl geben können, daß wir dem Ideal wieder etwas nähergekommen sind, so daß wir wirklich in einen Prozeß kommen, in ein Werden, Üben und Umgehen-Lernen mit uns selbst – wenn wir dieses nicht schaffen, ist Zufriedenheit nicht lernbar.

Es gibt so viele persönliche und sachliche Gründe, um mit diesem oder jenem unzufrieden zu sein, daß wir die Quelle der Zufriedenheit in uns selber suchen müssen. Dann wird es auch möglich, den Aufgaben, die das Leben stellt, so zu begegnen, daß unsere Arbeit friedenstiftend und hilfreich wird. Das Wesen eines solchen Weges zur Zufriedenheit liegt darin, *ein menschliches Verhältnis zu seinem Lebensideal aufzubauen*, so daß man es aushält, ihm noch nicht zu entsprechen, sich aber dennoch genügend anstrengt, es zu erreichen. Zunächst sind die Ideale, nach denen wir uns richten, sehr verschieden. Letztlich muß jeder seinen eigenen Weg suchen und das für ihn passende und erstrebenswerte Ideal für seine Entwicklung finden. Daher ist es heute auch so, daß für viele Menschen Erfolg, Reichtum, privates Glück, Anerkennung unter Kollegen und in der Gesellschaft die entscheidenden, erstrebenswerten Ideale für die Selbstverwirklichung sind. Man kann allerdings im Laufe des Lebens feststellen, daß diese Ideale und Lebensinhalte sich wandeln und das Leben beziehungsweise die Wirklichkeit einen noch Tieferliegendes lehren. Auch können kleine Ideale im Laufe eines Lebens so weit Verwirklichung finden, daß sie zu leuchten aufhören, weil ihre Substanz bereits ausgeschöpft ist und man jetzt ein neues suchen muß.[47] Dahinter liegt bei jedem Menschen, auch bei dem, der zunächst ganz in äußeren, materiellen Gütern sein Lebensideal sieht, wie dies zum Beispiel bei Tolstoi der Fall war – die Sehnsucht nach Menschlichkeit, nach Werten, die unvergänglich sind und ihren Sinn nicht nur während des Lebens auf der Erde haben. Und so sei hier das Beispiel eines solchen Ideals angeführt, das sich in all der bunten Verschiedenheit der Idealvorstellungen als *das für alle Menschen in gleicher Weise bedeutsame Grund-Ideal erweist*. Im Neuen Testament wird es unter drei Aspekten immer wieder angesprochen. Es ist dies die *Verwirklichung von Menschlichkeit im Denken*: durch Ehrlichkeit, Wahrhaftigkeit; *im Fühlen*: durch Mitleidsfähigkeit, Liebe; und *im Wollen*: durch Freiheit für mich selbst, aber auch für meine Mitmenschen. Wer sich diese Ideale bewußt macht und sich mit ihnen identifiziert, beginnt einen konsequenten Weg zur Verwirklichung seiner Menschlichkeit. Alles, was ihm begegnet, wird dann zum Anlaß, an diesen drei Fähigkeiten zu arbeiten. Denn es gibt keine Schwierigkeit, kein Problem, keine Aufgabenstellung, an die man nicht mit der Frage herangehen kann: Welche Wahrheit steckt darin? Was kann ich hier lernen? Oder: Wie arbeite ich an dem Problem so, daß ich dadurch verständnisvoller, mitleidsvoller, liebevoller werde? Oder aber: Wie arbeite ich so daran, daß meine eigene Freiheit und die der anderen dadurch vermehrt wird?

Geht man mit Fragen dieser Art an Probleme oder auch Konflikte heran, so kommen einem völlig andere Einfälle, was zu tun ist oder was zur Lösung beigetragen werden könnte, als wenn man nicht mit diesen Fragen an die Sache herangetreten wäre. So kann sich dieses dreifache Ideal als unsichtbarer Freund und Begleiter, als Licht auf dem täglichen Weg erweisen. Wer damit lebt, wird aber auch sensibel für alles, was einer solchen Arbeit an der Menschlichkeit entgegensteht. Die Hindernisse, die »Finsternis« auf diesem Weg ist eben auch gegenwärtig. Zum einen können wir erleben, wie dieses Ideal uns immer wieder Mut macht und sein Licht auf unseren Wegen nie erlischt. Mit ihm können wir uns dauerhaft identifizieren und uns dadurch in unserem unzerstörbaren Wesen erleben, ja erkennen. Denn wenn wir mit dem Ideal unseres Werdens »eins« geworden sind durch die Identifikation damit, so leuchtet ganz real etwas von unserem ewigen Wesen in die Zeitlichkeit unseres Werdens hinein.

Zum anderen gibt es aber auch finstere Momente, in denen wir uns einreden: Du willst ja eigentlich doch nicht, du hast Zweifel, ja, du hast sogar immer wieder auch Haß und Wut auf das Ideal und auch – Angst. Jeder Mensch, der ehrlich mit sich ist, spürt neben dem stillen Licht auch die aktive Finsternis in sich, die zu diesem Ideal nein sagen möchte. Um die damit verbundene Spannung zwischen diesem inneren Ja und dem inneren Nein auszuhalten, brauchen wir immer wieder neue Kraft. Sie kann aus der Einsicht kommen, daß unsere seelische Finsternis, die sich als Zweifel, Haß und Angst kundgibt, Sinn und Bedeutung hat für unsere Entwicklung: Denn wären diese Hinderungen nicht auch in uns als Möglichkeiten veranlagt, so könnten wir nicht aus eigenem Entschluß und damit in Freiheit zu unserem Lebensideal hinfinden. Dann könnten wir nur das verwirklichen, was durch den Schöpfungsprozeß selbst in unsere Natur gelegt worden ist. Es wäre nicht möglich, sich wirklich *selbst zu verwirklichen, ein freies Wesen zu sein.* Eine Selbstbesinnung dieser Art kann zu der Entdeckung führen, daß die Spannung zwischen dem Ideal und den inneren Widerständen, die ihm entgegenstehen, gerade die Voraussetzung dafür sind, das zu entwickeln, worauf wir mit Recht stolz sind: Freiheit und Liebe. Denn was wäre Liebe, wenn wir zu ihr nur von Natur aus veranlagt wären und sie nicht frei in unserer Seele bilden und aktiv dem anderen entgegenbringen könnten? Liebe ohne Freiheit ist nicht vollkommen. Ebenso ist es aber auch mit der Freiheit. Wird sie lieblos gehandhabt, so ist auch sie nicht wirklich menschenwürdig. Diese beiden Qualitäten gehören untrennbar zusammen. Eine genauere Betrachtung zeigt aber auch, wie das dritte Ideal, die Wahrheit, ebenfalls unlösbar mit den beiden anderen zusammenhängt. Denn was ist Liebe ohne bedingungslose Wahrhaftigkeit und Ehrlichkeit? Und wie wirkt

Freiheit, wenn sie der Lüge dient? Diese drei sind verschiedene Seiten ein und desselben Ideals. Nur wenn sie in ihrer Zusammengehörigkeit erlebt werden, erscheinen sie als unmittelbarer Ausdruck tiefster Menschlichkeit.

Dem steht aber das destruktive Nein gegenüber, das die Selbstüberwindung scheut, die gefordert ist, wenn man die naturgegebenen Neigungen und Begierden, die im Selbsterhaltungs- und Reproduktionstrieb des Körpers verankert sind, in weit umfassendere Begierden, in Sehnsucht nach Menschlichkeit verwandeln möchte.

An dieser Stelle wird von psychoanalytischer Seite gerne eingewandt, daß eine solche Art von Idealismus sich naiv über die realen Bedürfnisse der menschlichen Triebnatur hinwegsetzt und nur eine neue Spannung erzeugt, die sich dann in destruktiven Entladungen oder Verdrängungen von Triebimpulsen äußern kann. Dem sei hier die Frage entgegengehalten: Was ist das Ur-Bedürfnis des Menschen, der Urtrieb, denn wirklich? Liegt nicht in ihm die Ur-Suche nach Menschlichkeit und Selbstverwirklichung im umfassendsten Sinne begründet?

Der Körper zeigt es in seinen Lebensprozessen deutlich an: Er lebt von Nahrungsaufnahme, Luft, Stoffwechseltätigkeit mit ihren rhythmisch geordneten Funktionsabläufen, von Selbsterhaltung (Regeneration) und der Reproduktionsfähigkeit. Darin zeigt sich jedoch ein Überschuß an Kraft und Produktivität, der sich nicht nur auf der körperlichen Ebene auslebt, mit Ausnahme von schwerer Krankheit oder Schwangerschaft. Vielmehr steht diese »Triebkraft« für die seelische und geistige Arbeit zur Verfügung, da der Mensch sein soziales Leben, sein ganzes Verhalten als Mensch erst lernen muß und nicht wie das Tier einfach spontan-naturhaft entwickeln kann. So wirkt in der leibfreien, seelisch-geistigen Tätigkeit der Überschuß an Selbsterhaltungs- und Regenerationstätigkeit durchaus als egoistische – da nur auf den eigenen Körper gerichtete – Triebspannung nach. Entsprechend ist es mit der Reproduktionskraft, die sich seelisch als Trieb, neues zu lernen und zu schaffen, auslebt, sowie als unbewußt-selbstverständlicher Anspruch, zu besitzen und zu beherrschen.

Werden diese Triebe nun ins Bewußtsein gehoben, so können die mit ihnen verbundenen Kräfte in den Dienst der Ideale der Menschlichkeit gestellt werden und die höhere – seelische und geistige – Natur des Menschen hervorbringen. Letztlich sind Selbsterkenntnis, Menschen- und Weltverständnis ihre der menschlichen Natur gemäßen Ausdrucksformen. Freiheit ist nur möglich, weil wir von Natur aus nicht »fertig« sind, sondern die Schöpfung unserer Selbst durch eigene Arbeit fortsetzen müssen. Dieser Arbeit stellen sich die auf der körperlichen Ebene berechtigten beziehungsweise notwendigen egoistischen Triebe entgegen. Denn wenn sie sich unverwandelt im sozialen und seelisch-geistigen Leben mitteilen, so führen sie zum hemmumgslosen Streben nach eigenem Vorteil und persönlichem Besitz- und Machtanspruch. Und so leben in uns konkrete »Gegen-Ideale«, die ihre Pflege durch Eigenliebe (gestützt auf Selbsterhaltung und Regeneration des Körpers) und Machtstreben (Besitzergreifung, Reproduktionsvermögen des Körpers) finden.

Es sind insbesondere drei solcher Gegenideale, die aus dem zweifach in der menschlichen Konstitution verankerten Egoismus entspringen, und zur negativen Machtausübung über andere befähigen. So bin ich in der Lage, Macht auszuüben, indem ich Informationen manipuliere, zurückhalte oder ähnliches und Tatsachen bis zur Lüge verdrehe (Gegenideal der Unwahrhaftigkeit). Ebenso bin ich in der Lage, durch Freude am Kritisieren, Ironie und Spott Macht auszuüben (Gegenideal der Lieblosigkeit). Da dies für den Betroffenen sehr unangenehm ist, wird er versuchen, sich so zu verhalten, daß er möglichst wenig davon abbekommt. Schließlich kann ich auch meine Freiheit über die der anderen stellen und versteckt oder offen Macht ausüben und den Freiheitsspielraum anderer Menschen einschränken (Gegenideal der Freiheitsberaubung). Die Kraft zum Verfolgen dieser Gegenideale und die Freude an der Machtausübung wurzeln aber in der Eigenliebe. Sie wird erhöht, wenn mir das Rechthaben und die Rechtfertigung über die Wahrheit geht. Sie wird gepflegt, wenn ich in der Liebe zu anderen Menschen in erster Linie das schöne Gefühl empfinde, daß *ich* es bin, der hier so hingebungsvoll liebt beziehungsweise geliebt wird, und sie findet Bestätigung in einer Form von Freiheit, die stets auf den eigenen Vorteil bedacht ist. Interessant ist, daß diese Gegenideale nicht in derselben Weise geübt werden müssen, wie dies für die drei Ideale der Menschlichkeit gilt. Machtbestreben und Eigenliebe sind naturgegeben und damit uns »eingeboren«, so daß wir ihnen nur freien Lauf lassen müssen – dann spielen sie überall mit.

Der Egoismus ist uns so natürlich gegeben wie unser Körper. Denn nur auf ihm gründet sich das Erleben der Eigenheit und Selbständigkeit und damit auch die Möglichkeit, die Sinneserlebnisse und Gefühle auf uns selbst zu beziehen und uns genießen und lieben zu können. Der Egoismus ist eine ganz natürliche biologische Realität. Am deutlichsten wird dies bei der Betrachtung des Immunsystems, das so wirkt, daß es gegen alles feindlich eingestellt ist, was nicht körper*eigene* Substanz beziehungsweise Eiweißkonfiguration ist. Auf körperlich-biologischer Ebene *müssen wir Egoisten sein,* wenn wir uns selbst erhalten und wirklich Individuen sein wollen. Und so gibt es auch keinen Grund, diesen Egoismus negativ zu sehen oder gar den Leib als Grundlage egoistischer Möglichkeiten zu verneinen oder als »niedrig« abzutun. Die Frage ist nicht, ob der Egoismus sein soll oder ob der Leib niedrig ist, sondern einzig und allein, wie ich mit dem Egoismus zurechtkomme und mit diesem Leib, der mir zur individuellen Wahrnehmung des Körperlichen, Seelischen und Geistigen gegeben ist. *Nicht der Egoismus ist problematisch, sondern die Unfähigkeit, mit ihm allgemeinverträglich umzugehen.* Wer dieses zu üben beginnt, sieht sich ständig im Kampf zwischen Ideal und

Wirklichkeit und erlebt auch den Abgrund, der die sinnliche (körperliche) Welt von der geistigen Welt trennt, aus der die Ideale stammen und in das bewußte Seelenleben hereinleuchten.

Dieser Abgrund, der in der geisteswissenschaftlichen Literatur auch die Schwelle zur geistigen Welt genannt wird, ist nichts anderes als ein Wahrbild der realen Erfahrung unseres Egoismus. Mythen, Märchen und Sagen haben stets davon berichtet. Auch in der Parzival-Geschichte wird uns dies bildhaft vorgeführt, indem Parzival so lange der Zugang zum Gral verwehrt bleibt, wie er das Ideal der mitfühlenden Liebe noch nicht leben kann und daher auch nicht den Mut findet, seinen schwerkranken Gastgeber, den Gralskönig, nach seinem Leiden zu fragen. Auch der Weg zum Gral führt über den Abgrund, der von einer Brücke überspannt wird, die Parzival überschreiten muß.[48]

Zu einer gesunden Identität, die uns zufrieden sein läßt, gehört eben nicht nur die Identifikation mit den Idealen unserer Menschlichkeit, sondern auch das Annehmen und Bearbeiten der Widerstände, die sich als »Gegenideale« in uns darstellen. Leider trägt die Erziehung oft wenig zu dieser notwendigen Erkenntnis bei. Schon von klein auf wird den Kindern eingeredet, daß sie »lieb sein« sollen. Dadurch wird die Liebe beim Kind nicht entzündet, sondern vielmehr das häufige Erleben, daß es so, wie es ist – zum Beispiel »nicht lieb« – eigentlich nicht sein sollte, daß es also so, wie es ist, den Erwachsenen nicht recht ist. Das ist geradezu eine Erziehung, die eine freudige Identifikation mit sich selbst und das Annehmen seiner Stärken und Schwächen behindert und in schwerwiegenden Fällen sogar unmöglich macht.[49] Liebe muß, wie andere Gefühle auch, geweckt werden durch Erfahrung, durch Wahrnehmung, Erleben und Arbeit. Wenn der Erwachsene den liebevollen Umgang mit seinen Mitmenschen und Kindern vorlebt, so daß sie selbst merken, wie das ist, kann diese Eigenschaft zum Vorbild werden und pädagogisch viel bewirken. Dann kann auch gelernt werden, daß Liebe nicht bedeutet, immer nur nett zu sein, sondern daß sie sich gerade da bewährt, wo man – vielleicht aus Liebe – auch einmal sehr streng und konsequent sein muß. Auf Kinder einzureden, wie sie zu sein hätten, erzeugt neben der Unsicherheit, daß man irgendwie nicht richtig ist, auch noch eine falsche Gewissensstimme, die einem dann auch später noch – wenn man sich dies nicht abgewöhnt – immer wieder einredet, daß man dies und jenes eigentlich nicht machen dürfe und daß man sich eigentlich so oder so verhalten müsse und schon gar nicht »böse Neigungen« haben dürfe und so weiter. Das aber ist eine Erziehung zu konventioneller Verlogenheit und einer tiefsitzenden Lebensunzufriedenheit und Unfreiheit. Eine solche Erziehung muß dazu beitragen, Angst und Aggression in der Gesellschaft zu schüren. Leben wir jedoch den Kindern vor, wie man mit Fehlern, sorgenvollen Zuständen, Hindernissen und mit Destruktivem umgeht, und daß es normal ist und durch und durch menschlich, Gegensätze zu haben, so macht dies den Weg frei für eine Erziehung zur Friedensfähigkeit.

Umgang mit Wahrheit und Lüge

Was ist Wahrheit?

Pilatus

Wahrheit und Wirklichkeit

Im vorigen Kapitel wurde auf die Bedeutung der drei Kernideale für die menschliche Entwicklung hingewiesen. Von ihrer Pflege ist die Qualität jeder menschlichen Beziehung abhängig. Dabei steht die Wahrheitsfrage an besonders empfindlicher Stelle, denn mit ihr hängt auch die »Gesundheit« jeder Beziehung zusammen. Ja, das Ringen um Wahrheit – soweit die eigenen Möglichkeiten irgend reichen – ist immer zugleich auch ein Ringen um geistige und soziale Gesundheit zwischen den Menschen und im Umgang mit sich selbst.

Bei der Frage nach der Wahrheit ist es entscheidend, welchen Bezug zur Wirklichkeit wir haben und was wir mit Hilfe des als wahr Erkannten schaffen beziehungsweise verwirklichen wollen. Dieser Bezug zur Wirklichkeit gilt jedoch nicht nur für die Tatsachen der Sinneswelt. Ein Beispiel: Welcher Realität entspricht der »Weihnachtsmann«, der »Osterhase«? Sind sie eine Gefälligkeitslüge für Kinder, um ihnen die Spannung und Freude am Fest zu erhöhen? Wer Kindern vom Weihnachtsmann oder vom Osterhasen erzählt und dabei so tut, als wären dies Realitäten – selbst aber mit dieser Vorstellung nichts Reales (»Wirkliches«) verbindet, der lügt den Kindern etwas vor. Wer jedoch das Beschenktwerden seitens der Natur, die uns die Möglichkeit der Entwicklung gibt, in das Bild des Hasen kleidet, der die Eier bringt, als Symbol des Werdens, der erzählt seinen Kindern eine Wahrheit. Ostern ist, wenn wir es ernsthaft feiern, für uns Erwachsene ein Erlebnis von Entwicklung und Wandlung, von Tod und Auferstehung. Das kann man Kindern nicht so ohne weiteres vermitteln. Der Erwachsene kann den Kraftzuwachs empfinden, der durch die

Nähe und Anwesenheit des Auferstandenen gegeben ist. Diese Tatsache jedoch, von einer neuen Kraft beseelt und gestärkt zu werden, können die Kinder dadurch mitempfinden, daß sie zu diesem Fest wohlschmeckende Süßigkeiten beziehungsweise Ostereier suchen dürfen. Sie erleben dann am sinnlichen Genuß und dem physischen Wohlgefühl Stärkung, Freude und Kraft, so wie dies der Erwachsene durch innere Arbeit auf seelisch-geistiger Ebene erfahren kann. Je kleiner die Kinder sind, um so mehr erleben sie noch *alles* durch die Sinne, durch den Leib. Denn das vom Körper sich zunehmend emanzipierende Seelen- und Geistesleben ist noch nicht voll entwickelt. Daher ist es richtig, geistige Realitäten für die Kinder zu versinnlichen und physisch-körperlich erlebbar zu machen. Nur ist es notwendig, daß die Erwachsenen in und hinter diesen physischen Realitäten die geistige Wirklichkeit nicht vernachlässigen – sonst wird das Feiern des Festes unwahr. Dann wäre es ehrlicher zu sagen: »Du, zu uns kommt der Osterhase nicht. Der merkt wahrscheinlich, daß wir nicht daran glauben.« Wenn die Kinder jedoch eines Tages entdecken, daß sich hinter dem Osterhasen oder dem Weihnachtsmann die Eltern verborgen haben, so ist es wichtig, diese Entdeckung dann wahrheitsgemäß zu kommentieren. Sind die Kinder noch im Vorschul- oder ersten Schulalter und haben es nur von anderen gehört, und man spürt, wie die Hoffnung in ihnen lebt, doch noch einmal bestätigt zu bekommen, daß es den Osterhasen wirklich gibt – dann kann man ruhig sagen: »Weißt du, bei uns kommt er eben noch, weil wir so fest an ihn glauben und uns auf ihn freuen.« Ist es jedoch in seinen eigenen Überlegungen schon so weit gekommen, daß es jetzt gerne die »Wahrheit« von den Eltern wissen möchte und damit auch vorbereitet ist, sie zu verarbeiten, dann kann es ein besonders schönes Gespräch sein, dem Kind zu erklären, daß geistige Realitäten und Werte *Menschen als Vermittler* brauchen, um in der Welt wirksam sein zu können.

Dieses Beispiel kann deutlich machen, daß Wahrheit in diesem

Zusammenhang nicht nur etwas »absolut Seiendes«, »Gegebenes« ist, sondern unser jeweiliges Verhältnis zur Wirklichkeit zum Ausdruck bringt. Wir lernen, »in der Wahrheit« zu leben, wenn wir uns unausgesetzt bemühen, die Welt der Erscheinungen (Sinneswelt) zu der Welt unserer Vorstellungen und Gedanken in ein den Tatsachen entsprechendes Verhältnis zu setzen. Dadurch arbeiten wir selbst mit an der Wahrheit der Welt.[50] Ohne diese Mitarbeit des Menschen bliebe sie unvollständig. Wer sich auf Wahrheiten beruft, ohne sie zu »erleben« und ihre Verwirklichung zu erstreben, ist – so gesehen – bereits auf dem Weg zu lügen – so paradox das auch klingen mag.

Die Frage nach dem Umgang mit der Lüge ist ebenso wichtig wie die nach der Wahrheit. Sie wird im Kindesalter meist in dem Augenblick bewußt, in dem man etwas getan hat und es jetzt nicht zugeben möchte, aus Angst, die Sympathie der Erwachsenen zu verlieren. Auch hier geht es um das Verhältnis zur Wirklichkeit, zu den eigenen Taten, das gestaltet werden muß. Dabei ist das Lügen im Kindesalter noch kein »wirkliches Lügen«, da sich Kinder der vollen Konsequenzen ihrer Lügenhaftigkeit noch nicht bewußt sind. Dieses wird erst möglich, wenn das volle Selbstbewußtsein im Denken erwacht und damit das persönlich empfundene Verantwortungsgefühl gegenüber der Wahrheit. Das geschieht jedoch in der Regel erst nach der Pubertät im Jugendalter. Daher sollte man mit der sogenannten Lügenhaftigkeit im Kindesalter anders umgehen als mit bewußter Lüge im Jugend- oder Erwachsenenalter. Viel wirkungsvoller, als den Kindern »ins Gewissen zu reden« ist es, wenn man ihnen Geschichten erzählt, in denen Lügenhaftigkeit in objektiver Weise ad absurdum geführt wird und wo derjenige, der lügt, später Probleme hat, vielleicht lächerlich gemacht wird oder alleine dasteht. Dann erlebt das Kind an diesen Märchen- oder Erzählfiguren Auswirkungen der Lüge im Bild und kann sich an dessen Nutzlosigkeit oder auch Schädlichkeit orientieren und dann *selber* beschließen, nicht so zu werden wie der, von dem es gerade gehört hat. Solche Bilder können die Kinder dann auch begleiten und ihnen in bestimmten Situationen einfallen, wenn sie gerade wieder etwas Unrichtiges sagen oder behaupten wollten.

Die Möglichkeit, zu lügen oder gegenüber den Erwachsenen oder anderen Kindern etwas zu verbergen, bedarf der liebevollen Beobachtung – so wie andere sogenannte Fehler auch – und der sorgfältigen Überlegung, wie man dem Kind *Erfahrungen* vermitteln kann, an denen es sich in seinem Fehlverhalten *selbst* erleben und *selber* korrigieren kann. Wer einem Kind, das gelogen hat, ins Gewissen redet, Angst vor Gott einjagt, es moralisch verurteilt und bestraft, trägt nichts dazu bei, eine gesunde Gewissensbildung zu fördern. Im Gegenteil: Er verleitet das Kind entweder zu Verhaltensweisen, sich in Zukunft noch raffinierter zu verhalten, um solch unangenehmen Erlebnissen zu entgehen, und/oder veranlagt ein »schlechtes Gewissen« und Angst vor Gott als einer eher zu fürchtenden Übermacht.

Ein Beispiel: Ein Kind aus einer mittellosen Familie bekam von einer Tante einen schönen Geldbeutel geschenkt. Da es aber kein Taschengeld bekam, war dieser Beutel immer leer und eigentlich nutzlos. So begann es eines Tages heimlich Geld beim Einkaufen aus dem Portemonnaie zu nehmen und es bei sich zu verstecken. Das begann mit Zehnpfennigstücken und endete mit einem Zehnmarkschein. Das Kind wollte das Geld jedoch nicht einfach nur so stehlen, in seinen neuen Geldbeutel tun und dann auf die Frage, wo es herkommt, eine Lügengeschichte erfinden – denn lügen wollte es nicht. So entschloß es sich, das entwendete Geld auf der Straße zu »finden« und zwar immer im Beisein von Familienmitgliedern, die es dann zu dem Fund beglückwünschten. Schwieriger war es dann schon mit dem Zehnmarkschein, der aber schließlich ebenfalls im raschelnden Herbstlaub »gefunden« werden konnte. Die Mutter, die gemerkt hatte, daß ein Zehnmarkschein fehlt, schöpfte nach diesem Fund Verdacht und fragte das Kind ganz direkt. Dieses war daraufhin sehr erleichtert, daß die Sache ans Licht kam, und gab sofort alles zu, auch wenn es ihm sehr peinlich war. Die Mutter erzählte daraufhin am Abend eine schöne Geschichte von einem Mädchen, das eines Tages mit einer kleinen Ungenauigkeit anfing, sich von da an immer mehr verstrickte und am Ende ganz in Elend geriet. Das Wesentliche dabei war nicht die Schuld und nicht das Elend, sondern die scheinbar harmlose Ungenauigkeit am Anfang dieser Entwicklung.

Eine solche Erzählung bewirkt etwas ganz anderes als eine Moralpredigt. Das Kind kann sich mit der Figur der Geschichte nach eigenem Ermessen identifizieren und aus dieser Begebenheit lernen. Es verliert durch seine Lügengeschichte nicht die Sympathie des Erwachsenen, sondern erlebt dessen Liebe, Ernst und Zuwendung. Es kann in diesem Entwicklungsraum, der auch Fehler und Irrtümer einschließt, frei atmen und sich Schritt für Schritt seiner selbst bewußt werden.

Diese Begebenheit ist auch ein Beispiel für den Zwischenzustand zwischen Verlogenheit und Schaffung eines Alibis, damit die Sache wahr erscheint. Man möchte gerne wahr sein, auch wenn man es nicht ist. Vor allem bei Kindern ist die Grenze zwischen sachbezogenem Bericht und verwandelter Phantasie nicht immer leicht zu entdecken, und dann ist es wichtig, den Willen oder den Wunsch, wahrhaftig zu sein – auch wenn man es nicht ist –, ernst zu nehmen und auf dieser Basis das Nötige zu korrigieren. Angesichts dieser Grauzone zwischen Wahrheit und Lüge ist es besonders wichtig, bei Klärungsversuchen mit Kindern die Sache so zu lenken, daß dabei möglichst viel gelernt und möglichst wenig Peinlichkeit erlebt wird. Wenn sie, wie oben dargestellt, eine Geschichte von einem anderen Kind hören, das ihnen recht ähnlich ist, so ist es für sie zumindest tröstlich zu wissen, daß man nicht das einzige Kind ist, das lügt. Und wenn dann dieser »Doppelgänger«, die Person in dem Märchen oder der Geschichte am Ende selbst zu der Erkenntnis kommt: »Das mache ich nie wieder« –, dann hat das Kind die Möglichkeit, sich nicht nur in der Lügenhaftigkeit des anderen wiederzufinden, sondern auch ein Stück zu sich selbst zu kommen, indem es diesen Entschluß – vielleicht – auch faßt.

Das Erlebnis der persönlichen Verantwortung gegenüber dem, was man denkt und für wahr hält, tritt meist im Alter von sechzehn, siebzehn Jahren ein. Besonders schön und prägnant hat dies Jacques Lusseyran in seiner Autobiographie beschrieben. Er faßte mit seinem Freund, beide 16jährig, eines Tages den Entschluß: »Wir hatten geschworen, uns die Wahrheit zu sagen, die reine Wahrheit, und wenn wir das nicht können, zu schweigen.«[51] Dann beschreibt Lusseyran, wie er mit seinem Freund oft stundenlang in Paris spazierengeht und – beide schweigen. Hin und wieder blicken sie sich mit einem wissenden Lächeln an, um dann auch bald wieder wegzuschauen. Keiner von beiden wagt es, unmittelbar etwas zu sagen, obwohl sie sonst stundenlang diskutiert haben. Das Schweigen macht ihnen bewußt, wie wenig sie – genau genommen – wirklich wissen. Während sie äußerlich schweigen, arbeitet es jedoch im Inneren auf Hochtouren. Die Frage nach der Wahrheit steht jetzt verbindend zwischen ihnen und bewirkt eine beglückende Vertiefung ihrer Freundschaft.

Diese Begebenheit kann deutlich machen, in welchem Maß Wahrheit und Lüge an den menschlichen Beziehungen *mitgestalten*. Sie sind nicht nur Qualitäten für sich, sie sind darüber hinaus ein wesentlicher Teil dessen, was Menschen verbindet oder trennt. Sie sind Realitäten, die zwischen Menschen Mauern aufrichten und auch wieder einreißen, die verletzen und heilen können. Es gibt wohl kaum etwas in einer menschlichen Beziehung, was sich als trennender und schmerzhafter erweist als der Eindruck, daß der andere unaufrichtig mit einem ist.

So ist die Frage von Jacques Lusseyran an seinen Freund: »Können wir uns nicht ab heute nur noch die Wahrheit sagen?« gleichzeitig die Bitte: Können wir nicht ab heute eine ganz ehrliche, reine Beziehung von Ich zu Ich pflegen und in die zwischenmenschliche Begegnung nichts Fremdes mehr hereinlassen? Wer sich der Wahrheit verpflichtet, wird in seinem ganzen Verhalten »wesentlicher«. Denn was bedeutet letztlich das Ringen um Wahrheit? Es bedeutet nicht mehr und nicht weniger, als daß man daran arbeitet, wirklich wissen zu wollen, was man denkt und spricht. Da werden dann zum Beispiel Konventionen in Frage gestellt wie die, beim Grüßen hinzuzusetzen: Wie geht es dir? Hat man tatsächlich Zeit, vielleicht eine halbe Stunde zuzuhören, wenn der andere die Frage ernst nimmt und jetzt tatsächlich erzählt, wie es ihm geht? Wünscht man dem anderen wirklich einen *guten* Morgen, wenn man »guten Morgen« sagt? Wissen wir denn, was *gut* ist? Im Neuen Testament spricht Christus nur einmal von sich als »guten Menschen«, wenn er sagt: »Ich bin der gute Hirte. Der gute Hirte läßt sein Leben für die Schafe [...]. Ich bin der gute Hirte und kenne die meinen und bin bekannt den meinen.«[52] Mit dieser ganz bestimmten Qualität des »guten Hirten« identifiziert er sich – ansonsten weist er dieses Wort als auf ihn selber unzutreffend zurück und sagt zum reichen Jüngling, als dieser ihn fragt: »Guter Meister, was soll ich tun, daß ich das ewige Leben erwerbe?«, »Was heißest du mich gut? Niemand ist gut als Gott allein.«[53] Christus lehnt es ab, »gut« genannt zu werden. Was meinen wir also, was gut ist? In dem Augenblick, in dem wir an uns selbst die Wahrheitsfrage stellen, beginnt ein energisches inneres Fragen, Suchen, Prüfen und Abwägen.

Wer also »guten Morgen« sagt, müßte in sich in diesem Moment auch den Bezug zur Realität eines »guten Morgens« herstellen und etwas von dessen Reinheit und Frische und Kraft empfinden. Dadurch, daß wir uns bemühen, die Wahrheit zu denken und zu sagen, rufen wir unsere Seele zu höchster Geistesgegenwart auf, zur Anwesenheit unseres Ich. Denn ohne solche geistesgegenwärtige Anwesenheit kann beim Denken und Sprechen nicht der innere Bezug zu dem, worüber gedacht und gesprochen wird, hergestellt werden. Auf diesen Bezug zur Wirklichkeit, zur Realität des Gedachten und Gesagten, kommt es jedoch bei der Wahrheitsfrage ganz entschieden an. Wahrheit bedeutet immer, Beziehung herzustellen, Begegnung, Innewerden, Verbundensein. Und so kann auch sie *unmittelbar* zwischen Mensch und Mensch vermitteln – sie ist Kommunion. Unwahrheit hingegen trennt und läßt einen Abgrund zwischen den Menschen entstehen.

Wie ist es nun aber mit Lügen, von denen man hofft, daß ihre Wirkung positiv ist? Wie steht es mit dem Motiv, den anderen schonen zu wollen oder eine Situation nicht noch komplizierter zu machen, als sie schon ist – pflegt das nicht doch die Beziehung? Natürlich wirkt sich eine »wohltätige« Lüge, die aus einem ehrlichen, tiefempfundenen Mitleid mit dem anderen ausgesprochen wird, anders auf die Gestaltung dieser Beziehung aus als ein bewußtes Hintergehen oder gar Ausbeuten des anderen. Ebenso ist die Qualität des Verzeihens einer Lüge eine andere, je nachdem, welches Motiv hinter der Lüge stand. Letztlich geht es jedoch darum, *wie* man sein Verhältnis zu anderen Menschen gestalten *möchte*. Und wer die innere Motivation hat, es mit dem, was er sagt, ernst zu meinen, lernt auch, dem konventionellen Lügen zu entgehen. Er wird dann eher schweigen als eine Gefälligkeitslüge zu erzählen.

Letztlich entscheidet jedoch auch hier das *Motiv*, das einen leitet, über die Qualität, die es für die Gestaltung der Beziehung hat. Das Verschweigen einer Tatsache mit dem Motiv, dem anderen eine wichtige Information vorzuenthalten, hat lügenhaften Charakter. Wer deshalb schweigt, weil er nicht den Mut hat, die Wahrheit zu sagen, läßt die anderen im Irrtum und täuscht vor, daß er nicht Bescheid weiß. Beim Schweigen aus wirklichem Mitleid mit dem Betroffenen handelt es sich um eine offene Frage, ob das jetzt »richtig« war. Es kann sich zum Beispiel herausstellen, wenn das Schweigen aufrichtigem Mitempfinden mit der Situation des anderen entsprungen ist – daß einem dieser das dann Jahre später bestätigt, indem er sagt, wie dankbar er ist, daß er damals nichts davon erfahren hat, weil er die Wahrheit zu diesem Zeitpunkt tatsächlich nicht hätte verkraften können. Das Großartige beim Umgang mit Wahrheit und Lüge ist, daß es keine Rezepte gibt, keine Sicherheiten, sondern nur den Aufruf zu aktiver Geistesgegenwart. *Jede Wahrheit hat auch ihre eigene Zeit und ihren eigenen Zusammenhang, in dem sie wahr ist.* Der richtige Zeitpunkt für eine Wahrheit ist dann gekommen, wenn Idee und Wirklichkeit zusammenstimmen. Einen Gedanken zu einer Zeit auszusprechen, in der der andere noch nicht in der Lage ist, diese Wahrheit zu verarbeiten, ist nicht heilsam und schadet unter Umständen mehr, als sie nützt. Das Schweigen verhilft in diesem Fall dazu, daß gewartet werden kann, bis man reif ist, die Wahrheit in ihrer Wirklichkeit auch aufnehmen und tragen zu können. Mit der Wahrheit leben zu lernen bedeutet, mit dem ständigen Risiko, etwas falsch zu machen, zu leben. Und so ist es eine Hilfe auf diesem Weg, über die Motive, die einen bei der Erarbeitung von Wahrheiten und auch beim Aussprechen von Wahrheiten leiten können, nachzudenken. Man kann dann zum Beispiel entdecken, wie oft Geltungsdrang oder Besserwisserei Motive zum Reden sind und wie sich hinter scheinbar mitleidsvollen Lügen letztlich doch nur Bequemlichkeit und Feigheit verbergen.

Solche Einsichten helfen, ganz neue Maßstäbe anzulegen für die Pflege menschlicher Beziehungen. Sie lassen aber auch erkennen, daß das eigene Wesen seiner Natur nach »wahr« ist. Die Frage »Was ist Wahrheit?« wird so zur Frage nach dem eigenen Wesen, nach seinem Ursprung und Weltbezug.[54]

Wahrheit und Denken

Es gibt nichts in der Welt, worüber wir nicht nachdenken könnten. Die Welt, wie sie ist, kann in *allen* Einzelheiten bedacht und nach und nach verstanden werden. Dabei kann uns bestürzend zum Bewußtsein kommen, daß unser Denken selbst »wahr« ist, da es der Träger aller Gedanken und Gesetzmäßigkeiten ist, denen die Einzelheiten der Sinneswelt entsprechen. Dennoch ist das bloß Gedachte für uns noch nicht wahr, solange wir nicht selbst die Beziehung zur Sinneswirklichkeit oder zu dem, worauf das Denken sich bezieht, aktiv hergestellt haben. Gelingt es, diese Übereinstimmung zwischen Gedanken und Wirklichkeit herzustellen, so können wir diese Wahrheit nicht nur denken, sondern auch empfinden und, wo möglich, realisieren.

Rudolf Steiner hat insbesondere im pädagogischen Zusammenhang immer wieder darauf aufmerksam gemacht, daß die Begriffe »wahr« und »falsch« heute ersetzt werden müßten durch »gesund« und »krank«. So wie Irrtum und Lüge Behinderung und Unordnung bedeuten, so meint Wahrheit Einklang, Zusammenhang, Beziehung, Integration, Gesundheit. Es ist eine große Illusion zu meinen, es wäre schon genug, eine Wahrheit zu denken. Gesellt sich zu dem, was als wahr erkannt wurde, nicht die Liebe zur Wahrheit hinzu, so ist man nicht in der Lage, mit ihr im Leben und damit in der Welt des Handelns – auf dem Boden der Wirklichkeit also – so umzugehen, wie es dem Wesen der erkannten Wahrheit entspricht. Wie verletzend kann eine lieblos ausgesprochene Wahrheit für unsere Mitmenschen sein! Sie kann Kränkung bedeuten für das ganze Leben. Wird sie hingegen im rechten Augenblick und mit dem gebotenen Taktgefühl ausgesprochen, so wird sie helfen, daß der andere seine Beziehung zur Arbeit oder zu einem Menschen neu gestalten kann. Wird beim Umgang mit der Wahrheit jedoch nicht das Bewußtsein leitend, mit der Wahrheit in heilsamer, gesunder Weise umzugehen, dann wird man ihr nicht gerecht. Man ist dann in der Gefahr, sie zu mißbrauchen und in den Dienst persönlicher Neigungen zu stellen, indem man zum Beispiel jemanden kritisiert, ohne sich zu vergegenwärtigen, was man damit bewirkt.

Der Zusammenhang zwischen Wahrheit und Gesundheit – und damit auch zwischen dem Denken und dem menschlichen Organismus – geht jedoch noch tiefer. In seinem gemeinsam mit der Ärztin Dr. med. Ita Wegman verfaßten Buch *Grundlegendes für eine Erweiterung der Heilkunst* führt Rudolf Steiner dazu aus:

»Es ist von der allergrößten Bedeutung zu wissen, daß die gewöhnlichen Denkkräfte des Menschen die verfeinerten Gestaltungs- und Wachstumskräfte sind. Im Gestalten und Wachsen des menschlichen Organismus offenbart sich ein Geistiges. Denn dieses Geistige erscheint dann im Lebensverlaufe als geistige Denkkraft.

Und diese Denkkraft ist nur ein Teil der im Ätherischen webenden menschlichen Gestaltungs- und Wachstumskraft. Der andere Teil bleibt seiner seit dem Lebensbeginn innegehabten Aufgabe getreu. Nur weil der Mensch, wenn seine Gestaltung und sein Wachstum bis zu einem gewissen Grade abgeschlossen sind, sich noch weiter entwickelt, kann das Ätherisch-Geistige, das im Organismus webt und lebt, im weiteren Leben als Denkkraft auftreten.

So offenbart sich der imaginativen geistigen Anschauung die bildsame (plastische)Kraft als ein Ätherisch-Geistiges von der einen Seite, das von der anderen Seite als Seelen-Inhalt des Denkens auftritt«.[55]

Dieser wissenschaftliche Tatbestand aus Rudolf Steiners Forschung gehört zu den bedeutendsten Ergebnissen der anthroposophischen Menschenkunde. Denn er ist der Schlüssel zum Verständnis des sogenannten Leib-Seele-Zusammenhangs, indem das Denken als dasjenige Kraftsystem erkannt wird, nach dessen Gesetzlichkeit sich der Aufbau des menschlichen Organismus vollzieht, welcher, nachdem dieser Aufbau besorgt ist, einen großen Teil seiner Aktivität aus dem Körper entläßt für das freie Gedankenspiel und nur noch den Teil davon im Körper beläßt, der zur lebenslangen Regeneration und Selbstheilungstätigkeit benötigt wird.[56]

In der Denktätigkeit des Menschen nicht nur schattenhafte Reflexion zu sehen, sondern die schaffenden Bildkräfte der Evolution – das ändert schlagartig unser Verhältnis zu dieser Welt. Denn es eröffnet den Ausblick auf eine neue Dimension der Verantwortung, indem dadurch bewußt wird, daß dieselben Kräfte und Gesetze, die in der Natur die Schöpfung hervorbringen, in Form des menschlichen Denkens auch in jedes Menschen Hand gegeben sind. In uns – durch unsere geistigen Möglichkeiten – geht die Schöpfung weiter. Wir gestalten sie verantwortlich mit, indem wir Gedanken in Wirklichkeit umsetzen.

So wie am menschlichen Organismus alle Naturgesetze in irgendeiner Form mitwirken und nahezu alle Stoffe, die auf der Erde vorkommen – zumindest in Spuren – an seinem Aufbau beteiligt sind, so finden wir auf der Gedankenebene dieses weltumspannende Zusammenspiel von Gesetzmäßigkeiten ganz entsprechend wieder. Wir finden aber auch all diejenigen Gesetze beim Aufbau des Leibes wieder, die wir in den verschiedenen künstlerischen Disziplinen vorfinden: Unser Leib hat Architektur, er hat Plastik, er hat Farbe, Komposition, mimischen Ausdruck, »Körpersprache« und kann sich in Tanz und Eurythmie bewegen. All diese Gesetzmäßigkeiten tragen wir selbstverständlich auch in unserem Denken, weswegen Kunsterkenntnis und Kunstverstehen in bewußter Weise möglich sind. Unser Leib ist aber auch gebaut nach moralisch-religiösen Gesetzmäßigkeiten, die mit dem Wort aus dem Alten Testament charakterisiert sind: »Gott schuf den Menschen nach seinem Bild.« Wir können, wenn wir den Leib unter dieser Fragestellung studieren, die Leibeserkenntnis, das heißt das Studium seiner Bildnatur, als Weg zur Gotteserkenntnis entdecken.[57]

Wer den menschlichen Leib als Bild zu sich sprechen läßt, der begegnet der Göttlichkeit des Menschen, das heißt dem reinsten Ideal der Menschlichkeit, das sich hier in Bau und Funktion des menschlichen Körpers ein physisches Abbild geschaffen hat: Die Menschengestalt hat den Kopf im wahrsten Sinne des Wortes *oben* und alle anderen Bereiche – auch Herz und Hand sowie die inneren Organe, die Fortpflanzungsorgane, die Beine und Füße – sind diesem Kopf sichtbar und vollständig *unter-geordnet* oder untergestellt. Wohin also die Füße den Menschen tragen, wie er mit seinen Fortpflanzungskräften umgeht, was er sich von seinem Herzen sagen läßt – alles bedarf letztlich doch der klärenden und ordnenden »Weisung von oben«. Wer *nur* seinem Herzen folgt oder seinen sexuellen Neigungen oder sich vom Leben hierhin und dorthin treiben läßt, widerspricht durch sein Handeln der Bildnatur seines Leibes. Diese spricht davon, wie es eben doch letztlich das Erkenntnisleben, das Denken ist, das dem Herzen, der Hand und dem Fuß Perspektive und Orientierung geben muß, wenn deren Impulse nicht in Gefahr kommen wollen, dem Irrtum ausgesetzt zu sein. Auch die Hand des Menschen ist so geformt, daß man ihr nicht ansehen kann, ob sie im nächsten Augenblick streicheln oder schlagen wird. Die Motive für den Gebrauch der Hand können nur gedanklich gefaßt und klar erkannt werden.

Das Bild des menschlichen Körpers zeigt, daß darin ein Wesen lebt, das veranlagt ist, seinen Weg zu gehen, selbst die Wahrheit zu suchen und im Denken seine Orientierung, sein inneres, bewußtes Lebenselement zu finden. Und so kann auch deutlich werden, nach welchem Gottesbild der menschliche Körper geformt ist. Es ist die Christuswesenheit, die von sich sagt: »Ich bin der Weg und die Wahrheit und das Leben«[58], und die durch ihre Inkarnation in einem menschlichen Leib diesen als Gottes Ebenbild nun auch mit der vollen Realität der Anwesenheit Gottes erfüllt hat. Damit ist für den Menschen sein Zukunftsziel *real* geworden, so daß es nun als mögliche Wirklichkeit von jedem einzelnen für seine Selbstverwirklichung gesucht werden kann. Und auf diesem Wege sind Lüge und Irrtum weckende Begleiter.

Denktätigkeit und Lebenstätigkeit

Vor dem Hintergrund des im vorigen Abschnitt angesprochenen Gesetzes von der Metamorphose der Wachstums- und Regenerationskräfte in Gedankentätigkeit, rücken Erziehung und Heilung nahe zusammen.

Was wir seelisch als Lerntrieb erleben, ja was sich bis zur Lernbegierde steigern kann und das Ich zur höchsten Wachheit aufruft, das sind genau dieselben Kräfte, die zunächst unbewußt im Leib als Trieb- und Begierdekräfte wirksam sind. Und so sind es tatsächlich jene Kräfte, die wir für unsere Selbsterhaltung und damit Selbstreproduktion verwenden, die wir dann infolge ihrer Metamorphose in Gedankenkräfte für die Suche nach unserer geistigen Identität im Sinne einer spirituellen Selbsterhaltung in Tätigkeit versetzen. Der Unterschied ist nur, daß dem körperlichen Wirken dieser Gesetzmäßigkeiten und Kräfte durch ihre Einbindung in den natürlichen Entwicklungszusammenhang die Arbeitsrichtung klar vorgegeben ist. Bei der Metamorphose der Wachstumskräfte in Gedankenkräfte werden diese jedoch vom Naturdasein emanzipiert und in die Freiheit der menschlichen Willkür entlassen, so daß es Aufgabe wird, mit ihnen so umzugehen, daß sie der Wahrheitsfindung, den Sinnzusammenhängen dienen. Im gesunden Organismus stimmt alles zusammen – so auch im wahrheitsgemäßen Denken.

Dennoch bilden Denktätigkeit und Lebenstätigkeit des Organismus eine reale Polarität. Wirken die Lebenskräfte auf körperlicher Ebene in Aufbau und Erhaltung des menschlichen Körpers, so sind sie in ihrer Wirkung ganz hinorientiert auf Erhaltung und Pflege des eigenen Leibes, der, um gesund zu bleiben und sich selbst aufrecht erhalten zu können, *egoistisch sein muß* und sich gegen alles zu verteidigen hat, was ihm fremd ist und nicht zu ihm gehört. Werden diese Wachstumskräfte jedoch frei für das Denken, wirken sie in umgekehrter Richtung. Denn ein gesunder Geist, ein gesundes Denken ist zentriert auf die Verhältnisse von Welt, Leben und Mitmenschen und erklärt das eigene Selbst nicht zum Maßstab aller Dinge und schon gar nicht die eigene Meinung zum allgemeinen Maßstab für das, was wahr und falsch ist. Und so wie der Leib eine gewisse Pflege und das Einhalten elementarer hygienischer Regeln für seine Gesunderhaltung braucht, so braucht auch das Denken, der Geist für seine Gesundung und Gesunderhaltung die Pflege von Menschen- und Weltinteresse. Dann wird auch das Schlafleben wieder in ganz anderem Maße gesundend sein als es ist, wenn das Denken sich überwiegend mit den eigenen Angelegenheiten befaßt und die Art des Wirkens übernimmt, die nur für den Leib gesund ist: die egozentrische Wirkrichtung.

Der Mikrokosmos Leib braucht die Anregung und Erfrischung durch den großen Weltzusammenhang, aus dem heraus er aufgebaut ist. Kann nun der Mensch bei Tage sich nicht in diesen großen Zusammenhang denkend hineinfinden, so wirkt diese »verkehrte« Denkorientierung nachts im Organismus weiter, wenn auch der Teil des Ätherleibes bei der Regeneration beteiligt ist, der bei Tage aus dem Organismus herausmetarmophosiert ist für das Denken. Wenn das Denken bei Tage die Wirkrichtung des Ätherleibes beibehält – leiborientiert, das heißt nur der eigenen Selbsterhaltung hingegeben – so bedeutet dies eine Kränkung für das Gedankenleben. Beginnt jedoch der Körper des Nachts die bei

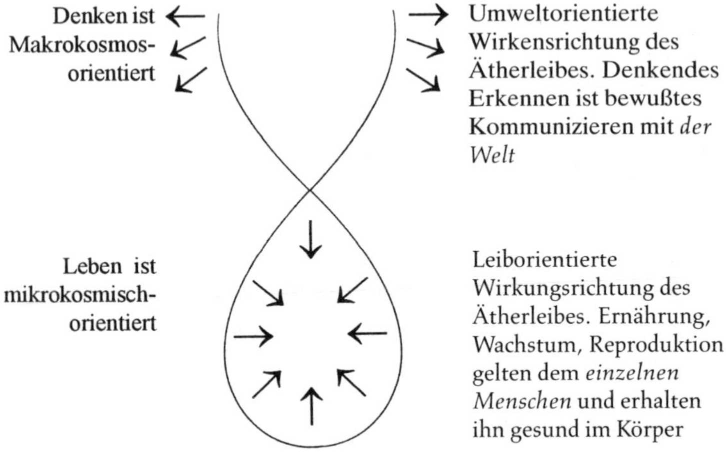

Tage nicht genutzte gesundende Wirkrichtung des Denkens auszuüben, so führt dies im Lauf der Zeit zur Erkrankung des Körpers. Eins bedingt das andere.[59]

Auf dieser hier nur kurz angedeuteten Grundlage muß eine Krankheitslehre aufbauen, die nicht nur nach äußeren, sondern auch nach inneren Kranheitsursachen sucht. Sie kann verständlich machen, warum ein egoismusorientiertes Denken auf Dauer krankmachend ist.

Wird also die polare Natur des ätherischen Organismus nicht im Dienst der Gesundheit (selbstorientiert auf leiblicher Ebene – weltorientiert auf geistiger Ebene) betätigt, so kehrt sie sich ins Pathologische um und führt auf geistiger Ebene zum Egoismus und auf leiblicher Ebene zur Hingabe an die Gesetzmäßigkeiten der Welt – zur Krankheit. Denn jetzt beginnt auch hier die entgegengesetzte Polarität zu wirken: In der Krankheit des Körpers verliert dieser etwas von seiner Integrität, von seiner Egoität. Das Nachlassen seiner Selbstheilung und Immunität macht ihn körperlich »selbstloser«. Selbstlosigkeit auf körperlicher Ebene bedeutet jedoch immer Krankheit, so wie – polar dazu – der Egoismus im

Gedankenleben geistig kränkend ist. Jeder Mensch kann diese Wahrheit bei sich nachprüfen. Er braucht weniger Schlaf, ist erfrischter und fühlt sich gesünder, wenn er die Möglichkeit hat, den größten Teil seiner Zeit und Kraft darauf zu verwenden, sich nicht mit sich selbst zu beschäftigen, sondern sich an eine sinnvolle Arbeit oder Aufgabe hinzugeben. Ist man jedoch durch die Verhältnisse auf sich allein zurückgewiesen und hat Anlaß, sich intensiv mit sich selbst zu beschäftigen, so erlebt man das nach einer gewissen Zeit – wenn diese Beschäftigung zu keinen Entscheidungen und neuorientierenden Entschlüssen führt – wie eine zunehmende Kränkung bis dahin, daß dann Schlafstörungen oder andere Krankheitssymptome auftreten und man sich morgens wie zerschlagen fühlen kann.

Wer im bewußten Gedankenleben egoistischen Tendenzen Raum gibt, um für sich das Optimum herauszuholen, oder wer aus Bequemlichkeit und geistiger Trägheit unwahrhaftig wird, um selber besser dazustehen oder es leichter zu haben, der belastet seine Selbstheilungskräfte mit Krankheitstendenzen. Es ist wie bei einer Waage: Hebt sich die eine Schale, neigt sich die andere. Das heißt der Leib beginnt an irgendeiner Stelle zum Ausgleich für den pathologischen Egoismus im Denken entsprechend polar altruistisch zu werden; dies aber führt immer in die Krankheit. Je nachdem, wie stark die veranlagten Selbstheilungskräfte sind, braucht diese Krankheit jedoch nicht schon in diesem Leben in Erscheinung zu treten. Und je nachdem, wie sich das folgende oder nächstfolgende Erdenleben gestaltet, kann es längere oder kürzere Zeit dauern, bis dann doch die Dekompensation der Lebenskräfte ein- und eine physische Erkrankung auftritt.[60]

Wahrheit und Gesundheit sind tatsächlich einander entsprechend. In der Wahrheit stimmt der Gedanke mit der Wirklichkeit geistig, seelisch und körperlich überein. Und in gleicher Weise herrscht Gesundheit im Leib, wenn der Ätherleib als Gedanken- und Lebenskräfteorganismus das Immunsystem stärkt und aufrechterhält dadurch, daß das Gedankenleben und die Lebenskräfte ihrer Bestimmung gemäß zur Wirksamkeit kommen und zusammenstimmen. Aus diesem Grund spielt die Wahrheitsfrage eine so überaus entscheidende Rolle im Umgang mit Kindern. Denn diese sollen nicht nur den Unterschied von wahr und falsch und gut und böse kennenlernen, sondern auch möglichst gesund in das Erwachsenenleben eintreten. Je mehr wir uns bemühen, im Umgang mit ihnen wahrhaftig zu sein, um so mehr pflegen wir nicht nur deren Gedankenleben, sondern auch ihre Lebenskräfte.

Eurythmie als Erziehungsmittel

Ein besonders hilfreiches Mittel, Wahrheitsempfinden und Erkenntnisbereitschaft zu unterstützen, ist die Eurythmie. Je früher und regelmäßiger man es anwendet, um so besser. Da die Eurythmie eine Bewegungskunst ist, die exakt den Gesetzmäßigkeiten des Ätherleibes angepaßt ist, kann sie in unnachahmlicher Weise die Wachstums- und die Denktätigkeit ordnend und wohltuend unterstützen.[61] In der Eurythmie lernt man »Wirklichkeit« zu gestalten, indem das, was gedacht und gefühlt wird, schließlich auch mit Hilfe der Bewegungen des Körpers vollständig ausgedrückt beziehungsweise zur Offenbarung gebracht wird. Es wird geübt, Gedanken und Gefühle, Gedichte und Musikstücke körperlich darzustellen, das heißt, man übt sich unausgesetzt darin, die Wahrheit, so weit man sie fassen kann, bis ins Körperliche herein zu sagen. Und man sieht es der Bewegung unmittelbar an, wie weit diese Übung gediehen ist. Zunächst einmal gilt es, die Bewegung so zu gestalten, daß man sieht, was sie aussagen möchte, daß also ihr gedanklicher Gehalt beziehungsweise ihr Sinngehalt deutlich wird. Dann braucht die Bewegung den seelischen Ausdruck, Empfinden und Gefühl für den Sinn, der ausgesagt werden soll. Und schließlich muß das auch noch so ausgeführt werden, daß man erlebt: Dies ist jetzt gewollt und soll dargestellt werden. Rudolf Steiner nannte die drei Ebenen des eurythmischen Übens Arbeit an der *Bewegung*, dem *Gefühl* und dem *Charakter* der eurythmischen Gesten. Auch für die Erziehung zur Sozialfähigkeit gibt die Eurythmie wichtige Hilfen, da man in der Regel mit Kindern gemeinsam in einer Gruppe an bestimmten Kunstwerken übt und sie dadurch lernen, sich gegenseitig in ihren Bemühungen wahrzunehmen und – was das Wesentliche ist – *gemeinsam* das Kunstwerk zur Aufführung zu bringen. Jeder leistet völlig selbständig seinen Beitrag zum Ganzen und gewinnt auch ein Bewußtsein vom Ganzen, und nicht nur von seiner Eigenleistung.

Der Lehrplan der Waldorfschule orientiert sich für jedes Lebensalter an dem Grad der Umwandlung der Wachstums- in Gedankenkräfte und gibt so die entscheidenen Hilfen, das geistig-seelisch-leibliche Gefüge jeweils durch Lernvorgänge mit solchen Anregungen zu versehen, wie sie der Heranwachsende für seine Entwicklung braucht. Wenn heute die Waldorfpädagogik vielfach dargestellt wird als »Erziehung zur Freiheit«, so verbirgt sich dahinter das für die Gegenwart, in der so viel Verlogenheit in alle Lebensbereiche eingezogen ist, viel entscheidendere Ziel: Erziehung zur Wahrhaftigkeit.

Mut als Fähigkeit und Aufgabe

Ich bin nicht ich.
Ich bin jener,
der an meiner Seite geht,
ohne daß ich ihn erblicke,
den ich oft besuche,
und den ich oft vergesse.
Jener, der ruhig schweigt,
wenn ich spreche,
der sanftmütig verzeiht, wenn ich hasse,
der umherschweift, wo ich nicht bin,
der aufrecht bleiben wird, wenn ich sterbe.

Juan Ramón Jiménez

Konflikte und Mut

Konflikte sind Kriege im kleinen. Kriege, deren Fronten oft nicht klar überschaubar sind oder im Laufe des Konfliktlösungsprozesses wechseln. Es sind kleine Kriege im Sozialen, wo die Menschen sich oft schon lange kennen. Und sehr oft sind es Kriege, die sich jahrelang im Unausgesprochenen abspielen, weil keiner den Mut hat, die Sache anzugreifen. Unter mutigen Menschen kann es wohl Streit geben, Krach, auch heftige Kritik – zähe beziehungsweise schwer lösbare Konflikte gibt es jedoch unter ihnen nicht. Denn sie haben die Bereitschaft, auf den anderen zuzugehen, unliebsame Dinge beim Namen zu nennen und das persönliche Image, vielleicht sogar die eigene Stelle oder Stellung im System zu riskieren. Mut ist einerseits eine Charaktereigenschaft, die schon Kinder ins Leben mitbringen können (selbst Kinder von ängstlichen Eltern!), andererseits kann Mut auch bis zu einem gewissen Grad erlernt werden. Daher stellt er für Erziehung und Selbsterziehung eine wichtige Aufgabe dar.

Besonders in extremen Situationen wie zum Beispiel im Kriegsfall, bei Katastrophen oder unter den entwürdigenden Lebensumständen einer Diktatur, hat sich immer wieder gezeigt, zu welch mutigen Taten Menschen angesichts einer Bedrohung oder einer zivilisatorischen Herausforderung fähig sind. Auf diese Weise können sie sogar zu Vorbildern und Leitfiguren einer ganzen Generation werden. Ein eindrucksvolles Beispiel aus der Gegenwart ist die Lebensgeschichte der Schwester Helen Prejean, die in den Vereinigten Staaten Gefängnisse besucht und zum Tode Verurteilte bis zu ihrer Hinrichtung begleitet hat, so wie sie es in dem autobiographischen Buch *Dead Man Walking* schildert.[62] Weltweit bekannt geworden ist diese Geschichte vor allem durch ihre unter dem gleichen Namen laufende Oscar-gekrönte Verfilmung von Tim Robbins, durch die Millionen von Menschen von dieser mutigen Frau erfuhren, die mit ihrer Menschlichkeit ein ungelöstes Strafvollzugsproblem bewußt gemacht hat.

Außergewöhnlichen Mut gegen ein politisches System bewiesen auch Sophie und Hans Scholl und die anderen Mitglieder der »Weißen Rose«, als sie mitten im nationalsozialistischen Terror, den Tod vor Augen, zum Widerstand gegen Hitler und sein Regime aufriefen. Die Geschichte ist reich an solchen mutigen Gestalten, und das große Interesse an ihren Biographien[63], aber auch an Filmen wie *Dead Man walking* – insbesondere in Zeiten zunehmender, lähmender Mutlosigkeit – zeigt, daß es wichtig ist, auf Beispiele dieser Art hinzublicken.

Aber auch das Alltagsleben ist eine gute Schule, um mutig zu werden. Schon an kleinen Kindern können wir die Anlage zum Mut beobachten. Je kleiner, desto »mutiger« sind sie. Und so wird die heiße Herdplatte und die goldgelbe Kerzenflamme mit derselben Angriffsbereitschaft und Sympathie begrüßt wie eine Blume oder eine Katze. Kleine Kinder gehen mit großer Vertrauens- und Hingabefähigkeit auf die Welt zu. Und gerade diese Fähigkeit, unbefangen zu sein und bereit, Erfahrungen zu machen, ist Ausdruck einer primären Veranlagung zum Mut. Man versetze sich einmal in die Lebenswirklichkeit so eines Kindes: Die häusliche Situation der Eltern, die Sprache, die Situation des Landes; alles das, so wie es ist, einfach nur anzunehmen, ohne zu wissen, was morgen sein wird und wie es überhaupt weitergeht – dazu gehört Mut. Natürlich reflektieren Kinder diesen Zustand noch nicht. Aber sie zeigen mit ihrer Erfahrungsbereitschaft, daß die Veranlagung zum Mut eine typisch menschliche Eigenschaft ist. Und es ist eine wesentliche Aufgabe der Erziehung, diese Veranlagung zu unterstützen und zu pflegen, auch wenn mit zunehmender Bewußtwerdung Ängstlichkeit und Angst immer mehr ihren Einzug in die Seele halten.[64] Wo aber ist menschenkundlich der Mut verankert? Wie ist er in Körper, Seele und Geist veranlagt beziehungsweise wo ist er im eigentlichen Sinn »zu Hause«? Es soll dieser Frage im Zusammenhang mit den vier von Steiner »Wesensglieder« oder »Leiber« genannten Erfahrungsebenen nachgegangen werden.[65]

Der physische Leib

Dadurch, daß unser Körper eine in sich abgeschlossene Form beziehungsweise Gestalt hat, gibt er uns das Gefühl des Individuell-Seins und der inneren Geschlossenheit. Wir verschwimmen nicht mit der Umgebung, sondern sind klar von ihr abgegrenzt, bekleidet, geschützt und getrennt von ihr. So kann man sagen, daß sich unser Selbstbewußtsein *entschieden* auf diesen physischen Leib gründet. Er vermittelt uns das Bewußtsein, dieser eine Mensch zu sein. Da wo ich jetzt stehe, kann im selben Moment kein anderer stehen – das ist ausschließlich: entweder du oder ich. Damit gründet sich auch das Erleben der Selbstgeltung, des Egoismus, des Ein-Selbst-sein-Könnens auf den physischen Leib. Mit dieser Abgeschlossenheit ist aber auch das mögliche Gefühl des Eingeschlossenseins verbunden, des Gefangenseins im Körper. Es kann dies bei Krankheiten auftreten, die mit Schmerzen oder sonstigem Unwohlsein einhergehen, oder aber in Situationen der Angst, in denen man überwältigt wird und sich nicht wehren kann. An den physischen Leib und seine Überwältigbarkeit und Zerstörbarkeit ist so auch das elementare Gefühl der Enge und der Angst gebunden. Doch es gibt noch eine weitere Eigenschaft, und die ist im Hinblick auf den Mut entscheidend. Und das ist das Krafterleben im physischen Leib. Der gesunde Leib ist fähig zur Kraftentfaltung. Diese Kraft erhalten wir aus der Ernährung, der Stoffumwandlung, der Atmung. *Hier hat der Mut seine Kraftgrundlage.*

Dabei hängt es jedoch stark von der Erziehung ab, ob und wie dieses Krafterleben am physischen Leib im Laufe der Kindheit gefördert und gepflegt wird. Es spielt dabei eine große Rolle, was an anderer Stelle über die Sinnespflege gesagt wurde. (Vgl. Seite 49ff.) Insbesondere ist wesentlich, daß Kinder ungehindert ihrem Bewegungs-, Erfahrungs- und körperlichen Betätigungsdrang nach-gehen dürfen. Es ist eine Erziehung zum Mut, wenn sie Eltern erleben, die keine Angst haben, sie einen Abhang »herunterrasen« zu lassen, und nicht dauernd mahnen, doch bitte aufzupassen. Und welch ein Triumph, wenn ein an sich ängstlicher Junge eines Tages doch den Mut hat, eine große alte Tanne zu besteigen, die fast doppelt so hoch ist wie das Haus, in dem er wohnt, und den erstaunten Eltern zuruft, daß er oben ist. Solchen Mut zu bestätigen durch Lob und nicht zu ersticken in einem Schwall von: »Hast du mir aber eine Angst eingejagt, weißt du denn nicht, daß die Äste auch brechen können – das darfst du auf keinen Fall noch einmal machen!« etc., etc., ist entscheidend. Genügend Bewegung, gesunde Ernährung und vertrauensvolle Eltern sind die wichtigsten Bedingungen, um sich in seinem physischen Leib mutig zu erleben.

Der ätherische Leib

Eine andere Ebene betreten wir, wenn wir uns in diesem Zusammenhang für den ätherischen Leib interessieren oder, wie ihn Rudolf Steiner auch nennt, den Organismus der Lebensgesetze, der

Wachstums- und Regenerationskräfte und der Gedankentätigkeit.[66] Rudolf Steiner hat erforscht, daß die Gesetze und Kräfte, mit denen der Körper die Stoffe des physischen Leibes ordnet und in seinen Lebenszusammenhang integriert, dieselben sind, mit denen wir auch denken – nur daß in der Denktätigkeit diese Kräfte leibfrei wirksam sind und nicht mehr leibgebunden wie in der Lebenstätigkeit. (Vgl. Seite 113 f.) Es gibt heute eine umfangreiche Literatur über Menschen, die dem Todesaugenblick nah waren und dann ihr Denken völlig anders erlebten. Wie in großen lebendigen Bildern war es um sie, sie konnten längst Vergessenes in großer Lebhaftigkeit, wie in einem gewaltigen Lebenspanorama vor sich sehen. Auch waren sie selbst leicht wie ein Gedanke und erlebten sich in der Lage, durch Mauern und andere physische Gegenstände hindurchzugehen. Sie lebten nicht mehr im physischen Leib, sondern in ihrem ätherischen Organismus. Wurden sie dann durch Reanimation wieder zurückgeholt, wurde ihr Denken sogleich wieder blaß und schattenhaft: Der ätherische Organismus war wieder im physischen Leib untergetaucht, und es stand jetzt wieder nur ein Teil dieser Lebenskräfte für das gewöhnliche Denken zur Verfügung.

Für den Ätherleib gelten nicht die Gesetze des Raumes, die dem physischen Leib eigen sind, sondern die der Zeit, der Rhythmen, der ganzheitlichen Ordnung und Integration. Zerfall und Isolierung, wie sie für das Physische typisch sind, gibt es hier nicht. Das bedeutet aber auch, daß alles, was das Leben und Denken ausmacht, auf Integration, Verstehen, Zusammenhänge-Schaffen, Ordnen, Verwandeln angelegt ist. Wenn etwas isoliert dasteht und wir es nicht verstehen, ruhen wir nicht eher, als bis wir es soweit in unser Denken integriert haben, daß es Sinn macht, oder sich als Irrtum herausstellt, der als solcher dann aus dem Denken ausgeschieden wird.

Auf die Frage, was wir dem ätherischen Organismus für die Fähigkeit des Mutes verdanken, kann die Antwort lauten: *Es ist*

Lebenssicherheit und Sicherheit durch Verständnis. Erst wenn ich etwas verstanden habe, fühle ich mich wieder sicher. Wenn ich vor etwas Angst habe, läßt diese sogleich nach, sobald ich die angstauslösenden Faktoren durchschaue. Auch in der Todesangst arbeiten die Gedanken fieberhaft daran, wie man dieser Gefahr entgehen könnte: Und manchmal rettet einen tatsächlich der erlösende Einfall, was jetzt zu tun ist. Helen Prejean, die oben kurz erwähnt worden ist, wurde in der Situation, die auf die Hinrichtung ihres Schutzbefohlenen zuführte, klar, daß hysterisches Reagieren und Vor-Angst-Vergehen nichts bewirken, und daß die einzige Chance, jetzt noch zu helfen, darin besteht, dem Todgeweihten normale menschliche Fragen zu stellen. Ruhe und Sicherheit können in solchen Extremsituationen nur vom Denken ausgehen.

Eine tiefe Ruhe kann einen ergreifen, wenn man weiß: Mein eigenes Wesen ist so unzerstörbar wie ein Gedanke – kann ich doch mich selbst denken! Stoffe können auseinanderfallen, Gedanken nicht. Sie hängen zusammen, haben Beziehung zueinander und sind rein geistige Kräfte – denkbar, aber nicht sinnlich anschaubar. Wenn ich an einen Menschen wirklich denke, so ist es völlig gleich, wo er sich in der Welt aufhält – meine Gedanken können ihn trotzdem im Augenblick erreichen. Im Denken sind wir nicht abgegrenzt wie im physischen Leib, vielmehr sind wir dort offen und berühren gedanklich alles, worüber wir nachsinnen.

Wer dafür sensibel ist, kann auch empfinden, wie andere Menschen über ihn denken. Er erlebt die Kraft guter Gedanken und wie sie die Atmosphäre unter Menschen auflichten können. Er erlebt aber auch, wie häßliche und schlechte Gedanken bedrücken und belasten können oder wie ein Spuk verschwinden, wenn Ehrlichkeit aufleuchtet und Verständnis füreinander die Oberhand gewinnt. Es ist hierbei direkt zu erfahren, daß man aus dem sinnlichen in den übersinnlichen Bereich hereingelangt, sobald man den Bereich des Denkens konkret betritt. Und so vermittelt uns das Denken auch die Sicherheit, daß unser Dasein über die Lebensdauer des physischen Leibes hinausreicht, da es nicht ausschließlich an diesen gebunden ist.

Der Ätherleib gibt uns daher die Möglichkeit, Mut als Sicherheit, Sinnbezug, Vertrauen in die Wahrheit der Welt zu erleben.

Der astralische Leib

Dem Astralleib verdanken wir für das seelische Erleben die Gefühlswelt. So wie wir einen geistigen Gedankenorganismus haben, so ist unser Gefühlsleben ein in sich zusammenhängender Seelenorganismus. Oder, wie Rudolf Steiner es formuliert: Wir haben einen astralischen, einen Weisheitsorganismus.[67] Denn im Gefühl sind wir weltumspannend und unendlich weise. Jemand, der eine Situation erfaßt, richtig empfindet und sich entsprechend verhält, hat das »im Gefühl«, wozu später unter Umständen Jahre nötig sind, um gedanklich alles nachzuvollziehen, warum das Erfassen der Situation damals richtig war und die damit verbundenen Entscheidungen ebenfalls.

Der Gefühlsorganismus ist gänzlich anders gebaut als der Gedankenorganismus. Er lebt von der großen Polarität: Sympathie – Antipathie. Er ist ein System von Spannungen und Entspannungen. Die Sympathie kann sich auf alles mögliche erstrecken und sich bis zu den Sternen hin ausdehnen. Entsprechend können wir uns mit Hilfe der Antipathie von allem und jedem distanzieren – auch von uns selbst, in Augenblicken, in denen wir uns nicht leiden können oder gar verabscheuen. Zwischen diesen beiden Grundhaltungen pendelt unser Gefühlsleben in weisheitsvollem Zusammenklang zwischen uns und der Welt. Künstlerisch gesehen sind es die Gesetze der Musik, die hier wirksam sind, das heißt die Gesetze der zahlenmäßig erfaßbaren Diskontinuität, der Spannungsverhältnisse einer Saite. Im Gegensatz dazu haben die Bildekräfte des ätherischen Organismus unmittelbaren Bezug zur plastischen Kunst, zum bildenden Gestalten.[68]

Und so wie der ätherische Organismus mit einem großen Teil seiner Kräfte und Gesetzmäßigkeiten den physischen Leib und seine Stoffe mit Leben durchzieht und am Leben hält, so durchdringt auch der astralische Organismus seinerseits den physischen und den Ätherleib mit seinen Gesetzmäßigkeiten. Dadurch werden alle Vorgänge nach bestimmten Proportionen und Zahlenverhältnissen geordnet und gegliedert.[69]

Schon während der Embryonalentwicklung kann man das Zusammenwirken der ätherischen und astralischen Kräfte gut beobachten. Da wechseln phasenweise Schübe der Proliferation, des plastischen Wachstums, und solche der Differenzierung und Gliederung, bei denen sich sogar manches wieder zurückbildet. So haben wir beispielsweise alle zunächst »Schwimmhäute« zwischen Fingern und Zehen, die sich dann in der fortschreitenden Embryonalentwicklung wieder zurückbilden, so daß schließlich die frei beweglichen Finger entstehen. Und wie sich die ätherischen Kräfte im Laufe der Entwicklung – in dem Maß, in dem sie nicht mehr als Wachstumskräfte gebraucht werden – für die gedankliche Tätigkeit metamorphosieren, so geschieht dies entsprechend auch mit den astralischen Kräften, die in dem Maß für das Gefühlsleben zur Verfügung stehen, in dem sie von der physisch-ätherischen Konstitution in Wachstum und Entwicklung nicht mehr benötigt werden. So wie die Sterne in bestimmten Bewegungs- und Zahlenverhältnissen am Himmel stehen, so regelt der astralische Organismus (aster, astrum = Stern) die Zahlenverhältnisse und Proportionen des Leibes sowie die Spannungsverhältnisse und Ordnung der Gefühle. Diese umfassende Weisheit, die dem Weltzusammenhang und -zusammenklang zugrunde liegt, können wir beispielsweise unmittelbar erleben, wenn wir Musikwerke hören wie beispielsweise Beethovensche oder Brucknersche Symphonien.

Was verdanken wir dem astralischen Organismus für das Mutig-Sein? *Es ist das Vertrauen in den Zusammenklang der Welterscheinungen*, das Gefühl des Eingebettetseins in den Bestand der Welt, geordnet nach denselben Gesetzen, die sich sowohl im Makrokosmos der Welt wie auch im Mikrokosmos des einzelnen Menschen wiederfinden. Für eine Besinnung auf die Kraft des Vertrauens, die auch in Zeiten der Angst und des Zweifels durchtragen kann, ist es wohl das Wichtigste, den Mut seelisch abzustützen. Was wäre Mut, ohne den unbesiegbaren Glauben (Vertrauen) in den Ur-Grund der eigenen Existenz beziehungsweise denjenigen der Welt, ohne das Vertrauen, das nicht nur Berge versetzen, sondern auch die Abgründe und Dissonanzen des Lebens überbrücken kann?

Gefördert werden Glaube und Vertrauen im Vorschulalter am stärksten durch das Vorbild. Auch später ist es noch so, daß gerade diese beiden Fähigkeiten bis weit in die Kindheit und Jugend herein, ja selbst unter Erwachsenen vorbildhaft wirken und eine starke Ausstrahlung haben. Gerade in der heutigen Zeit, in der so viel Unsicherheit und Mangel an Vertrauen herrscht, wirkt es weckend auf diese verschütteten Seelenkräfte, wenn wir beherzten, vertrauensvollen Menschen begegnen.

Mut und Ich-Natur

Nun bleibt noch das vierte Wesensglied des Menschen zu betrachten, dem unser Wille und unsere Tatkraft entstammt. Es sind die Kräfte der Ich-Organisation, die bewirken, daß der physische Organismus, den wir mit den Stoffen und Kräften der Mineralien gemeinsam haben, der ätherische Organismus, den wir mit den Pflanzen gemeinsam haben, und der astralische Organismus, den wir mit den Tieren gemeinsam haben, sich so miteinander verbinden und aufeinander abstimmen, daß die menschliche Natur entstehen kann. Sind diese Ich-Kräfte mit ihrer Arbeit am physischen Organismus fertig, so werden sie ebenfalls frei für die seelische Tätigkeit und führen da zum freien Gebrauch des Willens auch im Gefühls- und Gedankenleben. Ein Teil dieser Kräfte bleibt zeitlebens im Organismus tätig und verbindet sich mit den dort wirksamen astralischen, ätherischen und physischen Kräften in der Stoffwechseltätigkeit und Kraftentfaltung.

In diese Ich-Organisation kann der ewige Wesenskern des Menschen, sein höheres Ich, hereinwirken. Dieses höhere Ich, die »ewige Entelechie« des Menschen, die durch die Entwicklungs- und Werdeerfahrungen vieler Verkörperungen geht, kann sich nicht in diesem einen Erdenleib mit seiner Begrenzheit verkörpern. Es kann geistig gesucht werden und die Seele erfüllen und erleuchten. Die Ich-Organisation befähigt zu seiner Suche und Aufnahme. Ihre Kräfte sind nicht so weise wie das Gefühl und nicht so differenziert und klug wie der Gedankenorganismus. Dafür sind sie jedoch entschieden bereit zur Arbeit an sich selbst und der Welt und fähig, sich durch diese Arbeit das eigene Selbst und dessen Beziehung zur Welt bewußt zu machen. Ihre großen Möglichkeiten sind der Entschluß und die Kraft zur Identifikation. In dem Maß, in dem sich das Ich mit Menschen, Dingen, Wesen, Vorgängen, Gedanken, Gefühlen verbindet und identifiziert, wächst sein Bewußtsein, seine Arbeitsmöglichkeit und Kraft. Paradoxerweise sagen wir alle zu uns »ich«, obwohl wir uns zugegebenermaßen erst wenig kennen. Und wir sprechen von »Selbstverwirklichung«, weil wir eben noch gar nicht verwirklicht sind – aber vorhaben, uns zu entwickeln. (Nur der Dreijährige weiß, wovon er spricht, wenn er zu sich »ich« sagt. Da schwingen noch keine Selbstzweifel mit, da ist noch kein Sich-in-Frage-Stellen, wie es im Jugend- und Erwachsenenalter dann geschieht, zu spüren.)

Aus diesem Grund wurde zu allen Zeiten auch immer von einer zweiten Geburt gesprochen, die auf die erste folgen muß. Die erste Geburt bringt das Wesensgliedergefüge unseres komplizierten Leibes zur Welt und befreit im Laufe der Wachstums- und Entwicklungsjahre aus ihm die ihn aufbauenden Seelen- und Geisteskräfte Denken, Fühlen und Wollen. Darin lebt dann, wie in einem Mutterschoß, der Kern der Persönlichkeit, das Ich-Wesen mit seinem Werdewillen, seiner Lern- und Handlungsbereitschaft und der Fähigkeit, Gewordenes zu verwandeln und Zukünftiges zu verwirklichen. Es geschieht jedoch im Laufe des Lebens bei fast jedem bewußten Menschen, daß eine Zeit kommt, in der er durch eine Krise geht, sich qualvoll in Frage stellen muß, ja sich zur Last werden kann bis dahin, daß es Menschen gibt, die sich »wegwerfen« wollen.

Denn die Geburt, die wir geschenkt bekommen, gibt uns noch nicht unser wahres Dasein, unser stabiles, im Geist gegründetes Selbstbewußtsein. Wir empfinden deutlich, daß wir noch nicht wirklich wir selbst sind, sondern es erst noch werden müssen, und daß gerade in dieser dunklen Situation der Resignation und der Verzweiflung ein Entschluß gefaßt werden muß. Aus »Feuer und Geist« müssen wir noch einmal geboren werden, das heißt, wir müssen uns entschließen, uns selbst »brennend zu wollen«, uns in die Hand zu nehmen, werden zu lassen und damit noch einmal neu zu schaffen. So sind wir dann nicht nur gottgewollt, sondern auch selbstgewollt. Gelingt es, diesen Willensentschluß zur Selbst- und Lebensbejahung zu fassen, so haben wir die zweite Geburt vollzogen und sind zu einem Ich-Erleben und Selbstbewußtsein gekommen, das jetzt unabhängig ist vom Leib und sich rein im Geistigen gegründet hat. Diese zweite Ich-Erfahrung ist zugleich ein tief religiöses Erlebnis, denn es ist wie eine Zwiesprache mit dem höheren Ich, das mit der Engelwelt und der Christuswesenheit in unmittelbarer Beziehung steht.

Von theologischer Seite wird der Anthroposophie immer wieder vorgeworfen, sie setze die Selbsterlösung oder das Prinzip der Selbstentwicklung an die Stelle der Gnade. Dies ist ein Irrtum. Vielmehr beschreibt die Anthroposophie die *Entwicklungsmöglichkeit* als *die Gnade*. Christus sagt: »Ich bin der Weg und die Wahrheit und das Leben; niemand kommt zum Vater denn durch mich.«[70] Das heißt, wenn wir Christus nachfolgen, gehen wir einen Weg. Gerade das ist die Gnade: einen Weg gehen und die Wahrheit *suchen dürfen*. Dieser Christusbotschaft vom Werden des Menschen möchte die Anthroposophie dienen.

So gesehen ist das Menschen-Ich ein großes Rätsel, und wir wissen noch sehr wenig von ihm. Eines ist jedoch sicher: *Der Mut ist im menschlichen Ich zu Hause*. Das Ich ist seiner Substanz nach reiner Wille, reine Bejahung, wie Nietzsche es sagt, ein heiliges Ja-Sagen – reiner Mut: Daseinsmut, Werdemut, Schicksals-, Selbstfindungs- und Welterkenntnismut – Mut schlechthin – Herzensmut.

Physischer Leib		Kraft
	Denken	
Ätherischer Leib / Lebensorganisation		Sicherheit
	Fühlen	
Astralischer Leib / Gefühlsorganisation		Vertrauen
	Wollen	
Ich-Organisation		Mut

Nicht nur in den Evangelien, sondern auch in fast allen bedeutenden Urkunden der Volksweisheit, den Märchen und Mythen, den germanischen Götter- und Heldensagen oder der Edda findet man in der Gestalt des Königssohnes oder des Helden diese Ich-Qualität und Mutfähigkeit dargestellt, mit der allen Schrecken ins Auge geschaut und durch Höllen gegangen werden kann. Letztlich überliefern sie alle die Botschaft, daß das mutige Ich sich auf der Erde verwirklichen darf, kann und soll.

In unserem mitteleuropäischen Kulturraum finden wir das Urbild des personifizierten Mutes in der Siegfried-Sage, die in bezug auf ihre Aussage dem oben geschilderten Ich- oder Mutbegriff sehr nahekommt. Siegfried wird als der Inbegriff des germanischen Helden dargestellt, der einen Drachen tötet, die Sprache der Vögel versteht und der weise, naturverbunden und mutig ist wie eine elementare Urkraft.

Er findet ein zerbrochenes Schwert, das er wieder schmieden und handhaben lernt. Es war seinem Vater im Kampf gegen den Gott Wotan zerbrochen. Das heißt, sein Vater hatte noch nicht die Kraft, sich seinem Schöpferwesen, der Gottheit, in Freiheit gegenüberzustellen, selbständig zu sein. Es geht nun die Sage, daß nur ein Held, der sich nicht fürchtet, in der Lage sein wird, dieses zerbrochene Schwert wieder zusammenzuschmieden.

Siegfried, der weder Vater noch Mutter kennt, wird im Wald bei Zwergen und Tieren aufgezogen, sozusagen auf sich gestellt. Das ist das mythologische Bild. Hier wird das Prinzip geschildert, daß man alles selbst machen muß, weil man nichts mehr geschenkt bekommt oder erbt. Es ist auch niemand da, der Siegfried Angst macht oder ihm etwas verbietet. Deshalb wächst er furchtlos als Naturkind heran, er gebraucht seine Kräfte, jagt wilde Tiere, bringt Bären mit nach Hause und erschreckt den Zwerg, in dessen Höhle er wohnt. Schließlich findet er das Schwert. Alle Menschen vor ihm haben versucht, es aus seinen Bruchstücken wieder zusammenzuschweißen, aber immer wieder ist es zerbrochen. Siegfried kommt aber jetzt auf den genialen Gedanken, die Schwertstücke in ihre feinsten Bestandteile zu raspeln, zu schmelzen und neu zu einem Schwert zu gießen.

Dies ist ein reines Bild für die menschliche Ich-Natur. Wir sind geschaffen, aber wenn wir uns nicht noch einmal durch eigene Tätigkeit vollständig neu erbilden und alles, was wir bekommen haben, bis ins Letzte nochmals selbst erwerben durch Interesse, Liebe und Verbindlichkeit, dann sind wir nicht selbständig, nicht verwirklicht und nicht wir selbst. Jeder Mensch muß sein Schwert nochmals neu schmieden, und fast jeder kennt das Erlebnis, daß es ihm einmal zerbricht und er mit seiner ganzen Existenz von vorne anfangen muß. Es ist also ein Wahrbild für die Ich-Natur, wie es der menschlichen Erfahrung des »Stirb und Werde« entspricht.

Wir fühlen uns dabei mit dem Ich in unserem Leib um so mutiger, je mehr *Vertrauen* im Gefühlsorganismus, je mehr *Sicherheit* im Lebensorganismus entstanden ist und je mehr *Kraft* sich im physischen Organismus entwickeln konnte. Wenn dagegen statt Vertrauen Angst vorhanden ist, statt Sicherheit Zweifel bestehen und statt Kraft Ohnmacht empfunden wird, dann haben wir mit dem Ich zunächst sehr viel zu tun, um auf diesen Ebenen erst einmal die Grundlage für unser eigenes Werden zu schaffen. Beginnen wir in dieser Situation damit, ordnend in das Seelenleben einzugreifen, so merken wir, daß hier ein geistiges Gesetz gilt, das im Neuen Testament lautet: »Wer hat, dem wird gegeben.« Denn die geringsten Fortschritte im Aufbau von Selbstvertrauen, Sicherheit und dem Willen, die Ohnmacht zu überwinden, bringt uns sofort ein größeres Stück weiter, als es diese kleine Anstrengung hätte vermuten lassen. Wir erleben die Gnade, daß der gute Wille in diese Richtung belohnt wird. Wer sich dagegen in Zweifel und Ängstlichkeit hängen läßt, erlebt, wie diese zunehmen und ihm auch noch den letzten Rest an Sicherheit rauben.

In solch einer labilen Situation rettet uns letztlich nur der Mut. Er wird dadurch gestärkt, daß wir unser eigenes Wesen im Denken erleben, wenn wir uns klarmachen, daß nur unser physischer Leib vergänglich ist und zerstört werden kann, nicht aber der Gedanken-, Gefühls- und der Willensorganismus. In ihnen lebt das Ich auch nach dem Tode fort mit seinem Schicksal und arbeitet geistig an den Wesensgliedern weiter, um die Voraussetzungen für eine zukünftige Körperlichkeit in einem nächsten Erdenleben zu schaffen.[71]

Demut

Die Fähigkeit, demütig sein zu können, steht in einem unmittelbaren Zusammenhang mit dem Grad an Mut, den man schon erlangt hat. Bei einem Kind können wir Demut noch als eine unbewußte Fähigkeit erleben, wenn es zum Beispiel andächtig vor dem Weihnachtsbaum sitzt. Doch Demut ist eine ganz andere Kraft, wenn ein Erwachsener es fertigbringt, ehrfürchtig vor einer Wahrheit, einer Lebenstatsache oder auch vor Gott zu stehen. Dazu gehört auch Mut. Denn man muß lernen, die Angst vor der Wahrheit, ja auch vor Gott zu verlieren. Diese Angst in wirkliche »Gottesfurcht« umzuwandeln, ist nur durch Demut möglich. Viele Menschen haben heute Angst vor der geistigen Welt. Man spürt die eigene moralische Unvollkommenheit so stark, daß schon der Gedanke, einem vollkommenen Wesen in die Augen schauen zu müssen, unerträglich ist. Dies trifft jedoch auch auf die Menschen untereinander zu. Wie leicht fällt es einem, einen anderen, der weiter entwickelt ist als man selbst, ehrlich anzuerkennen? Wie nahe liegt es, etwas zu finden, was man kritisieren kann, um sich von ihm distanzieren zu können? Und so wenig oft hervorragende Menschen ertragen werden können und man lieber hätte, sie seien genauso wie man selbst – beziehungsweise etwas weniger –, genauso wenig wird der Gedanke an eine Gottheit ertragen. Unser menschlicher Umgang miteinander wäre anders, wenn wir demütig sein könnten. Aber dadurch, daß wir uns selbst zum Maßstab für die Beurteilung anderer machen, ist das unmenschliche Miteinander auch ein Indikator für unsere Mutlosigkeit. Denn es gehört Mut und Sicherheit dazu, einem Größeren gegenüber nicht das Selbstbewußtsein zu verlieren und sich neben ihm klein und unbedeutend zu fühlen. So kann ein zeitgemäßer Begriff von Mut sein, zu seiner Unvollkommenheit zu stehen, weil man weiß, daß das Ich ein Werdendes ist, sich erst noch schaffen muß und sich nicht zu schämen braucht, daß es noch nicht seine volle Kraft und Stärke entfaltet hat.

Die eigene Unvollkommenheit zu ertragen, erfordert Mut. Deshalb ist eine Möglichkeit, Mutlosen zu helfen, ihnen Liebe und Zutrauen entgegenzubringen und dadurch ihre Selbstachtung und ihr Selbstvertrauen zu stärken. Bei einem Kind ist das noch vergleichsweise leicht. Man ruft seinen Namen, es geschieht durch Zuwendung, Vertrauen, Pflege oder durch die bloße Anwesenheit. Bei Erwachsenen hängt es davon ab, ob es gelingt, zu ihnen eine aufrichtige Beziehung aufzubauen. Anerkennenswertes und Problematisches müssen offen zur Sprache kommen können, getragen von dem Willen, sich im Leben zu helfen. Ein solcher Umgang stärkt und ermutigt das Ich.

Mann und Frau in der Partnerschaft

Wenn wir immer vorsichtig genug wären und uns mit Freunden nur von einer Seite verbänden, von der sie wirklich mit uns harmonieren, und ihr übriges Wesen nicht in Anspruch nähmen, so würden die Freundschaften weit dauerhafter und ununterbrochener sein. Gewöhnlich aber ist es ein Jugendfehler, den wir selbst im Alter nicht ablegen, daß wir verlangen, der Freund solle gleichsam ein anderes Ich sein.

JOHANN WOLFGANG GOETHE

Unterschiede im körperlichen und seelischen Bereich

In körperlicher Hinsicht sind Mann und Frau elementar verschieden. Die mit den sekundären und primären Geschlechtsmerkmalen einhergehenden Differenzierungen betreffen zum Beispiel:

	FRAU	MANN
Muskulatur	weniger	mehr
Fettansatz	mehr	weniger
Körpergröße	weniger	mehr
Verknöcherung des Kehlkopfes	nicht	vorhanden
Körpergewicht	weniger	mehr
Geschlechtsorgane	auf Empfangen und Reifen-Lassen hinorientiert	auf Geben und Entwicklung-Anstoßen hinorientiert
Brust	auf Geben hinorientiert, verletzbar	auf Zurückhalten hinorientiert, stabil

In seelischer Hinsicht korrespondieren ebenfalls signifikante Unterschiede zwischen den Geschlechtern. So besitzt das Denken des Mannes eine deutlich andere Arbeitsdynamik und einen anderen Duktus als dasjenige der Frau. Darauf wird im folgenden noch näher eingegangen.

Eine Frau kann sich durch Lernvorgänge und Übung viel von dem männlichen Denken aneigenen, so wie es umgekehrt auch für den Mann möglich ist, die weibliche Denkart bis zu einem gewissen Grad zu erlernen. Dennoch gibt es allgemeine Unterschiede zwischen dem männlichen und weiblichen Seelenleben, weil die seelische Entwicklung eng mit der körperlichen zusammenhängt und dort die Verschiedenheit evident ist. Es sei dies weiter verdeutlicht:

Bis zur siebten Woche sind in der Embryonalentwicklung der weibliche und der männliche Körper äußerlich völlig gleich gebildet, beide sind bisexuell veranlagt. Erst in der sechsten bis achten Woche »obliteriert« die jeweils entgegengesetzte Geschlechtsanlage, das heißt, sie bildet sich zurück. Erst zu diesem Zeitpunkt kommen die Geschlechtschromosomen im männlichen und weiblichen Organismus so zur Wirksamkeit, daß das jeweils andere Geschlecht sich wieder zurückbilden muß und nur kleine Rudimente vom anderen Geschlecht im eigenen Organismus zurückbleiben. Diese Rudimente, das heißt Reste der Organanlagen des anderen Geschlechts erinnern jedoch zeitlebens daran, daß der Mensch eigentlich androgyn beziehungsweise bisexuell veranlagt ist. Die potentielle Entwicklungsmöglichkeit für das andere Geschlecht bleibt sogar so effizient erhalten, daß sie zeitlebens zum Beispiel durch Hormongaben aktiviert werden kann. Wird eine Frau bei bestimmten Formen der Krebserkrankung mit männlichen Sexualhormonen behandelt, entwickelt sie eine tiefere Stimme, und der Kehlkopf kann verknöchern, wenn die Dosierung nicht niedrig genug gehalten wird. Sie kann dann auch normalen Bartwuchs entwickeln, wohingegen die Brustentwicklung zurückgeht; es dominieren mehr und mehr die männlichen sekundären Geschlechtsmerkmale. Dasselbe ist auch bei einem Mann zu beobachten, wenn er eine Östrogentherapie erhält. Er feminisiert, das heißt das Muskelgewebe nimmt zugunsten eines typisch weiblichen Fettansatzes ab.

Interessant ist nun, daß zur selben Zeit in der Embryonalentwicklung (7. Woche), in der das jeweils andere Geschlecht sich zurückbildet, gleichzeitig die Großhirnbläschen aussprossen, welche die Grundlage für das spätere Denkorgan bilden. Die Großhirnentwicklung vollzieht sich also parallel mit der Zurückbildung des entgegengesetzten Geschlechtes! Das Gehirn ist ein Organ, das schon bald nach der Geburt keinerlei zelluläre Neubildung mehr hat. Die Nervenzellen bilden sich nicht mehr neu, können nicht nachwachsen und sind noch dazu sehr empfindlich gegenüber Sauerstoffmangel. Sie können leicht absterben oder degenerieren. Es existiert daher eine völlige Polarität zu den Fortpflanzungsorganen, die ständig neue Zellen bilden und diese zur Reife bringen; im Gegensatz zum Gehirn findet hier intensive zelluläre Aktivität statt. Wer diesen Tatbestand nun im Zusammenhang mit der an anderer Stelle (Vgl. Seite 113 f. und Seite 129.) ausgeführten Metamorphose der Wachstumskräfte in Gedankenkräfte betrachtet, muß fragen, was nun mit jenen zurückgestauten Fortpflanzungskräften des jeweils anderen Geschlechtes geschieht, die physisch nicht zur Ausreifung der Organe verwendet werden. Diese Frage hat Rudolf Steiner beantwortet. Er hat erkannt, daß der Mensch mit solchen geistig gebliebenen, sich nicht physisch betätigenden Reproduktionskräften *geistig produktiv und reproduktiv* arbeiten lernt. Diese Reproduktionskräfte dienen dem Denken von vornherein. Ohne das Gesetz von der Metamorphose der Wachstumskräfte in Gedankenkräfte zu kennen, kann man den klassischen Unterschied im Seelenleben und Denken zwischen Mann und Frau zwar detailliert beschreiben, nicht aber wirklich verstehen. Denn die Grunddynamik im Denken der Frau rührt von den körperlich nicht aktiven männlichen Reproduktionskräften her – und umgekehrt.[72]

Man halte sich vor Augen, was die männlichen Fortpflanzungsorgane tun: Die Samenzellen werden im Hoden zur Reife gebracht, dann ausgestoßen, und es werden wieder neue gebildet. Es ist eine große Produktivität vorhanden, die jedoch nicht regelmäßig erfolgt, sondern sich an äußere Umstände anpaßt, das heißt, es besteht eine gewisse Umweltbezogenheit der Arbeitsleistung. Dies ist bei den Fortpflanzungsorganen der Frau nicht der Fall: Unabhängig von momentanen äußeren Umständen entwickelt sich einmal im Monat ein Ei zur vollen Reife heran, während sich die Uterusschleimhaut auf die Einnistung des Eies vorbereitet.

So stehen dem Mann für sein Denken die bei ihm körperlich nicht benützten Kräfte der weiblichen Fortpflanzungsorgane zur Verfügung. Umgekehrt besitzt die Frau geistig die schöpferische Potenz des Mannes, die dieser physisch verwirklicht hat. Auf diesem Tatbestand beruhen die klassischen Unterschiede im Denken von Mann und Frau, die in ihrer spezifischen Eigenart – von individuellen Ausprägungen und Lernmöglichkeiten selbstverständlich abgesehen – etwas beleuchtet werden sollen. Zum Beispiel: *Sie* kommt vom Einkaufen, und *er* wundert sich, daß sie Dinge mitbringt, die nicht verabredet waren. Auch schreibt sie nie Einkaufszettel, da sie ja »in etwa« weiß, was sie besorgen will. Sie hat Freude daran, den Einkauf spontan, umweltoffen und von außen anregbar und veränderbar zu tätigen. *Sie* hingegen wundert sich, daß *er* in der Regel exakt nur das besorgt, was er sich vorgenommen hat oder was auf dem Zettel stand, den er sich zu ihrer geheimen Belustigung immer wieder schreibt, um auch nichts zu vergessen.

Ein ähnliches Verhalten liegt auch bei Urlaubsplanungen vor oder bei Problemen, die besprochen werden müssen. So kann es vorkommen, daß die Partner ein bestimmtes Problem im Prinzip zu Ende besprochen und für sich gelöst haben. *Er* ist dankbar, daß das jetzt ein für allemal besprochen und klar ist. Plötzlich kommt *sie*, vielleicht angeregt durch irgendein Ereignis, mit einer ganz neuen Idee und möchte das Ganze doch noch einmal von vorne durchsprechen. *Er* kann das nicht verstehen, weil für ihn die Sache erledigt war, und *sie* meint, daß neue Gesichtspunkte dazugekommen sind, an die sie beim Gespräch neulich noch nicht gedacht hat.

Auch wenn er sich darauf einläßt und wirklich nochmals von vorne beginnt, kann er *nie* sicher sein, für wie lange das Gesprächsergebnis gültig ist. Oder: *Er* kommt nach Hause, hat einen anstrengenden Tag hinter sich und freut sich, daß er einen ruhigen Abend genießen kann, und *sie* ist erpicht darauf, daß jetzt etwas los ist. Auch hier prallen unterschiedliche Seelenarten aufeinander, und die Frage ist nicht, wer sich mit seinen Bedürfnissen durchsetzt, sondern ob man die elementare Verschiedenheit und Bedürftigkeit der jeweils andersgeschlechtlichen Konstitution versteht und dies in die eigene Vorgehensweise einbeziehen beziehungsweise berücksichtigen kann.

Männer müssen lernen, sich vorzustellen, daß das, worauf sie im physischen Bereich oft stolz sind – auf ihre männliche Potenz – genau das ist, was sie an dem »typisch weiblichen Denken« und dem dadurch geprägten Verhalten manchmal ärgert, manchmal auch erfreut: Spontaneität, Offenheit, das Anregende und das Sich-von-allem-möglichen-gefangen-nehmen-lassen-Können, eine enorme seelische Energie, die sich auch bündeln und beharrlich auf bestimmten Punkten bestehen kann, auf die – »bohrend« – immer wieder zurückgekommen wird. Oder es muß auf der Stelle sein: »Die Sache *muß jetzt* besprochen werden!« Gerade dieses Nicht-locker-Lassen bis man das Ziel erreicht hat, ist eine seelische Kraft, die der Frau konstitutionell gegeben ist. Daher fällt es ihr auch schwerer, schwierige Dinge erst einmal auf sich beruhen oder Urteile reifen zu lassen. Genau die Fähigkeiten, die sie körperlich besitzt, fehlen ihr bis zu einem gewissen Grad geistig und müssen von ihr bewußt erlernt werden.

Männer haben dagegen dasjenige geistig zur Verfügung, was ihnen körperlich fehlt. Empfänglichkeit für Anregungen, sich abschließen können, reifen lassen, warten und bei der Sache bleiben können. Damit ist in ihnen aber auch gedanklich die Tendenz zur Engigkeit und Sturheit angelegt, nicht so ohne weiteres auf Fremdes und Andersartiges eingehen zu wollen. So ist auch ein gedankliches Treusein für den Mann einfacher durchzuhalten, so wie es für die Frau körperlich einfacher ist.

Das partnerschaftliche Zusammenleben von Mann und Frau wird vor allem dann fruchtbar und schön, wenn man die Andersartigkeit des Partners nicht nur bejahen und einbeziehen, sondern auch lieben lernt. Dann wird der Mann sich nicht abweisend verhalten, sondern sich geistig anregen lassen und das von ihr Kommende ernstnehmen, weiterführen und zur Reife bringen helfen. Umgekehrt wird es der Frau dann eher möglich sein, seine ruhigeren und ordnenden Fähigkeiten zu respektieren und für sich selbst auch zu erwerben.

Im Gefühlsbereich finden wir ebenfalls typische Unterschiede. (Vgl. auch S. 66.) Besonders charakteristisch ist, daß das Gefühlsleben der Frau ein einheitlicheres Gepräge hat als dasjenige des Mannes. Dies kommt dadurch zustande, daß es stärker an das Gedankenleben angeschlossen ist, wohingegen dasjenige des Mannes mehr an den Willen und die Tätigkeit der Sinnesorgane gebunden bleibt. So ist die Frau seelisch abhängiger von dem, was sie gerade denkt. Probleme können viel schneller seelisch zu Verstimmungen führen als beim Mann, wenn es ihr nicht gelingt, die Sache für sich rasch gedanklich zu ordnen. So wie das Gedankenleben Ordnung, Zusammenhang und Überschau braucht und unklare Bezirke nicht schätzt, so spiegelt auch das Gefühlsleben der Frau diese Einheitlichkeit wieder. Im Gegensatz dazu hat das Gefühlsleben des Mannes – den Sinnesorganen verwandter – verschiedene Bezirke, die er voneinander abgrenzen kann. Daher fällt es ihm auch leichter, gefühlsmäßig »ein Auge zuzudrücken« oder etwas wegzustecken und aus dem übrigen Seelenleben zu isolieren.

Es hat mir unter diesem Gesichtspunkt einmal sehr eingeleuchtet, als ein Kollege zu mir sagte: »Wie gut, daß die Seele (das Gefühlsleben) des Mannes ›Taschen‹ hat. Da kann man einfach bestimmte Dinge verschwinden lassen und beruhigen. Frauen müssen sich das mühsam erarbeiten.« Bei ihnen hängt alles miteinander zusammen und voneinander ab. Daher können sie auch bei eigentlich harmlosen Dingen mit intensivem seelischen Engagement reagieren und wirken viel emotionaler, als sie eigentlich sind. Oder sie bewahren – wenn es wirklich gefährlich wird oder um etwas geht – plötzlich in bewundernswerter Weise die volle Ruhe, weil sie das Wesentliche im Auge haben und so alles Unebene vernachlässigen können. Allein das zu wissen und im Umgang miteinander zu berücksichtigen, trägt viel zu einer harmonischen Partnerschaft bei.

Im Willensbereich sind ebenfalls gewisse Unterschiede zu erleben. Sehr stark wird dabei das Willensvermögen vom Gefühlsverhalten geprägt, denn die Motivation, dieses oder jenes zu wollen, ist weitgehend Gefühlssache. Dabei erfährt die Motivation aus zwei Quellen Antrieb: aus der Begeisterung und Sympathie für eine Sache (Gefühl) und aus der Einsicht (Denken). Der Mann läßt sich lieber durch das Denken leiten. Er verläßt sich nicht gern auf sein Gefühlsleben, das er mehr körperlich-persönlich empfindet; er muß einsichtig sein können, damit er motiviert ist. Die Frau muß hingegen nicht alles einsehen, wenn oder gar bevor sie etwas tut. Sie erlebt ihr Gefühlsleben durch die stärkere Verbindung mit dem Gedankenleben umfassender und objektiver. So kann sie sich auch für Dinge begeistern, die ihr gefühlsmäßig klar sind, auch wenn noch nicht alle diesbezüglichen Faktoren bewußt bedacht und verstanden sind. Sie vertraut ihrem Gefühl, da sie dessen stärkeren Anschluß an das Gedankenleben empfindet und so auch die Weisheit des Gefühlslebens erlebt, die oft über das rational Überlegte hinausreicht. Sie kann sagen: »Ja, wenn du warten willst, bis du alles verstanden hast, bleiben wichtigste Dinge ungetan! Man muß doch jetzt und hier handeln! Siehst du das denn nicht …« Das Sehen allein reicht dem Mann nicht aus, er möchte auch verstehen, während die Frau aus einer unmittelbaren Gefühlsreaktion heraus schon in die Handlung kommen kann – und oft auch durch die Tatsachen hinterher Recht bekommt.

Gemeinsamkeiten auf geistiger Ebene

Die Tatsache, daß gegenwärtig mehr von Partnerschaft als von Ehe gesprochen wird, macht deutlich, daß das Individuelle in der Beziehung stärker betont wird. In dem Begriff »Ehe« wird das Individuelle in das Gemeinsame aufgenommen, während das Wort »Partnerschaft« von vornherein klarstellt, daß es sich hier um zwei Menschen handelt, die nicht nur zusammen auskommen, sondern auch ihre Individualität in der Gemeinsamkeit aufrechterhalten möchten. Insofern trifft »Partnerschaft« auch viel eher auf die Form der heutigen Beziehung zwischen den Geschlechtern zu als die Bezeichnung »Ehe«. Auch wird das, was früher der Ehe den Namen gegeben hat – die eheliche Verbindung der Geschlechter –, heute gerade nicht mehr als *das* Wesentliche und Tragende in der Beziehung angesehen. Andere Werte stehen im Vordergrund. Man wünscht sich von einer Partnerschaft in erster Linie Verständnis füreinander, Akzeptanz der eigenen Freiheit, Ehrlichkeit im Umgang und Zuverlässigkeit bei Absprachen. Im Vordergrund steht die Suche nach gegenseitigem Verstehen, nach seelischer und geistiger Gemeinsamkeit, Geborgenheit und dem sich auf einer bestimmten Wegstrecke gegenseitig Helfen.

Die AIDS-Gefahr hat dazu geführt, durch Umfragen ermitteln zu lassen, wie viele Geschlechtspartner, ob verheiratet oder nicht, die Menschen in wie vielen Jahren hatten. Dabei wurde deutlich, daß die ausschließliche eheliche Beziehung im klassischen Sinne in vielen Bereichen eher die Ausnahme darstellt. In die gleiche Richtung weist auch die Tatsache, daß der Trend zum Ein-Personen-Haushalt ungebrochen anhält. Im Durchschnitt stieg in der Bundesrepublik Deutschland die Zahl der Single-Wohnungen seit 1992 von 33,7 auf etwa 35 % an. In Großstädten wie München liegt der Anteil sogar bei über 50 %! – Auch dies sind Zeichen einer immer weiter zunehmenden Individualisierung. Diese Tendenzen, sowie die häufig auftretende Schwierigkeit, Ehe und Partnerschaft noch einen Sinn zu geben, verdeutlichen, daß die Persönlichkeitsentwicklung – allein und in Gemeinschaft – zu einem zentralen Problem geworden ist. Fragt man Betroffene, warum sie sich trennen, so erhält man oft die Antwort, daß sie sich durch den anderen in ihrer Persönlichkeitsentfaltung und -entwicklung behindert gefühlt haben. Letztendlich ist es ein Gefühl der Unfreiheit und die Unfähigkeit, an den dafür verantwortlichen äußeren und inneren Ursachen zu arbeiten. So ist es verständlich, daß man heute lieber von »Lebensphasengemeinschaft« oder vom »Lebensabschnittsgefährten« spricht und nicht mehr so optimistisch vom Lebensgefährten. So wird einem auch bei Begegnungen immer öfter der Partner für die jetzige Lebensphase vorgestellt. In diesem Zusammenhang stellt sich noch eindringlicher die Frage, welche besondere Bedeutung menschliche Verbindungen – zumal dauerhafte – eigentlich haben.

Daß zwei Menschen, die physisch und seelisch verschieden veranlagt sind, Gemeinsamkeit erleben können, gehört ebenso zu den Daseinsrätseln wie die Tatsache, daß es eine Ebene des Begegnens gibt, die sich unabhängig von Alter und Geschlecht nur auf das rein Menschliche bezieht. Das Faszinierende dabei ist, daß dieses Allgemein-Menschliche in Kindheit, Jugend und Alter sich auch auf männliche und weibliche Art darleben kann. Mit der Verschiedenheit sind zugleich aber auch sämtliche Schwierigkeiten veranlagt, die zu Konflikten Anlaß geben können. Denn wenn das Allgemein-Menschliche das individuell-persönliche Sich-Verbinden und Sich-Kennen nicht genügend durchzieht und trägt, können jene verschiedenen menschlichen Qualitäten, die durch die seelische und körperliche Konstitution bedingt sind, wie Jugend und Alter, männlich und weiblich, auch wieder entscheidend dazu beitragen, eine Beziehung zu stören.

Dieses Allgemeinmenschliche, Mann und Frau immer Verbindende, betrifft die Ich-Natur, die allen Menschen gemeinsam ist.[73]

Ob Mann, Frau oder Kind – alle sagen zu sich selber »Ich«. Wenn es Eltern und Erziehern gelingt, vom ersten Lebenstag an das Ich des Kindes ernst zu nehmen, so ist bereits eine Einstellung zum Kind gewonnen, die für seine ganze Entwicklung die entscheidende Hilfe und Stütze sein wird. Wenn es weiter gelingt, daß trotz aller notwendigen Vorbildfunktion, Zurechtweisung, Hilfestellung und Versorgung immer das Empfinden vorherrschend bleibt: Hier ist ein Mensch zu mir gekommen, ins Haus beziehungsweise in die Schule, der von mir erwartet, daß ich ihm helfe, möglichst gut und kräftig zu sich selbst und zu seiner Lebensaufgabe hinzufinden, dann ist die Voraussetzung für ein starkes Selbstbewußtsein und für Selbstsicherheit geschaffen. Der im Kind schon anwesende spätere Erwachsene, der sich jetzt noch nicht kennt, so wenig wie ich ihn kenne, wartet darauf, Monat für Monat, Jahr für Jahr mehr von sich zu erfahren und genauer zu wissen, warum er sich in diesen Lebenszusammenhang herein begeben hat. Dieses Kind ist nicht mein Besitz, dieses Kind ist auch Teil, Partner meines Lebens und will mit meiner Hilfe lernen, seine Weiterentwicklung in die Hand zu nehmen.

Wenn diese Einstellung gelingt, ist der Lebensraum in Elternhaus und Schule von einer Haltung geprägt, die trotz klarer Hilfestellung und, wo nötig, auch Führung doch immer einen Freiraum schafft, der es erlaubt, möglichst viele Erfahrungen »selbst« zu machen. In der Partnerschaft hingegen verhilft diese Einstellung dazu, sich sowohl das Trennende als auch das Verbindende, das mit diesem »Selbst«, mit dieser Ich-Natur verbunden ist, genügend klarzumachen. Denn das Ich ist im wahrsten Sinne des Wortes ein zweischneidiges Schwert. In der Apokalypse des Johannes wird von Christus gesagt, daß aus seinem Munde ein zweischneidiges Schwert hervorgeht. Mit keinem treffenderen Bild kann man die Doppelnatur des Ich charakterisieren. Liegt es doch im Wesen des Ich begründet, daß einerseits jeder einzelne Mensch zu sich selbst Ich sagt, und daß andererseits dies *alle* anderen Menschen auch tun. So liegt nicht nur die Möglichkeit im Ich, sich vollständig abzuschließen, auf sich selbst zu besinnen und zu isolieren – und dies auch zu brauchen, um zu sich zu kommen –, sondern es liegt in ihm auch die Fähigkeit veranlagt, sich nicht nur mit Freunden und Bekannten zu verbinden, sondern sich letztlich auch der ganzen Menschheit angehörig und verbunden zu fühlen. Um dieses zu können – sowohl das eine wie auch das andere – bedarf das Ich geeigneter Arbeitsinstrumente. Und diese stehen ihm insbesondere in Form seiner Seelenfähigkeiten des Denkens, Fühlens und Wollens zur Verfügung.

Wir können so denken, daß wir das Denken dazu benützen, uns über uns selbst klar zu werden und uns zunächst einmal von unserer Umwelt zu distanzieren. Wir können dieses Denken aber auch dafür verwenden, uns über die Welt aufzuklären und uns unseres Zusammenhangs mit ihr bewußt zu werden. Ebenso kann es dazu verwendet werden, sich über das, was uns mit dem Lebens- beziehungsweise Ehepartner verbindet oder von ihm trennt, bewußt zu werden und es normal zu finden, daß es diese beiden Seiten auch in der Partnerschaft geben muß, wenn es sich hier um ich-begabte Menschen handelt. Es *kann nicht nur das Verbindende* geben. Entsprechend ist es mit dem Fühlen. Es ist wohltuend, sich hin und wieder ganz in sich selber zu verschließen und die damit verbundene Einsamkeit, verbunden mit Lebensfreude und/oder Trauer als Stärkung des Selbstbewußtseins zu erleben. Und wie wohltuend ist es dann auch wieder, sich mit Hilfe des Fühlens und der Mitleidsfähigkeit engstens angeschlossen zu erleben an andere Menschen, an Schicksale, Aufgaben und wichtige Zeitfragen. Diese gefühlsmäßige Anteilnahme ist die entscheidende menschenverbindende Kraft, deren Stärke einem oft erst dann voll bewußt wird, wenn eine Beziehung zu zerbrechen droht und dadurch erst richtig bemerkt wird, wieviel Kraft man aus dem Gefühl der Gemeinsamkeit bezogen hat. Auch auf der Handlungsebene gibt es beide Möglichkeiten: etwas ganz für sich alleine zu tun oder für und mit dem anderen. Will man nun in Ehe und Partnerschaft das Gemeinsame pflegen, insbesondere das stärkende Zusammengehörigkeitsgefühl, so gelingt dies um so anhaltender, je mehr es seine Wurzeln im Verständnis des menschlichen Ich hat.

Im Griechischen gibt es nur ein Wort für »Wesen« und »Substanz«: Ousia. Wir sind auf dieses spirituell Substantielle im Zusammenhang mit den drei Kernidealen schon zu sprechen gekommen. (Vgl. Seite 94ff.) Christus sagt von seinem Menschen-Ich: »Ich bin die Wahrheit« und: »Ich bin unter euch, wenn ihr einander liebt« und: »Ihr werdet die Wahrheit erkennen und die Wahrheit wird euch frei machen«, was bedeutet: Ihr werdet mich (die Wahrheit) erkennen, und das wird euch – das heißt euer Ich – befreien und zu sich selbst führen. Kann man in einer Partnerschaft verabreden, diese drei Ich-Qualitäten – Wahrhaftigkeit, Liebe und Freiheit – zu üben, so hat man sich auf geistiger Ebene im wesentlichen verbunden. Dann lebt man in einem gemeinsamen Entwicklungsstrom und fühlt die Nähe des anderen in jedem Augenblick, in dem man sich auf dieses Versprechen und die damit verbundene innere Arbeit besinnt. Denn jene drei Eigenschaften gelten in gleicher Weise für die Charakterbildung und Entwicklung von Mann und Frau, und sie sind auch das, was für die Erziehung der Kinder die entscheidende Orientierung gibt. Es sind die drei wichtigsten Qualitäten, die die Würde des Ich ausmachen, diese begründen, erhalten und pflegen.

Auch wenn der Entschluß, diese Qualitäten zu üben, nicht gemeinsam gefaßt und als das Verbindende angesehen werden kann, so wird man doch immer wieder auf sie stoßen und vor allem ihre Abwesenheit schmerzhaft bemerken. Wie störend und unterminierend wirkt sich eine auch noch so verborgene Verlogenheit auf eine Partnerschaft beziehungsweise Ehe aus! Wie oft führt das sogenannte Mitleid mit dem anderen dazu, ihm wichtigste Dinge, zum Beispiel die Freundschaft mit einem neuen Menschen, zu verheimlichen beziehungsweise zu verharmlosen, anstatt daran zu arbeiten, diese neue Beziehung in den gegenwärtigen Schicksalszusammenhang konstruktiv und unter Mitarbeit des anderen zu integrieren. So manche »Nebenbeziehung« würde andere Formen annehmen und für alle Beteiligten zum größeren Gewinn gereichen, wenn von Anfang an offen über sie gesprochen werden könnte. Entsprechend ist es mit den vielen kleinen und großen Lieblosigkeiten, die eine Beziehung belasten können. Hier steht an vorderster Stelle der Mangel an gegenseitiger Anerkennung. Wieviel Neigung ist doch immer da, seine Stärke dem anderen gegenüber zu zeigen, gewissermaßen ständig auf diesem und jenem Gebiet in geheimer Konkurrenz zu sein oder aber die Fähigkeiten des anderen zu wenig wahrzunehmen und zu bestätigen. (Hierzu gehört auch die Fähigkeit, daß der andere es schon so lange mit einem aushält ...)

Und schließlich die Unfreiheiten: Welche Belastung stellen sie in jeder Beziehung dar! Ja, sehr oft ist es dieses Element der Unfreiheit, in dem sich der eine oder andere Partner erlebt, das ihn dazu verleitet, sich geheime Spielräume zu suchen, in die der andere nicht hereinreden kann beziehungsweise Kontrolle nicht möglich ist. Damit wird deutlich, daß die empfindlichsten Störfaktoren und Belastungen einer Partnerschaft auf dem Mangel an Ich-Präsenz beruhen, dem Mangel an Wahrhaftigkeit, Liebe und Freiheit. Gelingt es nicht, auf dieser geistigen Ebene zur Gemeinsamkeit zu kommen und sich des gemeinsamen Wollens in Richtung der drei Ideale bewußt zu werden, so fehlt der Beziehung der entscheidende Halt in Krisenzeiten, wenn es seelisch und körperlich einmal nicht so gut klappt. Umgekehrt kann natürlich auch Harmonie der körperlichen und/oder seelischen Beziehung lange Jahre Gemeinsamkeit schenken, auch wenn man sich geistig nie richtig verständigen konnte und den anderen eigentlich noch nicht gefunden hat.

Gemeinsamkeit als Entwicklungsraum

Wenn es gelingt, daß sich beide Partner klarmachen, wie einseitig sie jeweils sind, ist viel gewonnen. Der eine ist zu gedanklich und abgeschlossen, der andere zu emotional beziehungsweise zu umweltoffen. Der eine handelt lieber, wenn er etwas verstanden hat, und ist deshalb in Gefahr, bisweilen zu spät zu kommen oder gar nicht mehr zu handeln. Der andere hingegen handelt schon, bevor er etwas verstanden hat, und ist deshalb in Gefahr, zu früh zu sein und eher etwas zu schnell getan zu haben. Keiner steht mit *der* richtigen Verhaltensweise im Leben, sondern das Richtige, das Liebevolle und das Freilassende kann nur durch – möglichst gemeinsame – Arbeit erworben und getan werden.

Viele potentielle Konflikte, die sich aus den allgemeinen und individuellen Unterschieden zwischen den Partnern ergeben, können dadurch entschärft werden, daß zu den drei genannten Kernidealen für das Zusammenleben noch ein viertes hinzutritt: das Ideal der Entwicklung. Entwicklung ist immer mit Veränderung verbunden. Sie hat Vergangenheit und die damit verbundenen Erfahrungen. Sie hat aber immer auch Zukunft vor sich und damit Hoffnung, Perspektive. Ihre Gegenwart besteht aus Lernprozessen. Gelingt es, in den Spannungen des Alltagslebens, in den persönlichen und sachlichen Problemen beziehungsweise Auseinandersetzungen immer wieder Momente zu finden, in denen man sich fragen kann, warum man eigentlich diese und keine anderen Probleme hat, was sie mit der eigenen Entwicklung zu tun haben müssen – denn sonst hätte man sie ja wohl nicht –, so ergeben sich neue Gesichtspunkte für den eigenen Entwicklungsweg. Es kommen dann Einfälle, was gerade durch dieses Problem, durch jene Fragestellung gelernt werden kann. Wenn es in der Partnerschaft möglich ist, über das Ideal menschlicher Entwicklung und die damit verbundenen Lernprozesse immer wieder zu sprechen und auch rückblickend das eine oder andere ungelöste Problem im Hinblick auf dieses Ideal anzuschauen und zu versuchen, herauszufinden, was es einem sagen und zu was es einem verhelfen wollte – so ist damit das beste Vorbeugungsmittel dafür gegeben, daß sich Probleme oder Spannungsverhältnisse nicht fixieren.

Hätte man Goethe seinerzeit gefragt, welche Bedeutung für ihn Gemeinschaftsbildung, Freundschaft, Partnerschaft und Familie haben, so hätte er wohl geantwortet, daß er *all* seinen Lebensbegegnungen dasjenige verdankt, was er geworden ist, und daß er keine dieser Erfahrungen missen möchte. Es geht dies aus seinem Werk deutlich hervor. Deshalb ist es auch so wohltuend, Goethes Biographie zu lesen. Jede Krise, jede Krankheit, jedes persönliche Versagen, aber auch jeder Höhepunkt wird von ihm mit Blick auf die Folgen für die eigene Entwicklung betrachtet und gewürdigt. Beeindruckend ist dabei, mit welcher Dankbarkeit er auf die vielen Begegnungen hinschaut und es versteht, *jeder Beziehung treu* zu bleiben, die er eingegangen ist – sein Leben lang. Betrachtet man sein Hauptwerk, den *Faust*, das ein Werk der Lebensmitte, eine Bilanz und ein Drama der *midlife-crisis* ist, erkennt man, daß Goethe trotz aller Liebe und Freundschaft, die er genossen, und trotz allem, was er gelernt und studiert hatte, durchaus fähig war, Verzweiflung, Einsamkeit und Unwissenheit zu empfinden und zu durchleiden. Er suchte eine neue Identität für die zweite Lebenshälfte, weil die Ideale der Jugend so nicht mehr trugen und der Verwandlung bedurften.[74]

Wenn wir für uns selbst auch versuchen, einmal unser Leben daraufhin anzuschauen, was wir den guten, aber auch den problematischen Begegnungen verdanken, so können wir ganz erstaunliche Entdeckungen machen. Wir können bemerken, daß letztendlich *alles*, was uns im guten wie im schlechten getroffen hat, und alles, woran sich unsere Lebensziele geformt haben, aus den verschiedenen zwischenmenschlichen Begegnungen hervorgegangen ist, und daß wir gerade auch den schwierigen Begegnungen Einsichten verdanken, die uns die erfreulichen nicht vermitteln konnten.

Neuere Untersuchungen auf dem Gebiet der Gerontologie in bezug auf das »Partnerverhalten im Alter« haben ergeben, daß es vor allem vier Fähigkeiten sind, die es auch im Alter noch ermöglichen, in der Gemeinsamkeit fruchtbare Anregungen für die Entwicklung zu erfahren.

1. Die *Besonderheit* des anderen annehmen. Bis diese Fähigkeit erworben ist, können durchaus viele Jahre vergehen. Denn so lange man noch verliebt ist, nimmt man diese Besonderheiten viel schwerer wahr. Und auch wenn man sie zum Beispiel erst mit vierzig Jahren erkennt – sie dann unter Umständen sogar negativ findet und nicht damit umgehen kann – bleibt doch das Wesentliche, *daß* man sie wahrzunehmen gelernt hat und daran arbeitet, sie in das Bild der Persönlichkeit des anderen zu integrieren.

2. *Eigene Interessen verwirklichen, ohne den anderen damit zu verletzen.* Oft ist man ja vor die Situation gestellt, daß man etwas unternehmen möchte, das anregend ist, und der Partner möchte eigentlich gerne mitmachen, aber jetzt paßt das nicht oder es geht nicht. Oder man hat Wünsche, die der andere nicht teilt. Jetzt eine Form zu finden, das eigene Anliegen doch durchzuführen, ohne daß beim anderen Verletzungen entstehen, ist die Aufgabe. Es so besprechen, daß er sich mitfreuen kann und danach trachten, ihm an anderer Stelle entgegenzukommen.

3. Beherrschen des Wechselspiels zwischen *Sich-Öffnen* und *Sich-wieder-Zurückziehen.* Viele Menschen wissen aus eigener Erfahrung: Gibt man sich zu stark hin, kommt irgendwann der Punkt, an dem es kritisch wird. Man hat sich zu stark ausgeliefert und fühlt sich leer und irdendwie ausgenützt. Zieht man

sich aber zu stark zurück, dann entschwindet die Gemeinsamkeit. Es ist nötig, diesen Pendelschlag zwischen dem einen und dem anderen zu erlernen und zu kultivieren.

4. Die vierte Voraussetzung ist besonders wichtig. Es ist die *Fähigkeit, Konflikte* als etwas *anzusehen,* was zum Leben *mit Notwendigkeit* dazugehört. Es gibt ja heute den beredten Ausdruck, jemand sei »konfliktfähig«, und es ist tatsächlich die entscheidende Frage, ob ich fähig zum Konflikt bin oder ob ich ihn ablehne und versuche, ihn mit allen Mitteln zu verhindern und dadurch möglicherweise größer mache, als er eigentlich ist. Denn selbst die harmlosesten Konflikte können sich zu wahren Monstren aufblähen, wenn man versucht, sie zu vermeiden oder zu umgehen. Ist man hingegen konflikt- und krisenfähig, so hat man die Möglichkeit, den Konflikt als etwas Gemeinschaftsbildendes anzusehen: »Wie erlebt jeder von uns den Konflikt? Was können wir daraus für die Gestaltung unserer Beziehung lernen?« Krisen als Zeiten der Öffnung, der Verwandlung zu verstehen, hilft, sie zu bewältigen.

Schicksalsinteresse und Wiederverkörperungsidee

Jede Biographie ist einmalig und jeder Lebenslauf ein Entwicklungsweg. Je mehr wir uns sowohl für die Einmaligkeit als auch für die Entwicklungsmöglichkeiten im Lebenslauf interessieren, desto persönlicher und menschlich erfüllender kann die Lebensgemeinsamkeit werden. Die Arbeit an der eigenen Biographie und deren Schulungselementen ist zugleich die wichtigste Voraussetzung, um die Biographie des anderen mit dem nötigen Interesse und Verständnis anzuschauen und zu befragen. Was beim Kennenlernen zweier Menschen, die sich entschließen zusammenzubleiben, eigentlich immer früher oder später geschieht, ist, daß man sich gegenseitig erzählt, wen man vor dieser Freundschaft beziehungsweise Liebe schon geliebt hat, und was sonst noch für das gegenseitige Kennenlernen wichtige Lebensereignisse gewesen sind. Oft läßt dann diese Offenheit und Bereitschaft, Persönlichstes von sich zu erzählen, relativ bald nach. Sei es, daß das Leben anderes von einem fordert und kein besonderer Anlaß mehr dafür gegeben ist, sie weiter zu pflegen, oder weil bereits erste Enttäuschungen stattgefunden haben und man beginnt, sich zu verschließen in der Meinung, daß einen der andere doch nicht so in der Tiefe versteht, wie man das anfangs geglaubt hat. In solcher Situation ist es zunächst hilfreich, damit anzufangen, sich mit der eigenen Biographie zu beschäftigen. Dafür steht heute als Hilfsmittel eine umfangreiche Literatur zur Verfügung, ganz abgesehen davon, daß es auch an vielen Orten spezielle Biographieberatung und Biographiearbeit gibt.[75]

Aufgrund dieser Arbeit erwachen dann neue Fragen – an sich selbst und den anderen. Einsichten und auch Verständnismöglichkeiten zeichnen sich ab, die helfen können, die eigene Verletztheit zu überwinden und dem anderen wieder mit Unbefangenheit und Interesse zu begegnen. Entscheidend ist jedoch, ob man dieses *will* oder nicht. Denn man hat immer Gründe, auch nicht zu wollen, und diese gilt es zu durchschauen und ihren letztlich lähmenden und destruktiven Charakter zu entdecken.

Die Beschäftigung mit der eigenen Biographie bringt es auch mit sich, sie in ihrer Einmaligkeit als Ausschnitt aus einer umfassenderen Entwicklung anschauen zu lernen. Denn man kam schon mit ganz bestimmten Fähigkeiten in eine so oder so und eben nicht anders geartete Familienkonstellation hinein, und die Frage liegt nahe, warum das nicht anders gekommen ist. Und man erlebt auch, wie vieles an Wünschen, Erwartungen und Hoffnungen in einem Leben sich mit Sicherheit nicht erfüllen lassen und wie vieles man mit in den Tod nehmen wird. Die Frage, woher wir kommen und wohin wir gehen, stellt sich ein und öffnet den Blick für die Tatsache der Wiederverkörperung als *der* Entwicklungsgesetzmäßigkeit für den Menschengeist. Das menschliche Ich, der Kern der Persönlichkeit, geht durch wiederholte Erdenleben hindurch und wird in jedem Leben zu einer anderen Persönlichkeit, dank der speziellen Körperkonstellation, Erdgegend, Geschlechtszugehörigkeit und weiteren Schicksalsgestaltung. Das Ich nimmt die Erfahrungen aus den verschiedenen Lebensläufen in sich auf und gewinnt so ein immer umfassenderes Bewußtsein davon, was Menschsein und Menschlichkeit in Wahrheit sind. Die Erkenntnis der Tatsache der wiederholten Erdenleben hat etwas ungemein Befreiendes, aber auch Heilsames für jede konkrete Schicksalssituation. Man kann nun in der scheinbaren Enge und Unausweichlichkeit bestimmter Lebenstatsachen Lernbedingungen erkennen für ganz bestimmte Fähigkeiten, die man nur in dieser scheinbaren Zwangssituation erreichen kann. Denn jede Fähigkeit braucht, um erworben zu werden, das Einhalten bestimmter Lernbedingungen. Das beginnt mit der Art und Weise, wie wir den Führerschein machen, was wir für Studium und Berufsausbildung brauchen – immer sind es ganz bestimmte Konstellationen, Lernvorgaben und Bedingungen, an die wir uns halten müssen, wenn wir die gewünschte Fähigkeit erlangen wollen. Ist sie einmal erreicht, so können wir in freier Weise damit umgehen. Und so mag ein ganzes Leben im Zeichen bestimmter und vielleicht auch belastender und schwieriger Lebens- und Arbeitsbedingungen stehen.

Was aber unter solchen Lebensbedingungen gelernt wird, steht dann in einem nächsten Erdenleben als angeborene, mitgebrachte Fähigkeit, ja unter Umständen sogar als Genialität zur freien Verfügung. Es hat – so wie jedes Lernergebnis – *unabhängig* von den

Bedingungen, unter denen man es erreicht hat – seine Bedeutung. So hängen Notwendigkeit und Freiheit in jedem menschlichen Schicksal zusammen. Lernbedingungen stellen eine Notwendigkeit dar, wohingegen die erlernte Fähigkeit in freier Weise dort eingesetzt werden kann, wo wir es wollen und für richtig halten. Mit Hilfe des Schicksals- und Wiederverkörperungsgedankens wird das Leben allein und in Gemeinschaft mit einem oder auch mehreren Menschen zu einem Entwicklungsweg, der, je mehr man ihn als solchen erkennt, Freude macht. Denn man erlebt zunehmend, daß dieser Weg für einen der richtige, das heißt der wirklich zu einem gehörige ist, und man erfährt, in wie hohem Maß es von einem selbst abhängt, wie man sich zu ihm stellt und was man aus seinen Lernangeboten macht. Daher ist das Ergebnis dieser und ähnlicher Überlegungen ein neues Freiheitserlebnis, eine befriedigende Lebenseinstellung und die Quelle von viel Humor. Denn wo treten beim Lernen nicht auch Fehler, Irrtümer und Versagenszustände auf, über die man selbst lachen kann, über die aber auch andere ruhig schmunzeln dürfen? Es kann ja beim nächsten Anlauf nur besser werden... Diese Einstellung der Biographie gegenüber gibt auch die Möglichkeit, sich derjenigen des Lebenspartners mit neuem Interesse zuzuwenden und die eigene Rolle darin zu überdenken. Denn – woher weiß ich denn, was *er* sich für dieses Leben vorgenommen hat? Wie vieles hat er vielleicht nur getan, um mich zufriedenzustellen? Wie kann die Beziehung für die Entwicklung *beider* förderlich werden? Fragen dieser Art führen zu neuen Dimensionen von Freundschaft und »sich verstehen« hin.

Vom Sinn der »Lebenslänglichkeit«

Eine lebenslange Partnerschaft, die durch dick und dünn geht und bis zum Lebensende anhält, ist durch Qualitäten gekennzeichnet, die der vorübergehenden Beziehung fehlen: viele gemeinsame Erinnerungen, Kontinuität, Vertrauen, Begleiten-Können, nicht erlahmendes Interesse am anderen, Stabilität, Sicherheit und Treue. So wie man ein Leben lang braucht, um sich selbst zu entwickeln, so braucht man auch langdauernde stabile Beziehungen, um das notwendige Korrektiv, den »Spiegel« am anderen zu haben und bestimmte Charaktereigenschaften erwerben zu können, die man nur in lebenslanger Zweisamkeit entwickeln kann. Wenn man mit jemanden zusammenlebt, der einen einerseits stützt und begleitet, andererseits aber auch den Mut hat, Unangenehmes zu sagen, und von dem man sich auch etwas sagen lassen kann, dann ist das eine große Hilfe auf dem eigenen Weg. Daher haben es Menschen, die keine feste Bindung eingehen, schwerer, ihre innerliche Entwicklung in die Hand zu nehmen und auf ihrem Weg wirklich weiterzukommen. Sehr oft bleiben sie auf einer bestimmten Entwicklungsetappe stehen, da Beziehungen gerade da wieder abbrechen, wo – im Falle des Zusammenbleibens – die innere Arbeit hätte anfangen müssen.

Es gibt sicher nichts, was man in eine Ehe nicht einschließen könnte, aber es gibt auch nichts, was nicht Anlaß sein kann, sich wieder zu trennen. Letztlich hängt alles davon ab, wie groß das *Interesse* für den anderen wirklich ist. Und in dem Augenblick, in dem Gründe da sind, auseinanderzugehen, ist zu spüren, wie jetzt der Anteil an *Eigeninteressen* größer wird als das Interesse am anderen. Diese Eigeninteressen sind es letztlich, die die Menschen auseinandertreiben, und die – wenn wir es von der positiven Seite nehmen – die Entwicklung zur Selbständigkeit fördern.

Himmel und Hölle

Bisher wurden überwiegend Ideale angesprochen, welche die Menschen beflügeln können, die sich mit ihnen verbinden. Ob nun in der Zweierbeziehung, in der Interessen- oder Arbeitsgemeinschaft oder in der Situation am Arbeitsplatz – sie erweisen sich als Kraftquelle. Wenn man diese Ideale beim Namen nennt und gar noch von der »Kraft aus der Gemeinsamkeit« spricht, werden viele Menschen verbittert anmerken: Seitdem ich mit anderen zusammenleben und -arbeiten muß, habe ich viel weniger Kraft als zu der Zeit, in der ich nur für mich selbst geradestehen mußte. Die verbindliche Anteilnahme in und an Gemeinschaften kann Ursache für einen erhöhten Kraftverschleiß, erheblichen Streß, seelische Zusammenbrüche, Krisen, große persönliche Einsamkeiten, Verzweiflung, durchwachte Nächte sein. All das ist nun das Ergebnis unserer Verbindlichkeit im Sozialen!

In dem Augenblick, in dem man sich verbindet, begibt man sich an eine Art Schwelle zwischen Himmel und Hölle. Wo Menschen es miteinander zu tun bekommen, sind diese im wahrsten Sinn des Wortes stets anwesend oder greifbar nahe. Nur haben wir uns abgewöhnt, die uns verbindenden und beglückenden Ideale »Himmel« zu nennen und die uns peinigenden Versagenszustände, Aggressionen und Bosheiten unserer Mitmenschen als »Hölle« zu bezeichnen. Und so haben wir auch verlernt, die Himmel und Hölle bewohnenden Wesen beim Namen zu nennen. Auch lassen uns Brutalität und Bosheit unter Menschen die Hölle oft näher erscheinen, als es der Himmel ist, nehmen wir doch das viele stillschweigende Gute, das um und mit uns ist, nicht so intensiv wahr – da wir es oft als allzu selbstverständlich erleben, denn es entspricht ja dem »wie es sein sollte«, dem Ideal... Was da im großen aus der menschlichen Natur losbrechen kann und sich in Krieg und Gewalt äußert oder aber in segensreichen Taten, ist nichts anderes als dasjenige, was auch im kleinen das Familienleben, die Situation am Arbeitsplatz oder das Zusammenleben und -arbeiten in der individuellen Partnerschaft vergiftet oder heilt: Es ragt wirklich die Hölle und der Himmel bis in jedes einzelne Menschenleben herein, und die Entscheidung, sich an der Schwelle zwischen Himmel und Hölle zu bewähren und die richtige Wahl zu treffen, liegt in jedem Menschen ganz allein begründet. Hier, so muß man den Eindruck gewinnen, liegt heute der wundeste Punkt. Er ist deshalb so heikel, weil verstanden werden muß: Ohne eine konsequente Selbsterziehung und Persönlichkeitsschulung ist das soziale Leben eigentlich nicht mehr zu meistern. Und ohne eine entsprechend orientierte Erziehung kann es im konstruktiven Miteinander nur immer schwieriger und unerträglicher werden.

An dieser Schwelle zwischen Hölle und Himmel sind wir heute in einer Situation angelangt, der man deutlich anmerkt, daß das Dämonische eine zunehmende Faszination besitzt. Man sieht förmlich, wie die menschliche Phantasie sich mit der übersinnlichen Welt befassen will und dies beispielsweise in Science-Fiction Filmen und Psychothrillern zum Ausdruck bringt.[76] Selten nur kann man Filme sehen wie den vor Jahren so erfolgreich durch die Kinos gewanderten *Der Himmel über Berlin*, in dem eindrucksvoll das Wirken der Engel dargestellt wurde.

Man hat den Eindruck, daß Sinn und Interesse für alles Dämonische gegenwärtig stärker sind als für das Hilfreiche und Gute, weil man es überall unter den Menschen so schmerzlich erlebt und deshalb bestrebt ist, sich davon Bilder zu machen. Auch zeigt die Depression als Zeitkrankheit, wie die Menschen sich heute bedeutend intensiver mit ihren Schwächen und Versagenszuständen auseinandersetzen, als sich über ihre bereits vorhandenen Möglichkeiten und Stärken zu freuen und sie im Leben einzusetzen. Und dieses muß auch so sein. Denn die guten Wesen und Kräfte in der Welt respektieren die Freiheit, wohingegen die destruktiven

Mächte sich ungefragt aufdrängen und bestrebt sind, von sich aus Einfluß zu gewinnen. Sie provozieren mit Notwendigkeit und halten sich nicht zurück. Daher ist es auch in unserer eigenen menschlichen Natur immer so, daß wir uns die Schwächen nicht erarbeiten müssen. Diese sind ganz von selber da und immer fähig, uns zu behindern und auf Abwege zu bringen. Die Stärken hingegen müssen wir uns erarbeiten und – wenn wir sie haben – pflegen und darauf achten, daß wir sie menschenwürdig einsetzen.

Auf der Seite des »Himmels« geht nichts von selbst – da ist an unsere Freiheit, unsere Liebe, unseren Wahrheitssinn und unseren Willen zur Entwicklung appelliert. Hier wird uns die Arbeit nie abgenommen, jedoch immer wieder durch Gnadengeschenke des Schicksals gesegnet. Auf seiten der »Hölle« ist dies grundsätzlich anders, einfach und bequem. Ihr brauchen wir uns nur überlassen, dann wirken durch uns stärkste Kräfte der Zerstörung – im kleinen wie im großen. Warum das so ist – ja so sein muß, wurde schon mehrfach angesprochen. Ist doch das Erarbeiten der höchsten Ideale der Menschlichkeit nur möglich, wenn wir dies in Selbständigkeit tun. Für diese Selbständigkeit aber sorgen paradoxerweise gerade die Schwächen, Irrtümer, Behinderungen und schlechten Neigungen. Wären sie nicht, wäre die Entwicklung zur Freiheit als dem höchsten Gut unserer Menschenwürde nicht möglich. Wir hätten keine Wahl, keinen Widerstand, keine Besinnungsmöglichkeit und wären abhängig vom Guten. Wir gingen damit völlig an dem vorbei, was uns als das Menschenwürdigste erscheint: die liebevolle, selbständige Persönlichkeit. Und so müssen wir lernen, in jeder Schwäche, und sei sie noch so furchtbar, den Keim einer zukünftigen Stärke zu sehen. Sie stellt, wenn an ihr gearbeitet und sie überwunden worden ist, eine Stärke, eine neue menschliche Fähigkeit dar, mit der wir Gutes tun können.

Viele Partnerschaften gehen auseinander, wenn die Schwächen zu stark in den Vordergrund gelangen. Man sucht eine neue Beziehung, die zunächst wiederum für eine gewisse Zeit über die Schwächen des jeweils anderen hinwegtäuscht. Auf diese Weise bleiben die Betroffenen »jugendlicher« als Menschen, die sich durch die Schwächen des anderen nicht irritieren lassen, sondern den förderlichen Umgang damit lernen.

Der schwäbische Dichter Hölderlin hat dies in Auseinandersetzung mit den Schwierigkeiten und Hindernissen des Schicksals in einem seiner Gedichte so formuliert:

Des Herzens Woge
Schäumte nie so schön empor
Und würde Geist
Wenn nicht der alte, stumme Fels,
– Das Schicksal –
Ihr entgegenstände.

Entwicklung im Spannungsfeld von Individualität und Gemeinschaft

Schafft euch ein Nebenamt, ein unscheinbares, vielleicht ein geheimes Nebenamt. Tut die Augen auf und suchet, wo ein Mensch oder ein Menschen gewidmetes Werk ein bißchen Zeit, ein bißchen Freundlichkeit, ein bißchen Teilnahme, ein bißchen Gesellschaft, ein bißchen Arbeit eines Menschen braucht. Vielleicht ist es ein Einsamer, ein Verbitterter oder ein Kranker oder ein Ungeschickter, dem du etwas sein kannst. Vielleicht ist es ein Greis oder ein Kind. Oder ein gutes Werk braucht Freiwillige, die einen freien Abend opfern oder Gänge tun.

Albert Schweitzer

Der Umkreis der Individualität

Im Laufe des Lebens durchläuft jeder Mensch sehr verschiedene soziale Gemeinschaften und macht mit ihnen seine Erfahrungen. Zuerst findet er die individuell geformte und zusammengesetzte Familiengemeinschaft vor, dann die Kindergarten- und Schulgemeinschaft. Es folgt die Berufsausbildung und Arbeit, wo wiederum viele soziale Erfahrungen gemacht werden können. Dann kommen oft Heirat und Familiengründung, womit sich der Kreis zu schließen beginnt. Denn jetzt wird die Gemeinschaft wieder kleiner, vor allem für die, die überwiegend zu Hause sind: Hausfrau oder Hausmann.

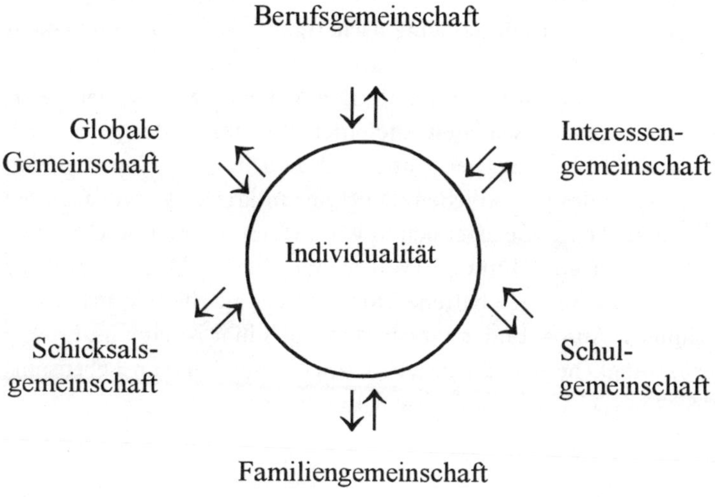

Individualität und soziales Umfeld

So ist die menschliche Biographie durch den Wechsel von mannigfaltigen sozialen Zusammenhängen gekennzeichnet, in die wir uns hineinbegeben, einmal eng und klein, dann aber auch wieder größer oder weit gespannt.[77] Hinzu kommen die Medien und allen voran das Internet, das einen an die *globale Gemeinschaft* anschließt. Immer wieder aber gibt es – freiwillige oder erzwungene – Phasen der Einsamkeit, in denen wir uns nicht in einer Gemeinschaft erleben, die für unsere Entwicklung Bedeutung hat oder um *derentwillen* wir uns entwickeln. (Vgl. die Graphik auf der vorigen Seite.)

Was sich um eine Persönlichkeit als soziales Umfeld gliedert, kann ganz unterschiedliche Dimensionen annehmen. Es kann sich ausdehnen und zusammenziehen, ja sogar zu einem realen Punkt schrumpfen und sich dort von allem abgeschnitten fühlen oder aber wie in einem einzigen Wassertropfen das Weltall spiegeln. So besteht dauerhaft eine oszillierende Spannung zwischen dem Kreismittelpunkt – der Individualität – und seiner Umgebung.

Entwicklung ist ohne Gemeinschaft, ohne soziales Umfeld nicht möglich. Denn es zeigt sich – wie bereits dargestellt –, daß man alles, was man kann oder in sich trägt, Erlebnissen in seiner jeweiligen Umgebung verdankt, die einen für dieses oder jenes wach gemacht beziehungsweise angeregt haben. Das fängt bei den Menschen des persönlichen Schicksalsumkreises an wie auch bei den natürlichen Gegebenheiten wie Farben, Formen, Licht, Luft, Pflanzen, Tiere, Himmel, Wolken und Sterne. Dazu kommt die vom Menschen geschaffene Umwelt: Geräusche, Gerüche, Geschmack, Autos, Bilder, Geschäfte – auch hier ist eine im Prinzip größtmögliche Vielfalt gegeben. Aus dieser Fülle an Lebenseindrücken speist sich das seelische Innenleben.

Klassische Entwicklungsschritte in Gemeinschaft

Gemeinsamkeit ist nur möglich, wenn man sich öffnen kann. Kinder sind ganz offen. Ihre Entwicklung findet durch das Leben in der Gemeinschaft die notwendige Hilfestellung und Förderung und wird durch den Verlust oder Abbruch von Beziehungen behindert. Insbesondere in den ersten drei Lebensjahren, in denen das Kind noch kein volles Selbstbewußtsein hat und der Umwelt ausgeliefert ist, sind diesbezügliche Möglichkeiten und Schäden am größten. Ist am Lebensanfang die enge Bindung an einen Menschen nicht gegeben, so ist es nicht richtig lebensfähig. Es treten die bekannten Hospitalismussymptome auf (Abwehrschwäche, Appetitlosigkeit, Sich-Zurückziehen und Entwicklungsstillstand oder sogar -rückschritt) und die Säuglings- und Kleinkindsterblichkeit schnellt in die Höhe. Wird ein solches Kind dann später mit viel Liebe und Verständnis aufgenommen und ist auch in der Schule eine einfühlsame Behandlung gewährleistet, können die Schäden der Vernachlässigung aus der frühen Kindheit zwar gemildert, jedoch nicht immer ausgeglichen werden.

Durch die engen Bindungen der Familiengemeinschaft kann zu Beginn der Persönlichkeitsentwicklung das Existenzvertrauen ausgeglichen werden, das heißt das Gefühl angenommen zu sein – so wie man ist. Damit ist dann auch der Grund gelegt für das Vertrauen in andere Menschen. Dann wächst das Kind in die Schulgemeinschaft hinein, in Freundschaften, in nachbarschaftliche Verhältnisse. Und schon hier wird deutlich, wie unterschiedlich anregend die Beziehungen sind und wie man mit jedem wieder andere Gemeinsamkeiten hat. Eine gewisse Begleitung dieser Kinderfreundschaften von seiten der Eltern ist dabei wichtig. Lernen die Kinder doch im Schutz dieser Begleitung auch die Probleme, Krisen und Beendigungen solcher Freundschaften tragen und verarbeiten.

Häufige Fehler solcher Begleitung sind einmal, daß man zum Beispiel das Auseinanderbrechen einer Kinderfreundschaft verharmlost und das Elend des Kindes nicht ernst nimmt. Die Überlegenheit des Erwachsenen gegenüber dem kindlichen Schmerz verwundet und nimmt dem Kind den Mut, weiter offen mit solchen Problemen zu ihm zu kommen. Zum anderen kann man zu sehr mitleiden und sich besorgt überlegen, welchen Schaden das Kind zum Beispiel aus dem Verlust einer Freundschaft nehmen kann.

Bewegen sich die Eltern jedoch zwischen Verharmlosung und Verstärkung und sind sie mit Sachlichkeit und Offenheit bereit zuzuhören, mehr im stillen mitzutragen und zu zeigen, daß hier eine unverbrüchliche Beziehung gegeben ist, dann fühlt sich das Kind bestätigt und gestärkt.

Im Jugendalter taucht das Ideal auf, *einen* Menschen zu treffen, der einen *ganz* versteht. Im Zusammenhang mit diesem Beziehungsideal bildet sich – zunächst wenig bewußt – auch die Vorstellung von dem, was man selbst werden möchte, der Entwurf von der eigenen Persönlichkeit. Daher besteht auch die Gefahr, daß Freundschaften nach kurzer Zeit großer Freude in Enttäuschung enden, weil der andere dem eigenen Ideal nicht entsprechen konnte. Steht doch – mit Recht – die Selbstfindung in diesem Alter noch im Vordergrund. Man »verwechselt« gleichsam sein eigenes Ich mit dem des anderen, indem man seine eigenen Selbstwertvorstellungen in dieses projiziert. Wenn Ehen oder feste Partnerschaften früh geschlossen werden, womöglich in genau dieser Zeit, in der man vom anderen eigentlich so etwas erwartet wie einen Ersatz für das eigene Ich, das man noch nicht recht gefunden hat, so kann man davon ausgehen, daß sie nicht dauerhaft sind. Denn es regt sich irgendwann das wirkliche Selbst. Es beginnt ein Sich-Absetzen, und früher oder später kommt es zur Trennung. Voll gemeinschaftsfähig – das lernt man durch solche Beziehungen – wird man erst, wenn man auch allein sein kann, das heißt, wenn man auch »selbstfähig« ist. Kaum ein Mensch wird es auf

Dauer aushalten, sich nur aus »Selbstunfähigkeit« an einen anderen anzulehnen. Insofern erschwert eine zu frühe Bindung das Selbständigwerden und führt über kurz oder lang fast notwendig zur Krise.

Im Alter der Berufsausbildung haben dann die vielfältigen *Interessengemeinschaften* eine große Bedeutung für die weitere Persönlichkeitsentwicklung. Man wird in seinen Interessen, Fähigkeiten und Möglichkeiten durch gemeinsames Tun gefördert, ganz gleich, ob es sich um sportliche, technische oder kulturelle Tätigkeiten handelt. Man spornt sich gegenseitig an und überbietet sich, denn man tut es auch für die Gruppe und nicht nur für sich selbst. Es kann dabei auch die erstaunliche Erfahrung gemacht werden, daß man mehr leisten kann, als man jemals angenommen hat. Durch das Leben in einer Gemeinschaft wachsen einem Kräfte, die man alleine nicht aufbringen kann, zu.

Diese hier knapp skizzierten »klassischen« Etappen des Heranwachsens zu Selbständigkeit und Sozialfähigkeit werden in der heutigen Zeit sehr oft beeinträchtigt und erschwert durchlaufen. Vielen Menschen fehlt eine Kindheit, in der sie – so wie sie sind – angenommen, bestätigt und bejaht wurden. Sie nehmen ein gestörtes Vertrauensverhältnis zu sich und anderen mit ins Leben. Andere konnten nicht lernen, Verluste, Schmerzen, Fehler und Irrtümer zu verarbeiten und mit den dunklen Seiten des Lebens umzugehen. So haben sie Angst vor Verlust, Angst, Fehler zu machen, etwas zu riskieren und sind zu einer gewissen Unselbständigkeit und damit Abhängigkeit und Manipulierbarkeit veranlagt.

Individualismus contra Machtstrukturen

Die Auswirkungen der Wohlstandsverwahrlosung, das Zerbrechen tragender Familienstrukturen und die schwer oder nicht zu bewältigende Informationsflut führen zu verstärktem Einsamkeitserleben und fördern damit die heutigen Tendenzen der Isolierung und des Individualismus. Hinzu kommt die Anspruchshaltung des technischen Zeitalters, »daß doch eigentlich alles funktionieren müßte«, und die damit verbundene generelle Unzufriedenheit. Die Folge davon ist ein immer spannungsvolleres Erleben des Gegensatzes von Individualismus und Gesellschaft ganz allgemein.

Das Positive an dieser Entwicklung ist, daß man deutlich sieht, wie es in Zukunft ganz und gar von jedem einzelnen abhängen wird, wie er das Verhältnis zu seinem Umkreis gestalten will. Er läßt sich nicht mehr selbstverständlich in Lebens- und Pflichtenkreise einspannen, sondern will selber über seine Zeit verfügen. So läßt auch der Einfluß nach – um nicht zu sagen die »Macht« –, mit der Religionsgemeinschaften früher noch auf den Willen des einzelnen einwirken konnten. Infolge dieses Bewußtseinswandels hin zum Individualismus und weg von allen Normierungen und Aufforderungen an den Willen, die vom sozialen Umkreis, von Gemeinschaftszusammenhängen ausgehen können, stoßen heute viele etablierte Gemeinschaften bis hin zu Kommune und Staat auf strukturelle Probleme, da es ihnen aufgrund ihr meist hierarchischen Strukturen nicht mehr genügend gelingt, den einzelnen zur tätigen Anteilnahme am Ganzen zu bewegen.[78] Der individuelle Mensch hat den Anspruch, wahrgenommen, gehört, toleriert und mit seinen Beiträgen akzeptiert zu werden, und wo dies nicht geschieht, steigt er äußerlich oder innerlich aus und entzieht die Möglichkeit seiner Mitarbeit.

So zeigt sich immer deutlicher, daß das Spannungsfeld von Individualität und Gemeinschaft heute mehr Pflege braucht, wenn es noch der Entwicklung des einzelnen und dem gesellschaftlichen Fortschritt dienen soll. Um dieser Aufgabe gerecht zu werden, sind in den letzten Jahrzehnten zunehmend Verfahren entwickelt worden, eine solche Pflege auf den Weg zu bringen. Im kleinsten Umkreis ist dieses zum Beispiel die Familientherapie. Hier wird daran gearbeitet, die Machtstrukturen innerhalb der Familie transparent zu machen, Bewußtsein zu wecken für die Rechte der Kinder und der Eltern, aber auch für ihre Pflichten im Familienzusammenhang. Es wird daran gearbeitet, daß jeder einzelne die für ihn nötige Anerkennung und Unterstützung erfährt und wiederum seinerseits auch die Bedürfnisse der anderen wahrnehmen und respektieren kann. Auf diesem Wege konnte schon viel geleistet werden, auch um sogenannte schwierige Kinder wieder zu reintegrieren. Sie wurden in ihrer Eigenschaft als Symptomträger für Schwierigkeiten in der Gesamtfamilie wahrgenommen und aus ihrer Rolle, ewig der Sündenbock zu sein, befreit. Ob jemand schwierig ist oder nicht, hängt ja nicht nur von ihm selber ab, sondern auch von der Art und Weise, wie das Umfeld ihn akzeptiert und mit ihm umgeht.

Im Kindergarten und Schulzusammenhang ist die Tendenz steigend, daß Lehrer und Erzieher sich für Gruppendynamik und Unternehmensberatung interessieren. Es geschieht dies nicht nur, um sich der eigenen Machtposition im Klassenzimmer und den Eltern gegenüber stärker bewußt zu werden und sich zu fragen, wo diese zu Recht besteht (zum Beispiel Sachautorität in pädagogischen Fragen) und wo sie zu Unrecht besteht (zum Beispiel mangelnde Einbeziehung der Eltern bei den Entscheidungen und Vorgängen, deren Auswirkungen sie mitzutragen haben), sondern auch, um die eigene Aufgabenstellung und Funktion im Lehrerkollegium besser wahrnehmen zu können. Letzteres trifft insbesondere für diejenigen Schulen zu, die keine hierarchisch-direktoriale Struktur haben, sondern die der Selbstverwaltung, wie es beispielsweise in Waldorfschulen der Fall ist. Nicht nur die Effizienz der Wirtschaftsbetriebe hängt von einem guten Führungsstil und einer freundlichen Betriebsatmosphäre ab, sondern selbstverständlich auch die Leistungsfähigkeit einer sozialen Einrichtung, wie es zum Beispiel Schulen sind. Wer sich im Spannungsfeld von Individuum und Gemeinschaft bewußt bewegen lernen möchte, stößt unweigerlich auf das Struktur- und Machtproblem und ist herausgefordert, damit gedeihlich umgehen zu lernen. (Vgl. *Konflikte und Führungsfragen in Lebensgemeinschaften und kollegialer Zusammenarbeit*, Seite 269 ff.)

Die an vielen Stellen sichtbar werdende Bedürftigkeit nach Beratung in Führungsfragen und solchen des sozialen Umgangs miteinander macht deutlich, daß Individualismus in Verbindung mit Sozialunverträglichkeit inzwischen so weit fortgeschritten ist, daß ohne eine bewußte Schulung das Spannungsfeld zwischen Individuum und Gemeinschaft als Entwicklungsraum der Persönlichkeit immer mehr in starre Reglementierungen und Absprachen hereinkommen wird oder aber kollabiert, indem Isolation und Unverträglichkeit das Feld beherrschen. Beidem könnte wirksam vorgebeugt werden durch eine Erziehung, die von vornherein die Stärkung der Individualität und die Sozialfähigkeit fördert und das Zusammenspiel der Faktoren aus dem Umkreis mit den Möglichkeiten, die der einzelne von Kindheit an mitbringt, unterstützt.

Typische Spannungsfelder im Elternhaus, in der Schule, im Leben

In dem Moment, in dem das Kind laufen lernt, kann es auch etwas tun, weil es jetzt die Hände frei hat. Zwischen ihm und der Mutter entstehen dann spannungsreiche Momente immer da, wo das Kind etwas unternimmt und die Mutter Sorge hat, es könnte etwas passieren: »Schubladen ausräumen«, »Blumenvasen herunterziehen«, »immer der Mutter hinterherlaufen« sowie das Drehen der Herd- und Waschmaschinenknöpfe und so weiter. Will man dem Kind hier für die Erprobung seines Willens Spielraum geben und seine Intentionen nicht ständig ablenken, knicken oder brechen, so gibt es nur eins: die Umgebung des Kindes so zu gestalten, daß es hier seinem Entdeckungs- und Tätigkeitsdrang voll nachkommen kann.

Wer als Kind Handlungsfreiheit erlebt und die Möglichkeit unbegrenzten Nachahmen-Dürfens, entwickelt viel Selbstvertrauen und damit eine gesunde Basis für das Selbstbewußtsein. Er hat die Möglichkeit, Erfahrungen zu machen, erlebt Mißgeschick und Erfolg und fühlt sich immer als der Akteur, der die Sache wieder von neuem beginnt oder weiterführt. Auf der anderen Seite gilt es dann, die Grenzen zu achten, an denen die Intentionen des Kindes sachlich diejenigen der Familie beziehungsweise des sozialen Umkreises stören: Wenn es weiterspielen möchte, es aber bereits Essenszeit ist, wenn es gerade dort tobt, wo man sich unterhalten will, oder wenn es abends nicht ins Bett will – all die vielen großen und kleinen Erlebnisse, die im Laufe des Tages an den Stellen auftreten, wo es um das Aufrechterhalten guter Gewohnheiten und sinnvoller Regelungen geht. Je mehr Bewegungsfreiheit das Kind auf der einen Seite hat, wobei es die Bestätigung seiner Persönlichkeit erfährt, um so wichtiger ist es dann auch, es die Grenze fühlen zu lassen, wo es lernen muß, seinen eigenen Willen dem Willen einer Gemeinschaft und eines größeren Zusammenhangs einzuordnen. Stimmt das Gleichgewicht zwischen beiden Bereichen, so wird der eine den anderen unterstützen. Ist dies nicht der Fall, so kann dies zu Konflikten führen. Entweder hat das Kind nicht gelernt, die Bedürfnisse anderer Menschen wahrzunehmen, oder es entwickelt einen Haß auf die Kontrollpersonen beziehungsweise die Gemeinschaft, weil diese verhindert, was es gerne möchte. Soziales und Rücksichtnahme können so zu Schimpfworten anstatt zu Wegweisern für die Entwicklung werden. Gelingt es jedoch, an einem häuslichen Klima zu arbeiten, in dem sich jeder mit seinen Intentionen und Bedürfnissen wahrgenommen und berücksichtigt fühlt, so wächst auch die Kompromißbereitschaft sowie die Bereitschaft zum Verzicht zugunsten der Intentionen eines anderen. Wer sich jedoch immer wieder benachteiligt erlebt oder unterordnen muß, wird diese Bereitschaft weniger entwickeln.

In der Schule ist es oft schwer, im Einzelfall das obengenannte Gleichgewicht herzustellen. Denn jedes Kind lebt in seinem eigenen zu ihm gehörigen und sich immer deutlicher herausbildenden Schicksalsumkreis. Das kann man besonders deutlich erleben, wenn Schüler in die erste Klasse kommen und innerhalb weniger Tage Zuneigungen oder Abneigungen, Freundschaften und Feindschaften entstehen. Es wir dies durch das Wesen der Kinder selbst bewirkt, und der Lehrer steht oft völlig machtlos daneben. Meistens bleibt ihm nur die Möglichkeit, besonders belastete Kinder gut im Auge zu behalten und alles zu tun, um ihnen Erlebnisse zu vermitteln, bei denen auch sie etwas gelten und eine Stärkung ihres Selbstbewußtseins erfahren. Doch verdienen auch die sogenannten »stillen« Kinder besondere Aufmerksamkeit. Es ist nicht immer das Richtige, mit allen Mitteln zu versuchen, sie aus ihrer Reserve zu locken. Vielmehr sollte man zuerst prüfen, ob sich das Kind in seinem Stillsein wohl fühlt und den Windschatten der lauten Klasse genießt, oder ob es sich unterdrückt und benachteiligt fühlt.

Ein reiches Arbeitsfeld für die Lehrer sind die Schicksalskonstellationen von denjenigen, deren Kindheit zu Hause von Konflikten, Ablehnung oder auch Einsamkeit geprägt ist. Jetzt alles daran zu setzen, für diese Kinder in der Schule einen Ausgleich zu schaffen, ist die großartige Aufgabe. Oft haben gerade sie viel vor für das spätere Leben. So lehrt die Erfahrung, daß gerade Kinder, die im Schulalter sehr beliebt waren und in der Gruppe gern gesehen waren, später im Leben nicht immer die Durchsetzungsfähigen und Erfolgreichen sind (obwohl das natürlich auch sein kann). Vielmehr sind es besonders diejenigen, die durch schwierige Erfahrungen gegangen sind, die gelernt haben, auf sich selbst gestellt zu sein, die später gern gesehen sind, weil sie souverän im Leben stehen. Bei Kindern, die angepaßt sind und kaum Probleme hatten, kann es hingegen später zu erschütternden Aufwacherlebnissen kommen, wenn plötzlich die Dinge nicht mehr so von selber gehen, wie sie es gewöhnt waren. Solche Kinder sind später unfähig zu selbständiger Konfliktbewältigung.

Damit ist an eine der wichtigsten Voraussetzungen gerührt, die eine Erziehung zur Konfliktbewältigung ausmacht: Wer von klein auf lernt, seine individuellen Bedürfnisse in Einklang bringen zu müssen mit denen der sozialen Umgebung, wer in der Schulzeit die Möglichkeit hatte, Versagenszustände, Erfolge, Neid- und Eifersuchtskonflikte durchzustehen und aus Fehlern zu lernen, der bringt gute Voraussetzungen mit, um Konflikte im späteren Leben konstruktiv zu bewältigen. So sollte man sich auch vor falschem Mitleid hüten, wenn die Kinder es so unterschiedlich schwer in Elternhaus und Schule haben. Bringt sich doch jedes Kind in Form seines Schicksalsumkreises gerade die Lernbedingungen mit, durch die es lernen will, was es für sein Leben braucht. Man sollte nur im Wahrnehmen dieser oft schwierigen Gegebenheiten den energischen Entschluß fassen, alles in den eigenen Möglichkeiten Stehende zu tun, um den Kindern bei diesen schwierigen Lern- und Entwicklungsaufgaben zu helfen. Und so ist der Lehrer, der Konflikte im Klassen- und Schulzusammenhang menschenwürdig – das heißt *allen* Beteiligten zum Gewinn – zu lösen versteht, das wichtigste Erziehungsmittel für die spätere Konfliktfähigkeit der Schüler.

Um dies von Lehrerseite aus werden zu können, bedarf es einer bestimmten Lebenseinstellung: Man muß davon überzeugt sein, daß jeder von jedem lernen kann. Wer angesichts von Konflikten und Problemen nur nach *dem* Schuldigen fragt, hat sich diese Lebenseinstellung noch nicht erworben. Denn durch die Schuldfrage stellt er sich außerhalb und realisiert nicht, daß er selbst an dem Geschehen auch mitbeteiligt ist. Viel wichtiger, als nach dem Schuldigen zu fragen, ist es, zu verstehen, warum überhaupt das Problem entstehen konnte und einer »schuldig« zu werden in der Lage war und – was die Gemeinschaft aus der Bearbeitung des Problems für einen Gewinn ziehen kann.

Je mehr sich Lehrer und Erieher sowohl als Zentrum in ihrem sozialen Umkreis als auch als Peripherie, als Umkreis für die Schüler und Kinder erleben und in beiden Richtungen fragen, was jetzt gebraucht wird, damit die Entwicklung nach der einen oder anderen Richtung weitergehen kann, desto mehr stärken sie das für die Entwicklungsförderung notwendige Interesse. Es ist immer wieder beschämend bemerkbar, wie die meisten sozialen Konflikte schlicht und einfach durch Mangel an Interesse entstehen, dadurch, daß man nicht rechtzeitig wahrgenommen hat, wo übergangene oder zurückgewiesene Bedürfnisse waren. Um dies zu bemerken und hier vorbeugen zu lernen, sind Elternhaus und Schule die idealen Übungsfelder für *alle* Beteiligten.

Macht im Schicksalszusammenhang

Jeder Mensch hat seinen eigenen Schicksalsumkreis, jeder ist einmal Mittelpunkt und dann wieder für viele Menschen ein Teil von deren Schicksalsumfeld. Wem diese Tatsache einmal in voller Deutlichkeit zu Bewußtsein gekommen ist, wird von da ab sein Leben grundlegend anders führen und hat damit auch einen Schulungsweg begonnen, der eine besondere Form der Selbsterziehung darstellt. Denn man beginnt jetzt nicht nur zu bemerken, sondern auch zu akzeptieren, welchen Einfluß und damit auch welche Macht in diesem Schicksalsumkreis liegt, der zunächst einmal ist, wie er ist, und umgekehrt auch, welchen Einfluß und welche Macht man selbst auf ihn ausüben kann, je nachdem, wie man sich zu diesem Umkreis stellt.

Wer sich mit der Frage nach dem Lernen vom Schicksal konfrontiert, wird bald erleben, daß das Schicksal im juristischen Sinne *nicht gerecht* ist – denn es behandelt jeden verschieden. Es ist auch notwendig einzusehen, daß das Schicksal *wirklich zu einem gehört*, das heißt, daß jeder Mensch im eigenen Schicksalsumkreis die zu ihm passenden Entwicklungsbedingungen hat, findet und gestaltet. Dies einzusehen, gerade in Fällen, in denen man Ärger oder Probleme mit einem anderen Menschen hat, fällt nicht leicht. Es gibt aber auch Menschen, die auf diesem Weg schon weit vorangeschritten sind und diese Problematik handhaben können. So beschreibt Bernard Lievegoed in seiner Biographie, wie er als Vierzehnjähriger einmal sehr erstaunt darüber gewesen ist, daß sein Vater, Verleger einer großen Zeitung, einen Mitarbeiter, mit dem er Schwierigkeiten hatte, nicht einfach entließ. Auf die Frage des Jungen, warum er das nicht tue, er sei doch der »Chef«, antwortete der Vater: »Solange ich mich noch über ihn ärgere, kann ich ihn nicht entlassen.«[79] Für den Jungen war das eine der wichtigsten Lehren, die ihn durch sein späteres Leben begleitet haben:

Das Schicksal ernst nehmen und akzeptieren, daß es einem nicht nur Schönes bietet, sondern durch die schwierigen Erfahrungen zur Selbsterkenntnis anregen möchte. Denn wie will man lernen, mit Angst, Haß, Neid, Eifersucht in sich selbst umzugehen, ja überhaupt zu bemerken, daß man diese häßlichen Eigenschaften besitzt, wenn man keinem Menschen begegnet, der auch diese Seiten in einem wecken kann und so Anlaß für einen wird, sie beherrschen zu lernen. Und wenn Goethe von sich bekennt, daß er zwar alle schlechten Eigenschaften, zu denen der Mensch fähig sein kann, der Anlage nach auch bei sich selbst entdeckt habe, bis auf eine, den Neid – so kann man angesichts dieser Tatsache mit Recht fragen: Wen hätte Goethe auch beneiden sollen? Vielleicht hat er auch diese Veranlagung gehabt, es fand sich jedoch niemand in seinem Schicksalsumkreis, der sie hätte wecken und damit in sein Bewußtsein bringen können. Es gehört dies zum schwierigsten im Leben, zu akzeptieren, daß auch das Böse und Häßliche im Schicksal nie lebensfeindlich, sondern immer lebensfreundlich gemeint ist und einen wachmachen möchte dafür, sich angesichts dieser Situation etwas klarzumachen, von dem man vielleicht im Augenblick noch nicht weiß, wozu man es brauchen wird, von dem man aber in späterer Zeit, möglicherweise auch erst in einem anderen Leben Gebrauch machen kann, um vielleicht eine sehr wesentliche Aufgabe zu vollbringen.

Rudolf Steiner hat diese Gesetzmäßigkeit des Schicksals einmal so zusammengefaßt: »Freuden sind Geschenke des Schicksals, die ihren Wert in der Gegenwart erweisen. Leiden dagegen sind Quellen der Erkenntnis, deren Bedeutung sich in der Zukunft zeigt.«[80] In diesem Zusammenhang ist es interessant, zu verfolgen, was geschieht, wenn jemand einem Problem ausweichen möchte. Häufig kommt es vor, daß man es in einem bestimmten Lebens- oder Arbeitszusammenhang mit einem Menschen zu tun hat, der sehr dominierend ist und in dessen Nähe man sich nicht recht entfalten kann. Wenn man daraufhin die Möglichkeit hat, die

Stelle zu wechseln, kann es sein, daß sich nach einiger Zeit dort eine ganz ähnliche oder sogar schlimmere Konstellation entwikkelt. Wieder steht man vor dem Problem, wie man mit einem dominanten Menschen fertig werden, beziehungsweise wie man lernen kann, sich in seiner Nähe dennoch zu entwickeln. Vielleicht ist seine Funktion als »Konkurrenz« oder als derjenige, der vieles tut, was man selber lieber anders, »besser« oder gar nicht getan hätte, nur vordergründig? Habe ich vielleicht zur Zeit ganz andere Aufgaben und merke es nur nicht, weil ich mich so über diesen Menschen ärgere? Kommt es bei mir vielleicht in nächster Zeit mehr auf Entwicklungsprozesse im Inneren an? Wie kann sich mein Menschenverständnis erweitern? Gibt es im persönlichen Bereich Initiativen, die längst hätten ergriffen werden sollen? Beobachtungen und Fragen dieser Art können Lebensstimmung und Lebenshaltung in einer solchen Situation grundlegend ändern. Sie machen bewußt, daß es *wirklich* von allem zu lernen gilt, wenn sich die Lebensverhältnisse zum Positiven hin weiterentwickeln sollen. Natürlich können die Überlegungen auch dahin führen, für sich die Aufgabe zu erkennen, daß man jetzt lernen muß, sich auseinanderzusetzen, sich vielleicht sogar gegen die dominante Persönlichkeit zu wehren und sich den Freiraum zu schaffen, den man braucht.

Beispiel: In einem Lehrerkollegium sind eigentlich alle recht nett, aber einer sitzt darunter, der zuviel redet, so daß nahezu alle das Empfinden haben, er könne es doch hin und wieder auch bleiben lassen. Auch weiß man oft schon vorher, was er sagen möchte, und kaum einer hört ihm wirklich zu. Zudem ist es ärgerlich, weil es viel Zeit kostet. Keiner hat aber den Mut, diesen Kollegen anzusprechen, weil man Höflichkeit und Nettigkeit nicht verletzen möchte. So unterbleibt für den Betroffenen die notwendige soziale Spiegelung und Korrektur. Das Schicksal will es, daß er eines Tages kündigt und in eine andere Stadt zieht. Und jetzt passiert das Merkwürdige, daß plötzlich ein anderer aus diesem Kollegium in dessen Rolle schlüpft. Es ist nicht zu fassen: Plötzlich redet dieser immer etwas zu viel. Augenscheinlich soll dieses Problem so lange bestehen bleiben, bis man bereit ist, die dadurch gestellte Aufgabe zu bearbeiten. Sie könnte darin liegen, dem betreffenden Menschen intensiv zuzuhören, in der Pause mit ihm ins Gespräch zu kommen, ihn kennenzulernen und auf der Basis eines gewissen Vertrauens zu versuchen, mit ihm sein Problem anzusprechen und zu sehen, ob er da etwas ändern kann, oder aber – wenn nichts zu machen ist – daran zu arbeiten, sich nicht mehr zu ärgern, durch gute Gesprächsleitung seine Beiträge zu reduzieren und ihn so gut wie möglich zu integrieren.

Auf solche Zusammenhänge aufmerksam zu werden, kann einen nachdenklich stimmen. Augenscheinlich gibt es immer zwei Möglichkeiten, um konstruktiv in dieses Spannungsverhältnis zwischen Individualität und Schicksalsumkreis einzugreifen, um die Entwicklungs*chancen,* die durch das entsprechende Verhältnis gegeben sind, wahrzunehmen. Zum einen hat man die Möglichkeit, »sich nicht mehr zu ärgern«, das heißt seine Einstellung zu dem aufgetauchten Problem oder Menschen so weit zu ändern, daß man damit positiv leben kann. Selbst Schüler sind dazu schon in der Lage. Und man kann gelegentlich von einem hören: »Ich habe es aufgegeben, mich noch über den zu ärgern.«

Zum anderen gibt es die Möglichkeit, von seiner Freiheit als Individuum Gebrauch zu machen und zu kämpfen oder wegzugehen, wenn es unzumutbar wird. Auch durch diese äußere Veränderung ist eine neue Entwicklungsmöglichkeit gegeben, die man dem Problem verdankt und durch die es dann wieder eine Zeitlang weitergeht. *Entwicklung kann nur stattfinden, wenn äußere oder innere Veränderungen gelingen.* Und hierzu fordern die vielfältigen Schicksalserfahrungen unablässig auf.

Entwicklung im Spannungsfeld von Individualität und Gemeinschaft ist eine Aufgabe. Sie besteht hauptsächlich darin, anzuerkennen, daß wir viele soziale Schwierigkeiten vermeiden beziehungsweise lindern können, wenn wir in der Lage sind, vom Schicksal zu lernen, und es aufgeben, uns dagegen aufzulehnen oder zu resignieren. Sind wir zu diesem permanenten Lernen bereit, so zeigt sich, daß sich der einzelne in seinem Schicksalsumkreis spiegelt. Jeder Mensch, mit dem er zu tun hat, alle Dinge und Vorgänge können ihm in der Begegnung etwas zum Bewußtsein bringen, was zu ihm gehört – ja, was *er selber ist*. Er lernt sich selbst in dem Maße kennen, in dem er auch die Menschen und Vorgänge in seinem Umkreis wirklich kennenlernt und sich mit ihnen bewußt auseinandersetzt.

Ist es der richtige Zeitpunkt?

Beim Umgang mit Konflikten stellt sich immer wieder die Frage, ob die Sache schon so reif ist, daß wirklich etwas entschieden werden kann, eine Konfrontation stattfinden sollte oder aber ein chirurgischer Eingriff vorgenommen werden muß. Hier den richtigen Zeitpunkt zu finden, ist schwierig geworden, weil man im ruhigen Wahrnehmen solcher Vorgänge nicht geübt ist. Auch sind die Menschen immer weniger gewillt, sich für Entwicklungsprozesse im Sozialen die notwendige Zeit zu nehmen. Man möchte vielmehr hier und jetzt, quasi auf Knopfdruck, alles geregelt haben. So wie man Kindern ihre Kindheit nicht mehr zugesteht und sie so früh als möglich zu kleinen Erwachsenen macht, so gesteht man auch alten Menschen ihr Alter nicht mehr zu. Man ist leicht geneigt, seine eigenen Neigungen und Fähigkeiten zum Maßstab für andere zu machen und die unterschiedlichen zeitlichen Perspektiven für Entwicklungsverläufe aus dem Auge zu verlieren. Wie wohltätig ist es, wenn man berechtigte Forderungen an jemand zurückstellen kann aufgrund der Beobachtung, daß der Betreffende gerade besonders belastet ist. Auch wenn es von der Sache her richtig wäre, die Forderung zu stellen, so ist es doch jetzt nicht der »richtige« Zeitpunkt. Ungeduld und die Unfähigkeit, sich Zeit zu lassen, zerstören viel an Entwicklungsmöglichkeiten. Immer wieder gibt es Konstellationen, die ausweglos erscheinen und bei denen der Partner auf eine Entscheidung drängt: »Wenn du dich jetzt nicht so oder so entscheidest, dann ...« Und unter diesem Druck wird dann unter Umständen vorschnell entschieden. Später blickt man mit Reue darauf zurück und sagt sich, die Entscheidung war unreif, es wäre Leid erspart geblieben, wenn damals dieser Druck nicht gewesen wäre. Aber auch das Umgekehrte kommt vor: Ehepartner, die sich seit Jahren in ihrer Entwicklung mehr hindern als fördern, und deren Kinder schließlich schon sagen: »Warum trennt ihr euch denn nicht?«, und dann wird dieser Entschluß zu einem Zeitpunkt gefaßt, an dem es für einen der beiden Partner bereits zu spät ist, seinem Leben noch einmal eine entscheidende Wendung und Entwicklungschance zu geben.

Das Spannungsfeld von Individualität und Gemeinschaft zur Förderung von Entwicklung zu nutzen, ist ein lebenslanger Prozeß. Dabei spielt der Umgang mit dem Faktor Zeit eine zentrale Rolle. Es ist aber auch die Frage, welche Aufgabe – innerlich oder äußerlich – man sich in den verschiedenen Etappen der eigenen Biographie vornehmen möchte.

Biographiearbeit

Wir bringen wohl Fertigkeiten mit, aber unsere Entwicklung verdanken wir tausend Einwirkungen einer großen Welt, aus der wir uns aneignen, was wir können und was uns gemäß ist. Die Hauptsache ist, daß man eine Seele habe, die das Wahre erlebt, und die es aufnimmt, wo sie es findet.

Johann Wolfgang Goethe

Leben mit der Vergangenheit

»Als ich an diesem Abend zu Bett ging, betete ich darum, aus der Erniedrigung und Vernachlässigung befreit zu werden, in der ich mich befand. Niemals zuvor hatte ich so sehr gelitten. [...] In der überschaubaren Welt eines Kindes gibt es nichts, was so genau wahrgenommen und empfunden würde wie die Ungerechtigkeit.«[81]

Wer sich zu erinnern sucht, wie er aufgewachsen ist und wodurch die Atmosphäre im Elternhaus geprägt war, trifft auf bestimmte Stimmungen. Stimmungen waren es, die von Geborgenheit, Wärme, Helligkeit, Fröhlichkeit herrühren – oder aber von Gleichgültigkeit, von Hetze und Streß, Angst, Mißmut, Sorge, Unzufriedenheit. Hinzu kommen die Gefühle, welche die persönlichen Beziehungen zu Eltern und Geschwistern bestimmt haben: zum Beispiel Ablehnung, Bevorzugung, liebevolle Annahme, Haß, Nicht-leiden-Können, Sich-übergangen-Fühlen, Sich-ungerecht-behandelt-Fühlen, Sich-unverstanden-Fühlen oder Sich-überflüssig-Erleben. Die Entwicklungspsychologin Judy Dunn und der Verhaltensgenetiker Robert Plomin schreiben in ihrem Buch *Warum Geschwister so verschieden sind*:

»Geschwister, die in der selben Familie aufwachsen, sind sehr verschieden. Auf einem so komplexen Gebiet wie den Verhaltenswissenschaften kommt es selten vor, daß sich so klare und konsistente Belege für einen Befund finden, der unser Denken über ein so grundlegendes Thema wie den Einfluß der Familie auf die Entwicklung radikal verändert. Wie oft sind wir davon ausgegangen – sei es als Eltern, Therapeuten, Psychologen – daß die wesentlichen Einflüsse auf die kindliche Entwicklung von den Kindern in ähnlicher Weise erlebt werden: die Persönlichkeiten der Eltern und die Erfahrungen der Kindheit, die Qualität der elterlichen Ehe, die Ausbildung der Kinder, die Nachbarschaft, in der sie aufwachsen, die Einstellung der Eltern zur Schule oder zu erzieherischen Maßnahmen. Das ist eine lange Liste, aber alle aufgezählten Faktoren scheinen auf jedes einzelne Kind innerhalb einer Familie zu wirken. Doch in dem Maße, wie diese Faktoren gemeinsam wirken, können sie für die Unterschiede, die wir im Ergebnis der kindlichen Entwicklung sehen, nicht verantwortlich sein. Und diese Entdeckung zeigt uns nicht nur, was an unseren bisherigen Erklärungsansätzen zur kindlichen Entwicklung falsch ist, sondern weist uns auch in die richtige Richtung: *Wir müssen herausfinden, welche Umweltfaktoren zwei in der selben Familie aufwachsende Kinder voneinander verschieden machen.* Dies ist der Schlüssel zum Verständnis des Einflusses der Umwelt auf die kindliche Entwicklung allgemein, nicht nur auf die von Geschwistern ...«[82]

Als Beispiel für den Einfluß unterschiedlicher Erfahrungen innerhalb der Geschwisterbeziehungen wird ausgeführt:

»Daß das Selbstwertgefühl eines Kindes wesentlich von einem ausgewogenen Verhältnis zwischen selbstgezeigter und vom anderen erlebter Feindseligkeit innerhalb der Geschwisterbeziehung beeinflußt wurde. Es war also nicht die absolute Menge an Feindseligkeit und Kritik seitens des Geschwisters, die das Selbstbild der Kinder beeinflußte, sondern die relative Menge. Geschwister, die mehr Feindseligkeit einstecken mußten, als sie selber austeilten, fühlten sich schlechter als Kinder, bei denen es sich umgekehrt verhielt.«[83]

Und wenig später heißt es: »Wie sich ein Elternteil gegenüber einem Kind verhält, ist, wie wir wissen, damit verknüpft, wie dieses Kind sich gegenüber seinen Geschwistern verhält. *Die Persönlichkeit und das Selbstwertgefühl jedes Kindes beeinflußt jede dieser Beziehungen und wird seinerseits wahrscheinlich von jeder beeinflußt.*«[84]

Die bemerkenswerte Botschaft dieses Buches ist, daß der Mensch nicht nur abhängig ist von Vererbung und Milieu, sondern vor allem von sich selbst, wie er mit den vererbten Eigenschaften und Möglichkeiten und seinen Umweltfaktoren umgeht. Simone de Beauvoir schreibt in ihren Memoiren über ihre kleine Schwester Poupette folgendes:

»Auf den zweiten Platz verwiesen, mußte sich die Kleine fast überflüssig fühlen. Ich war für meine Eltern ein neues Erlebnis gewesen; meine Schwester hatte weit größere Mühe, sie in Staunen zu setzen oder sie aus der Fassung zu bringen; mich hatte man noch mit niemandem verglichen, sie aber verglich ein jeder mit mir [...] Was Poupette auch tat, der Abstand der Zeit, die Sublimierung durch die Legende wollte, daß mir alles besser geglückt war als ihr; kein Bemühen, kein Erfolg verhalfen ihr jemals dazu, sich gegen mich durchzusetzen. Als Opfer eines ungreifbaren Fluches lebte sie und saß abends oft weinend auf ihrem Stühlchen. Man warf ihr ihr mürrisches Wesen vor: Es entstammte einzig und allein ihrem Minderwertigkeitsgefühl.«[85]

Zum Vergleich ein Beispiel aus Mark Twains Autobiographie:

»Meine Mutter hatte ziemlich viel Ärger mit mir, aber ich glaube, sie genoß es. Sie hatte nie Ärger mit meinem zwei Jahre jüngeren Bruder Henri, und ich nehme an, daß ihr seine stets gleichbleibende Bravheit, Ehrlichkeit und Folgsamkeit zur Last geworden wäre, hätte ich ihr nicht mit dem Gegenteil Erleichterung und Abwechslung verschafft [...] Ich habe nie erlebt, daß Henri sich mir oder anderen gegenüber boshaft verhielt. Aber daß er stets das Richtige tat, ist mir schlecht bekommen. Es war seine Aufgabe, meine Sünden zu berichten, wenn es nötig war, und er nahm seine Aufgabe sehr ernst. Er ist Sid in Tom Sawyer. Aber Sid war nicht Henri. Henri war ein viel besserer Junge, als Sid jemals gewesen ist.«[86]

Die Beispiele zeigen jeweils zwei Kinder im Abstand von zwei Jahren, wobei es bei dem jungen Tom keinerlei Minderwertigkeitsgefühle erzeugt, zurückgesetzt und mit dem idealen Bruder Henri verglichen zu werden, sondern vielmehr das Bewußtsein seiner eigenen Persönlichkeit und Andersartigkeit verstärkt und er in dieser Auseinandersetzung für sein späteres Leben gewinnt. Es sind also nicht die Faktoren Annahme oder Ablehnung durch die Eltern allein, die sich auf das Verhalten des Kindes positiv oder deprimierend auswirken, sondern es spielt immer auch ganz entscheidend mit, wie das Kind *selber* die Art der Annahme und der Ablehnung erlebt und wie es aufgrund seiner eigenen Veranlagung damit umgeht beziehungsweise umgehen lernt und was es für sein späteres Leben daraus macht. Ähnlich ist es mit den zu Hause erlebten Stimmungen. Je bewußter man sie erlebt hat, um so leichter wird es einem auch, sich davon zu distanzieren und den Versuch zu machen, ihnen auszuweichen, sich zu wehren oder auch daran zu arbeiten, indem man sich seine eigene Welt aufbaut und sich dort wohl fühlen lernt.[87] Es gilt dies auch für das spätere Leben. Viele Menschen übergehen die Ereignisse ihrer Kindheit, können sich nur an wenig erinnern, bezeichnen sie sogar vielleicht als »gut« oder »harmonisch« und haben völlig verdrängt, was sie an Demütigungen, Ungerechtigkeiten und Vernachlässigungen erleben mußten. Und nun merkt man im späteren Leben nicht, warum man die Neigung hat (und daß man sie hat), andere Menschen zu demütigen und zu vernachlässigen.

»Eine als Kind sexuell ausgebeutete Frau, die ihre kindliche Realität verleugnet und gelernt hat, Schmerzen nicht zu fühlen, ist ständig auf der Flucht vor bereits Geschehenem – mit Hilfe von Männern, Alkohol, Drogen oder Leistung-Erbringen. Sie braucht den ständigen Kick, um nur ja nicht die Langeweile aufkommen zu lassen, ja nicht eine Sekunde der Ruhe zuzulassen, in der die brennende Einsamkeit ihrer kindlichen Wirklichkeit spürbar wäre, weil sie dieses Gefühl mehr als den Tod fürchtet – es sei denn, sie hatte das Glück zu lernen, daß das Aufleben und Bewußtwerden der kindlichen Gefühle nicht tötet, sondern befreit.«[88]

Alice Miller beschreibt in ihrem Buch *Das Drama des begabten Kindes* auch diese beiden Möglichkeiten: die des Negativ-geprägt-Werdens durch destruktive Einflüsse im Kindesalter mit entsprechenden Folgen für späteres aggressives oder sonstwie destruktives Verhalten und daneben die andere Möglichkeit, sei es aus eigenem Antrieb oder unter professioneller Anleitung, die eigene Biographie anzuschauen, zu bearbeiten und daran aufzuwachen zu dem, was man selber möchte.

Vieles im späteren Leben ist Anlaß, sich zurückzuerinnern und sich etwas aus der eigenen Kindheit und Jugend bewußt zu machen. Es kann bei der Lektüre von Romanen geschehen, im Gespräch mit Menschen, die etwas aus Kindheit oder Jugend berichten – und nun hängt alles davon ab, ob man bereit ist, die eigene Kindheit so zu sehen, wie sie wirklich war. Alles, was wir an unserer Vergangenheit bewußt erkennen, gibt uns die Möglichkeit, uns ihr gegenüberzustellen, sie objektiver und vor allem distanziert zu betrachten und dadurch die Freiheit zu erleben, sich zu diesen Erfahrungen neu einzustellen und von ihnen zu lernen. Damit beginnt die Arbeit an der eigenen Vergangenheit und die Möglichkeit, Gewinn für die weitere Entwicklung daraus zu ziehen. Hat man im Elternhaus eine gleichgültige Atmosphäre erlebt oder sich nicht geliebt gefühlt, so kann man sich vornehmen, mit seinen Kindern anders umzugehen. Auf diese Weise können gerade auch die schlechten Erfahrungen in der eigenen Kindheit dazu führen, daß man als Erwachsener später aus solchen Erlebnissen die pädagogische Kraft schöpft, zu geben, was einem selbst einmal gefehlt hat.

Es ist zum Glück nicht selten zu erleben, daß Menschen, die sich *bewußt* gemacht haben, daß sie von bestimmten Verhaltensweisen wie etwa Strenge, Gleichgültigkeit oder Ungerechtigkeit in ihrer Kindheit geängstigt, gedemütigt oder geärgert worden sind, dies in positive Entscheidungen für ihre Kinder umwenden können. Es gibt aber auch das Gegenteil, daß anstelle der bewußten

Verarbeitung, das unbewußte Sich-Rächen tritt. Man empfindet dann Genugtuung dabei, dasjenige, was man selber erduldet hat, seinen eigenen Kindern und dem Partner auch anzutun. So ist bekannt, daß, wer die Machtüberlegenheit seiner Eltern negativ erlebt hat, später dazu neigt und sogar eine gewisse Lust daran entwickelt, Macht über andere auszuüben. Und so werden viele Opfer wieder Täter, obwohl sie selbst als Kind unendlich unter solchen Verhaltensweisen gelitten haben.[89] Es kann also, wenn man Haß oder Macht erlebt hat, dies ein lebenslanger Impuls werden, selber *nicht* zu hassen oder *nicht* Macht auszuüben, wie umgekehrt das Gegenteil eintreten kann, geradezu Lust an der Machtausübung zu entwickeln, *weil* man sie kennengelernt hat und jetzt nur darauf wartet – unbewußt oder bewußt –, alles »heimzuzahlen«. Wie die Entscheidung ausfällt, hängt in hohem Maß davon ab, welche Gefühle das eigene Selbstbewußtsein beeinflussen.

Ist das Selbstbewußtsein mit dem Gefühl von Stolz verbunden, so wird man immer leicht zu kränken sein, wenn dieser Stolz, auf welche Art auch immer, verletzt wird. Dann weist man vieles von vornherein als Zumutung ab und schützt sich so weit wie möglich vor diesen Verletzungen. Bestimmt Eitelkeit das Selbstbewußtsein, so ist es angreifbar durch jede Form von Gesichtsverlust oder Versagen, das von anderen bemerkt wird. Es wird der Betreffende alles daransetzen, sich zu rechtfertigen, sein Gesicht zu wahren und sich dadurch vor dieser Verletzlichkeit zu schützen. Beherrscht Machtgefühl das Selbstbewußtsein, so fühlt man sich nur dann wirklich als Mensch, wenn man seine Übermacht über andere erlebt. Fehlt das, so fühlen sich die betreffenden Menschen in ihrem Selbstwert gestört und nur noch als »halbe Portion«.

Gerade im Seelenleben machthungriger Menschen verbirgt sich oft ein ausgesprochen zartes, empfindliches Gefühl vom Wert des eigenen Ich. Es braucht daher die starke Stützung durch die erlebte Macht, um sich überhaupt halten zu können. Ist das Selbstbewußtsein jedoch von der Sympathie zu einem Menschen abhängig, so wird es in dem Augenblick ins Wanken geraten, in dem diese Sympathie eine Störung erfährt. Es ist wichtig, bei einem solchen Rückblick in sein Leben in aller Ehrlichkeit zu fragen, welche Gefühle mit dem eigenen Selbstbewußtsein insbesondere verbunden sind, wodurch es verletzt und angegriffen werden kann, und welche Gefühle es gerade angesichts von Verletzungen und Angriffen schützen können und zu stärken in der Lage sind. Es gibt Menschen, die sich ihr angegriffenes Selbstbewußtsein sehr rasch wieder herstellen können, wenn sie einen längeren Spaziergang in schöner Naturumgebung unternehmen, oder wenn sie sich zu Hause mit ihren Kindern beschäftigen. Andere brauchen das Gespräch mit dem Ehepartner oder Freunden. Wieder andere verarbeiten die Verletzungen des Lebens in der Stille für sich und machen sich so bewußt, daß ihr eigener Wert und ihre Würde nicht abhängig sind von der Anerkennung anderer Menschen, sondern durch sich selbst begründet sind.

Jedem Selbstbewußtsein haftet eine gewisse Labilität an, da es in Entwicklung begriffen ist. Wo etwas nicht mehr labil und beweglich ist, kann es sich auch nicht mehr ändern. Und so ist das *Werden* des Selbstbewußtseins ein labiler Vorgang, beeinflußt durch große Gegensätze. Angefangen beim Erleben von Mutter und Vater, der Polarität von Liebe und Haß, von Freundlichkeit und Angst, Wärme und Kälte, Bosheit und Friede, Harmonie und Disharmonie, Leichte und Schwere, unbewußtes Körperleben – bewußtes seelisch-geistiges Leben. Wohin wir auch in unsere Vergangenheit blicken, stets müssen wir feststellen, daß wir uns irgendwo im Bereich dieser Gegensätze befanden, und daß es letztlich sie waren, in deren Spannungsfeld wir die Impulse für unser Selbstbewußtsein und die Entwicklung der Persönlichkeit bekommen haben.

Hegel entdeckte, daß jede These und jedes Gesetz ein ihm polares, eine Antithese hervorruft. Und so fand er die Urpolarität der Welt liegend im Sein und dessen Gegenteil, dem Nicht-Sein. Ihm wurde klar, daß wir ohne den Seins-Begriff das Nichts, als Abwesenheit von Sein, nicht denken können und ohne den Begriff des Nichts wiederum nicht wüßten, was Sein ist. Jedes braucht den Gegensatz, um sich selbst im Bewußtsein geltend machen zu können. *Zwischen* diesen Gegensätzen aber liegen jene Qualitäten, die unsere Lebenswirklichkeit ausmachen. Denn der Mensch lebt weder im Sein noch im Nichts – das sind nicht seine Welten. Diese sind vielmehr der *Weg* vom Sein in das Nichts in Form des Vergehens und umgekehrt, der Weg vom Nichts ins Sein, das Werden. Alles Leben auf der Erde bewegt sich zwischen Werden und Vergehen – das ist die Realität. Für die sinnliche Wirklichkeit erscheinen und verschwinden die Dinge. So ist mit dieser Polarität von Sein und Nichts auch auf die große Weltpolarität von Geist und Materie hingedeutet. Dabei gilt für den Materialisten die Materie als der Bereich des Seins, die Welt des Geistes hingegen als Bereich des Nichts. Umgekehrt bezeichnet der Spiritualist das Geistige als das eigentliche Sein und das Materielle als Maja, als Schein, als Nichts.

Für den Blick in die Vergangenheit ist es nun entscheidend, ob man bei der Geburt stehenbleibt oder noch weiterdenken kann in ein vorgeburtliches Leben hinein und in ein davor liegendes früheres Erdenleben, – oder ob dieser Bereich »nichts« ist. Denn erst wenn man sein vorgeburtliches Leben auch als Folge eines nachtodlichen und beides wiederum als Folge eines früheren Erdenlebens ansehen lernt, zeigen die eigene Kindheit und Jugend, wie sie – gerade so wie sie waren – zu einem gehören. Dann sucht man die Ursachen für seine persönlichen Probleme in erster Linie in der eigenen Vergangenheit, bei sich selbst und macht nicht die Umstände und Personen der Kindheit primär dafür verantwortlich. Sie werden vielmehr zu Anlässen, durch die einem die eigene Problematik, das, was zu lernen ist, bewußt wird.

Die Rolle der Eltern

Die eigene Vergangenheit wird oft vor dem Hintergrund betrachtet, welche Rolle Vater und/oder Mutter darin gespielt haben und wie sich dieses auf das spätere Leben ausgewirkt hat. Dabei kann man alles erleben: Die totale Identifikation mit dem Väterlichen, mit dem Mütterlichen oder mit dem Verhalten eines anderen mit dem Kind zusammenlebenden Menschen. Oder man hat ein sehr unangenehmes Bild vom eigenen Elternhaus und zieht daraus die Konsequenz, indem man sagt: »Wenn das Ehe ist, heirate ich nie!« Und dann gibt es eine Schwester oder einen Bruder im selben Elternhaus, der ganz anders auf dieses Milieu reagiert, indem er/sie sehr früh heiratet und bestrebt ist, alles ganz anders zu machen, als er/sie es zu Hause erlebt hat.

Der Einfluß der Eltern auf das eigene Verhalten im späteren Leben ist – wie bereits ausgeführt – so stark, *wie wir ihn gelten lassen und aufnehmen und/oder bewußt durch Selbsterziehung verändern.* Auch haben die Vorstellungen der Eltern, wen sich das Kind als Beispiel nehmen beziehungsweise an wem sich das Kind orientieren soll, erstaunlich wenig Einfluß, so daß man auch hier feststellen kann: Die Wahl, welcher Mensch dem Kind zum Vorbild wird und zu wem es aufschaut, trifft letztlich das Kind selber. Ob es sich dabei mehr mit dem Vater oder der Mutter identifiziert, hängt mitnichten in erster Linie davon ab, ob er oder sie mehr Sympathie für das Kind empfindet. Sondern es hängt davon ab, ob das Kind die entsprechende Sympathie zu Vater und Mutter entwickelt. Auch wenn es scheinbar so aussieht, als hätte einen dieser oder jener im guten wie im schlechten geprägt, muß man sich doch ehrlicherweise auch immer sagen: Man hat sich prägen lassen. Und so gibt es immer wieder erstaunliche Beispiele von Menschen, die unter schwierigsten Verhältnissen aufwachsen und dennoch keinen Schaden mit ins Leben nehmen, sondern vielmehr eine große Motivation und Kraft, weil sie doch in ihrem Umkreis oder in der Schule *einen* Menschen getroffen haben, den sie liebten und verehrten und von dem sie sich so stark prägen ließen, daß die anderen negativen Einflüsse kaum eine Chance hatten, anhaltend zu wirken. Oder diese negativen Erfahrungen werden Anlaß, sich schon recht früh für spirituelle Fragen zu interessieren.

So kann im späteren Leben eine besondere Charaktereigenschaft und Fähigkeit ihren Ursprung darin haben, daß eine problematische Kindheit oder eine sehr schmerzvolle Menschenbeziehung konstruktiv verarbeitet worden ist. Wären dieselben Menschen harmonisch, bequem und umsorgt aufgewachsen, hätten sie solche Fähigkeiten nicht in dieser Weise entwickeln können und wären vielleicht bestimmten Lebenssituationen, die später auf sie zukamen, nicht annähernd so gewachsen gewesen wie jetzt. Dennoch zeigen die vielen Biographien, die scheitern, leerlaufen oder in Sucht und Abhängigkeit enden, daß die Zeit vorbei ist, in der man Erziehung einfach nur nach Gutdünken vornehmen oder lassen kann. Auch kann man sich nicht mit dem Gedanken beruhigen, daß sich das Kind schon sucht, was es braucht. Es ist notwendig, bewußt umfassende Angebote für Begegnungen und Tätigkeiten zu machen, damit die Kinder auch tatsächlich finden können, was sie brauchen. Wie dieses Angebot dann jedoch von dem einen oder anderen Kind genützt wird, ist offen – keiner kann es letztlich voraussagen. Je stärker eine Persönlichkeit ist, desto selbständiger wird sie mit Erziehungseinflüssen umgehen. Je schwächer die Ich-Konfiguration erscheint, um so mehr wird sich der betreffende Mensch – im guten wie im schlechten – an die Umgebungsverhältnisse anpassen.

Wer oder was hat mich erzogen?

Wer in seine Vergangenheit zurückschaut und sich fragt, durch was er eigentlich erzogen wurde, wird dies gar nicht so schnell sagen können. Am leichtesten geht dies noch mit bestimmten Einzelheiten und Erlebnissen, an denen man sich etwas klargemacht und durch die man sich vielleicht zum Pünktlich-Sein, zur Hilfsbereitschaft entschlossen hat. Oft ist es jedoch so, daß man eigentlich das Gefühl hat, recht normal gelebt zu haben, relativ ungeschoren durchgekommen und nicht durch spezifische Maßnahmen »erzogen« worden zu sein. Es gibt auch Eltern, die sagen, sie hätten ihre Kinder nicht selber erzogen – das hätten die Geschwister untereinander gemacht mit all ihren Streitereien, ihren Versöhnungen, ihrem Lieben und Hassen.

So kann es hilfreich sein, sich diese Frage anhand der schon genannten vier Wesensebenen (Vgl. Seite 127 ff.) vorzulegen und sich zu fragen: Wodurch wurde eigentlich mein Ich-Erleben, mein Selbstbewußtsein erzogen? Was hat auf meine Gefühlsentwicklung besonders erzieherisch gewirkt? Welche Einflüsse haben mir zu meiner stabilen oder labilen Gesundheit beigetragen? Und was hat die Stärke oder Schwäche meines physischen Leibes beeinflußt?[90]

Die *Ich-Ebene* unserer Persönlichkeit wird am unmittelbarsten angesprochen durch das Verhalten der Eltern und der nächsten Personen im Umkreis. Dabei sind die wichtigsten Erziehungsmittel das »Ja« und »Nein«, mit denen wir es dauernd im Leben zu tun haben. Öffnung und Festlegung dieser Grenzbereiche sind die bedeutsamsten Instanzen für das Ich. Das bedeutet, daß eine Erziehung, welche zu enge Grenzen setzt, dieses Ich ständig verletzt und zu sehr auf sich zurückwirft, so daß ein starkes schmerzhaftes Selbstbewußtsein zustande kommt. Oder aber es entsteht, wenn die Grenze zu locker gezogen ist, ein zu schwaches, eher unkonturiertes Selbstbewußtsein. Es ist nicht selten, daß Kinder später ihre Eltern fragen, warum sie nicht strenger mit ihnen gewesen seien. Sie vermissen einen starken Willen und neigen dazu, schnell aufzugeben, weil sie sich nie an Hindernissen anstrengen und an Grenzen haben abmühen müssen. Ebenso wird das Gegenteil zum Vorwurf erhoben: »Du hast mich so streng gehalten, so daß ich mich eigentlich selber nie liebgewinnen konnte. Ich habe nie so recht Freude an mir gehabt und mich immer unter Druck gefühlt und hatte das Erleben, daß ich eigentlich anders sein müßte, als ich bin.« Beide Extreme führen auf unterschiedliche Art dazu, daß man sich mit seinem Ich-Erleben (beziehungsweise Selbstbewußtsein) nicht richtig in sich beheimaten kann. Dieses Sich-Beheimaten wird am besten dadurch unterstützt, wenn das Ja und das Nein »atmen«, wenn Bestätigung und Verbieten, Erlauben und Verneinen, ihren Rhythmus haben. Es stellt die beste Voraussetzung für die Entwicklung eines gesunden Selbstbewußtseins dar, wenn es am Nein erwacht und am Ja erstarkt. Lob und Bejahung geben Kraft, der Schmerz jedoch weckt auf. Und so wie man Kraft braucht, um Schmerzen zu ertragen, so braucht man auch den Schmerz, um wach zu werden dafür, wofür man die Kraft einsetzen möchte, die man hat.

Auf der *seelischen Ebene* entwickelt sich die Art und Weise, wie wir denken, fühlen und wollen. Seelische Motivationen, Erlebnisse und Gefühle werden durch das Leben angeregt, und Gedanken werden durch Lernprozesse bewußt gemacht. Die Seele ist gleichsam eine »schlafende Braut«, die geweckt werden muß. Alle Fähigkeiten, die sich auf sie beziehen, werden uns nicht »anerzogen«, vielmehr wachen wir zu ihnen auf. So nannte schon Platon jegliches Erkennen ein Wiedererinnern von etwas, was unbewußt schon im Menschen ruht. Zur Bestätigung sei eine kleine Szene aus der Aufnahmeuntersuchung eines Schulanfängers geschildert. Er sollte etwas rechnen. Acht Farbstifte wurden gezählt, dann fünf abgedeckt und drei waren noch sichtbar. Nun wurde er gefragt, wie viele denn jetzt versteckt seien. Spontan sagte er: »Fünf«, und auf die Frage, woher er das so schnell wisse, antwortete er ebenso spontan: »Ich kann doch unsichtbar zählen«. Er hatte so etwas zum erstenmal gemacht – aber er konnte es. Er »kann« das doch. Daß es ihm durch die Frage des Lehrers nur bewußt gemacht wurde, konnte er zwar nicht sagen, es wurde aber durch den Vorgang evident. Und so beginnt auch Rudolf Steiner sein Schulungsbuch *Wie erlangt man Erkenntnis der höheren Welten?* mit den Sätzen:

»Es schlummern in *jedem* Menschen Fähigkeiten, durch die er sich Erkenntnisse über höhere Welten erwerben kann. Der Mystiker, der Gnostiker, der Theosoph sprachen stets von einer Seelen- und einer Geisterwelt, die für sie ebenso vorhanden sind wie diejenige, die man mit physischen Augen sehen, mit physischen Händen betasten kann. Der Zuhörer darf sich in jedem Augenblicke sagen: Wovon dieser spricht, kann ich auch erfahren, wenn ich gewisse Kräfte in mir entwickle, die heute noch in mir schlummern. Es kann sich nur darum handeln, wie man es anzufangen hat, um solche Fähigkeiten in sich zu entwickeln.«[91]

Jeder Mensch bringt eine Fülle unbewußter Fähigkeiten mit, und es hängt nun von den Lebensumständen ab, was ihm davon zum Bewußtsein kommt und ihm damit auch die Möglichkeit gibt, von ihm erlebt und gehandhabt zu werden. Was uns nicht bewußt wird, das ist – zumindest für dieses Leben – verloren, da es kein Erlebnis, keinen Lernvorgang gab, uns diese Eigenschaft oder Fähigkeit bewußt zu machen. Durch Selbsterziehung und Lebenserfahrung kann später noch vieles aktiviert und ausgeglichen werden, was vielleicht durch die Art, wie Kindheit und Jugend verlaufen sind, noch nicht oder nur teilweise bewußt werden konnte. Hauptproblem bei der Erziehung der Seele ist jedoch, sie nicht zu früh, aber auch nicht zu spät zu wecken. Wenn bestimmte Gedanken zu früh hervorgebracht, gewisse Information zur Unzeit gegeben werden, so daß sie gefühlsmäßig noch nicht verarbeitet werden können, so stellen sie eine Belastung dar und schädigen die seelische Entwicklung. Gerade hier liegt ein weites Feld vor, auch durch Einsicht und Verzicht Freiheit zu üben. Daran zu arbeiten und so weit irgend möglich Lernschritte und Ereignisse altersentsprechend und damit förderlich an das Kind heranzubringen und nicht einfach alles zuzulassen, was heute möglich ist, stellt sich als eine notwendige Aufgabe dar.

Eine dritte Ebene der kindlichen Erfahrung ist die *unbewußte Sphäre des Lebens* und damit die dem Körper innewohnende Regenerationskraft und Gesundheitsdisposition. Sie wird gepflegt durch Eigenschaften und Verhaltensweisen, die dem Leben verwandt sind. Dazu gehören insbesondere der Rhythmus von Essen und Schlafen, von Ruhe und Erholung, von Alltag und Sonntag und überhaupt alles Gewohnheitsmäßige. Denn gerade die Lebenssphäre ist ungeheuer treu und auf die Wiederholung immer derselben Vorgänge angewiesen. Krankheit entsteht ja gerade dadurch, daß plötzlich etwas aus der Bahn läuft und nicht so ist »wie gewohnt«. So ist auch die Pflege des religiösen Lebens mit seinen vielen Wiederholungen derselben Gebete, des Feierns derselben Feste, des Singens derselben Lieder, des Erzählens derselben Geschichten von größtem Wert gerade für die Lebenstüchtigkeit.[92] Entsprechend ist dies auch mit den verschiedenen künstlerischen Übungen und Kunsteindrücken. Je häufiger und regelmäßiger diese Eindrücke wirken, um so größer ist ihr Einfluß auf die Lebenstätigkeit des Organismus beziehungsweise auf den ätherischen Leib.

Und wie war es mit dem Körper, mit dem *physischen Leib*? In seiner Schrift *Die Erziehung des Kindes vom Gesichtspunkt der Geisteswissenschaft* führt Steiner Freude, Heiterkeit und liebevolles Umgeben-Sein als *die* Förderungsmittel für die körperliche Entwicklung insbesondere der Vorschulzeit an. Wie wurde dieser Leib behandelt, wodurch wurde er in Tätigkeit versetzt? Wie waren die Stimmungen dabei? Was hat dazu geholfen, sich in diesem physischen Leib wohlzufühlen, und was trug unter Umständen dazu bei, daß man ihn bis heute haßt und weder schön noch tüchtig genug findet? Welche Eindrücke kamen über die Sinne und haben den Organismus zur Nachahmung und damit zum Reagieren angeregt, so daß dieses oder jenes getan wurde? Es ist wichtig, sich klarzumachen, daß alles, was im Wachstumsalter mit dem physischen Organismus *getan* wird, zugleich auch so auf ihn zurückwirkt, daß er sich durch diese Tätigkeit ausbildet. Ohne daß das Sehen geübt wird, kann sich kein gesundes Auge entwickeln. Ohne daß das Gehen geübt wird, entwickelt sich kein gesundes Skelettsystem und so weiter.

Schauen wir in dieser Weise zurück, so wird uns doch vieles bewußt, was uns erzogen hat, beziehungsweise womit wir uns auseinanderzusetzen hatten, um das zu werden, was wir bis jetzt geworden sind.

Biographiearbeit als Weg zu Christus

Biographiearbeit gibt es diesem Namen nach erst seit Mitte dieses Jahrhunderts. Wird sie von Ärzten durchgeführt, so hat sie einen primär therapeutischen Ansatz, in der Hand des Priesters ist sie eine bestimmte Form der Seelsorge. Und so können Psychologen, Sozialarbeiter, Kunsttherapeuten, Unternehmens- und Lebensberater die Biographiearbeit durchführen und ihr ein bestimmtes professionelles Gepräge geben. Das Gemeinsame all dieser Bemühungen ist jedoch immer das Aufarbeiten der eigenen Biographie, das Interesse für den ganz individuellen Schicksalsverlauf und seine Bedingungen. Und so kann man Biographiearbeit auch ganz persönlich für sich betreiben, indem man beispielsweise aus der zahlreichen Fachliteratur einige Werke heranzieht[93] und den Weg durch die eigene Biographie beginnt. Zugrunde liegen der Biographiearbeit das Studium der allgemeinen Gesetzmäßigkeiten der körperlichen, seelischen und geistigen Entwicklung sowie die Bearbeitung der individuellen Ereignisse und Schicksalskonstellationen.

Das Schöne an dieser Arbeit ist, daß sie jeden Menschen in gleicher Weise betrifft und faszinieren kann. Denn was alle Menschen gemeinsam haben, ist die Biographiefähigkeit, die Tatsache, daß jeder auf der Erde *seinen* Lebenslauf durchzumachen hat. Sinn der Biographiearbeit ist es, das Leben selbst als Entwicklungsweg zu entdecken und im umfassendsten Sinne Lebensbejahung und Lebensfreude zu lernen. Auf der anderen Seite gibt sie aber auch die Möglichkeit, menschliche Beziehungen neu anzuschauen und damit andere Möglichkeiten zu gewinnen, diese zu gestalten. So spielt auch die Biographiearbeit für den Umgang mit dem Machtproblem eine wichtige Rolle. Denn sie eröffnet einen Weg in die Selbstverantwortung, in die innere Unabhängigkeit, und verhilft dazu, auch eigene Machttendenzen zu entdecken und zu bearbeiten, indem man sie kompensiert oder überwindet.

Zentraler Begriff der Biographiearbeit ist der des Schicksals vor dem Hintergrund der wiederholten Erdenleben. Und so kann sie auch zu einem Weg werden, der zum Erleben des Christus führt. Denn welche Möglichkeiten gibt es, IHM zu begegnen? Was bedeutet das Wort: »Wo zwei oder drei in meinem Namen zusammen sind, da bin ich mitten unter ihnen.«[94] Ist nicht das biographische Gespräch eine solche Gelegenheit? Wie lernt man, »in seinem Namen« zusammen zu sein? Hängt das nicht gerade mit diesem überaus milden und verstehenden Blick zusammen, mit dem Christus auf die Menschen, die mit ihm waren, hingeblickt hat? Immer war es ihm um die Entwicklung, Wandlung und den Fortschritt der Menschen zu tun. Auch im Zorn über die Phärisäer lebt sein Verstehen, sein Engagement für ihr weiteres Ergehen, auch wenn es sich in abschreckende Zukunftsbilder kleiden muß. Denn die Folgen der Irrtümer gilt es ja genauso nüchtern ins Auge zu fassen wie die Folgen von Einsicht und Wohltat. An keiner Biographie kann so archetypisch gesehen werden, wie *alles* zum Guten gewendet wird, was auch geschieht. So ist es dieser Wille zum Guten, zum Heilsamen, zum Verstehen und Verwandeln, der die Biographiearbeit zu einem Weg macht, der in SEINE Nähe führt.

Wie viel ist gewonnen, wenn einem deutlich wird, daß man den schmerzlichen Ereignissen ebenso viel für die eigene Selbst- und Welterkenntnis verdankt wie den glücklichen. Gerade an den problematischen Begebenheiten kann so vieles gelernt werden, weil Schmerz die Seele anrührt, aufweckt. Wer darüber in Haß und Ärger verfällt, betäubt dieses Aufwachen und bringt sich um den Segen dieser Erfahrungen. Und auf der anderen Seite: Wie viel ist dadurch gewonnen, daß man die freudigen Erlebnisse, die man gerne annimmt, nicht nur bis zum Letzten genießt, sondern lernt, daraus Kraft zu schöpfen. Wer durch Biographiearbeit zu der Überzeugung gelangt: »Wenn ich kraftlos werde, habe ich zu wenig an den positiven Seiten meines Lebens gearbeitet, habe ich mir von den guten Ereignissen zu wenig Kraft geben lassen« – und: Wenn ich zu sehr an meinen Schmerzen leide, muß ich mich fragen: »Warum kann ich sie nicht so verarbeiten, daß ich wirklich aufwache zu den Erfahrungen, die sie mich lehren wollen, so daß die damit verbundenen Ereignisse zur Ruhe kommen können?« Wer in dieser Weise anfängt, die Ereignisse seines Lebens zu bearbeiten, erlebt, wie er dadurch »menschlicher« wird.

Macht in der Biographie

Wer die Berichte vom Leben Jesu in den Evangelien liest, begegnet hier einer Biographie, in der die Ideale der menschlichen Entwicklung so weit vorgelebt werden, daß man nur sagen kann: In diesem Menschensohn mit dem Gottesbewußtsein sind sie volle Wirklichkeit, sind sie Realität geworden. Und um so bestürzender ist es, daß auch hier die Realität des Bösen am Anfang (Kindermord zu Bethlehem) und am Ende in Form von Passion und Tod auf Golgatha ebenfalls in nicht zu überbietender Menschenverachtung in Erscheinung tritt. Damit aber ist für jede Biographie in gleicher Weise ein Vorbild gegeben für das Streben nach Menschlichkeit und zugleich auch ein unendlicher Trost für alles Leidvolle, von dem der Lebenslauf gezeichnet sein kann. Und man sieht: Beides gehört zusammen. Auch die Biographie des Jesus Christus ist davon nicht ausgenommen. Und so kann man gerade aus seiner Biographie auch die wesentlichen Hilfen gewinnen für den Umgang mit dem Machtproblem. Im Gespräch mit Pilatus wird das entscheidende Wort ausgesprochen: »Du hättest keine Macht über mich, wäre sie dir nicht von einem Höheren gegeben.«[95] Und ähnlich bekannt und zentral ist der Ausspruch: »So gebt dem Kaiser, was des Kaisers ist, und Gott, was Gottes ist.«[96]

In unsere alltäglichen Konfliktsituationen übertragen, kann uns dies aufmerksam machen auf die Aufgabe der Macht im individuellen und sozialen Leben. Durch die häufige Erfahrung des Machtmißbrauches hat Macht im Empfinden der Menschen keinen guten Klang. Es ist jedoch das Edelste, was der Mensch zur Verfügung hat: die Fähigkeit, etwas zu tun, und damit eine Aufgabe oder eine Situation zu beherrschen beziehungsweise ein Arbeitsgebiet zu *verwalten*. Die Frage ist nur, ob das, was getan wird, das Richtige zum richtigen Zeitpunkt und am richtigen Ort ist, so daß es als gut und hilfreich erlebt wird. Oder ob die Macht für Handlungen eingesetzt wird, durch die andere zur Seite gedrängt oder geschädigt werden. Es bedeutet viel, sich klarzumachen, daß einem die Machtbefugnisse, die man aufgrund von Ausbildung, sozialer sowie beruflicher Stellung besitzt, *durch die Schicksalsführung gegeben* sind, gleichsam anvertraut, um sie zum Segen der Mitwelt, nicht jedoch störend oder zum Schaden zu gebrauchen. *Wer Macht als berechtigten Anspruch für sich erlebt oder für wen die Freude zu herrschen zum Selbstzweck wird, mißbraucht die ihm gegebene Macht.* Auch wenn ein Mensch Angst hat, seine Macht könnte dadurch schwinden, wenn andere, ebenfalls fähige Menschen in seinem Umkreis auftauchen und er diese nun mit den verschiedensten Mitteln daran hindert, wirksam zu werden, um selber unbestritten an der Spitze zu bleiben, geschieht dies. So wird oft in aller Stille verhindert, daß rechtzeitig ein geeigneter Nachfolger für die eigene Position gefunden wird und daß andere, jüngere Kräfte in wichtige Aufgaben hineinwachsen können.

Es gibt keine andere Haltung, die einen vor dem Machtmißbrauch schützen könnte, als die christliche Haltung, die eigene Macht als von einem Höheren gegeben zu betrachten und sie so lange auszuüben, wie es die Verhältnisse oder die Aufgaben erfordern, und stets bereit zu sein, sie auch wieder weiterzugeben. In dieser Haltung lebt auch die Ehrfurcht vor dem Schicksal anderer und seiner geheimnisvollen Regie, die man oft erst nach Jahren zurückblickend in ihrer Sinnhaftigkeit durchschaut. Nicht *wer* eine Aufgabe besorgt, sondern *daß* sie so gut als möglich bewältigt wird, ist entscheidend. Unsere Zeit leidet zum einen an einem enormen Wahrnehmungsdefizit. Es wird zu wenig beobachtet, was wirklich erwartet und gebraucht wird. Viel Zeit und Kraft wird in unnötigen Aktionismus gesteckt. Zum anderen leiden wir gegenwärtig an einem gestörten Verhältnis zu Führungs- und Machtfragen nach dem Motto: Entweder alle oder keiner. In den weltweiten Demokratiebestrebungen liegt nicht nur der Impuls verborgen zur Befreiung des einzelnen aus überlebten zentralistischen Machtstrukturen, sondern auch ein uneingestandener Neid und Geltungsdrang, selbst zu herrschen. Der Trend zur Mitbestimmung bei allem und jedem verschleiert dies und führt oft zu unhaltbaren sozialen Zuständen, in denen schließlich jeder jeden mit seinem Vetorecht in der Handlungsfreiheit einschränkt oder blockiert. Das Schaffen transparenter Arbeitsformen für individuell oder gemeinsam zu ergreifende Aufgabengebiete gehört daher zu den Zeitforderungen.

Die Auseinandersetzung mit dem Bösen

Die Konfrontation mit dem Bösen in der eigenen Biographie hat nicht nur den schon mehrfach angesprochenen Sinn, sich durch den Schmerz oder die Auseinandersetzung mit dem Destruktiven aufwecken zu lassen für neue Lebenseinsichten und Perspektiven. Vielmehr ist darüber hinaus noch etwas nötig, was urbildhaft ausgedrückt ist durch die Worte am Kreuz: »Vater, vergib ihnen, denn sie wissen nicht, was sie tun.«[97] Das Böse hat zwar seine Aufgabe in der Entwicklung darin, uns zu hindern, »automatisch« das Gute zu tun, bedarf aber selbst der Erlösung. Diese ist jedoch nicht nur in seiner Überwindung gegeben. Wenn das Böse für uns seinen Sinn erfüllt hat, indem wir freier und selbstbewußter durch die Auseinandersetzung mit ihm geworden sind, so bleibt doch noch das uns und anderen angetane Böse als geschehenes Unrecht stehen. Der Mensch, der uns geschadet hat, muß mit seiner Schuld weiterleben, auch wenn wir das häßliche Ereignis gut verarbeitet haben.

Was geschieht nun, wenn wir ihm *verzeihen*? Ja, wie ist verzeihen überhaupt ehrlicherweise möglich? Verzeihen ist in dem Augenblick möglich, in dem ich verstehe, warum der andere sich in dieser Weise schädigend verhalten hat, oder weil ich Mitleid mit ihm habe, oder dadurch, daß ich seine schädigende Handlung so positiv für mich verarbeiten konnte, daß ich auch dieser Schicksalstatsache gegenüber dankbar sein kann. Als in Norwegen vor einigen Jahren eine furchtbare Geschichte durch die Presse ging, daß nämlich ein sechsjähriger Junge ein fünfjähriges Mädchen beim Schlittenfahren mit dem Platikschlitten ohnmächtig geschlagen hat und es dann im Schnee liegen ließ, so daß es starb, – da löste dies im ganzen Land intensive Debatten aus, woher ein solcher Empathie- beziehungsweise Mitleidsverlust kommen kann und wie ein solches Ereignis überhaupt zu verarbeiten ist. Da wurde auch die Mutter des getöteten Mädchens gefragt, ob sie nun Haßgefühle gegenüber dem Jungen empfände, der ihre Tochter umgebracht hatte. Daraufhin sagte sie zu dem erstaunten Journalisten: »Nein, Haß kann ich nicht empfinden – nur ein ganz großes Mitleid mit dem Jungen. Denn er muß nun ein Leben lang mit dieser Schuld leben.«

Eine Antwort wie diese ist tief christlich. Sie ist geprägt von Vertrauen in den Sinn auch dieses schweren Schicksals und weiß um das Geheimnis der Vergebung. Wie viel Erlösendes, Befreiendes könnte in so manche schwierige Lebenssituation hereinkommen oder völlig verfahrene menschliche Beziehungen wieder auf einen gangbaren Weg bringen, wenn das Bewußtsein dafür wach würde, daß das Böse nicht nur aufrüttelnde und weckende Funktionen hat, sondern auch der Erlösung bedarf, an der wir Menschen mitwirken können. Damit ist für den, der einen anderen geschädigt hat, zwar nicht die Notwendigkeit genommen, seine Tat in irgendeiner gemäßen Form in diesem oder einem künftigen Erdenleben wieder gutzumachen beziehungsweise auszugleichen. Es ist vielmehr durch den Akt des Verzeihens eine freie Situation geschaffen und damit auch die Möglichkeit zu einem friedlichen Sich-Wieder-Begegnen, was dem notwendigen Schicksalsausgleich dann ein liebevolles Geben und Empfangen aufprägen kann.[98]

Biographie und Wiederverkörperung

»Der Leib unterliegt dem Gesetz der *Vererbung*; die Seele unterliegt dem selbstgeschaffenen Schicksal. [...] Und der Geist steht unter dem Gesetz der *Wiederverkörperung*, der wiederholten Erdenleben.«[99]

Wie vieles im Leben – bis hinein in konkrete Krankheitssituationen – wird durch die körperliche Verfassung bestimmt! Anderes durch die Betroffenheit im seelischen Erleben angesichts der Vorkommnisse, Begegnungen und Möglichkeiten der biographischen Situation. Beides dient dem Menschengeist zur Grundlage seiner Entwicklung durch wiederholte Erdenleben hindurch. Das Ich des Menschen, sein geistiges Wesen, geht durch verschiedene Erdenleben, ohne seine Identität zu verlieren. Unsere Seele hingegen lebt in der Kontinuität und Identität *eines* Erdenlebens. Sie ist in jedem Leben für den Menschengeist ein neuer, einmaliger Arbeits-, Bewußtwerde- und Entwicklungsraum, da die Seele mit ihrem Erleben an den Körper und damit an das Mann- oder Frausein, an das Lebensalter und ganz bestimmte biographische Bedingungen gebunden ist. Nur dem Geist – dem im Denken tätigen Menschen-Ich – ist es möglich, sich von all dem zu distanzieren, es anzuschauen, zu reflektieren und zu bearbeiten. Er kann sich während des Erdenlebens im Denken *leibfrei* erleben und betätigen. Er kann seine Identität in ganz verschiedenen Biographien mit ihren jeweiligen besonderen seelischen Konfigurationen wiederfinden. Er kann dies, wenn er sich so weit seiner selbst bewußt geworden ist, daß er objektiv und selbstlos auf seine Erdenleben hinschauen kann. Würde er unvorbereitet volle Einsicht in frühere Erdenleben gewinnen, so wäre dies für den Menschen seelisch nicht zu verkraften und damit auch dem Geist nicht dienlich.

Welche dramatischen Unterschiede in Lebenserfahrung und Lebensqualität haben wir zum Beispiel in dem Erdenleben eines Galeerensklaven in Griechenland, einer Kammerfrau an einem mittelalterlichen Fürstenhof oder im heutigen Schicksal einer alleinerziehenden Mutter oder dem Leben eines leitenden Angestellten in einem größeren Betrieb? Wie verschieden sind die seelischen Konfigurationen und Erfahrungen, die von der ewigen Individualität des betreffenden Menschen seelisch durchlebt werden! Da gehört viel innere Kraft dazu und auch die genannte Objektivität und Selbstlosigkeit, um sich zum Beispiel mit einem Lebenslauf zu identifizieren, den man gar nicht mag und von dem man nie gedacht hätte, daß man das selbst gewesen sein könnte. Unter Umständen muß man auch Erlebnisse verarbeiten können, die einen sehr betroffen machen, da man entdeckt, daß man in einem Leben gar kein so guter Mensch gewesen ist, wie man immer dachte, daß man einer wäre.

Wer sich also vorbereiten will, mit der Gesetzmäßigkeit der wiederholten Erdenleben näher bekannt zu werden, der tut gut daran, sich nicht zu fragen, welche bedeutende Persönlichkeit er in einem früheren Leben gewesen sein könnte, sondern sich vielmehr zu fragen: »Würdest du es aushalten zu erkennen, daß du es bist, der in einem früheren Leben eine Grausamkeit begangen hat? Könntest du es aushalten zu erkennen, daß *du* der Übeltäter warst und nicht die anderen? Könntest du es ertragen, daß ein Mensch, mit dem du in diesem Leben größte Schwierigkeiten hast, gerade derjenige ist, den du in einem früheren Leben geschädigt hast?« Sich als Opfer vorzustellen, ist bedeutend leichter, als sich mit der Rolle des Täters zu identifizieren. Wenn man sich in diesen

Schmerz und in dieses Unerträgliche ein wenig eingelebt hat, kann man versuchen, sich zu fragen: »Was in meinem gegenwärtigen Leben könnte denn der gerechte Ausgleich für die unangenehmen Seiten meiner früheren Biographien sein?« Denn spontan neigen wir mehr oder weniger alle dazu, das Böse, das uns begegnet, als ungerecht von uns zu weisen, als ob es nichts mit uns zu tun hätte; und so suchen wir letztlich die Schuld für ein Problem auch bedeutend lieber bei den anderen, die uns mißverstehen, uns übelwollen oder ignorieren oder ähnliches. Das Gute jedoch, das uns widerfährt, nehmen wir schon eher als zu uns gehörig und gerechtfertigt hin.

Rudolf Steiner hat seine umfangreichen Forschungsergebnisse auf dem Gebiet der Gesetze der Wiederverkörperung in den sogenannten Karmavorträgen niedergelegt.[100] Dort finden sich konkrete Hinweise, wie man in diesem einen Erdenleben schon Biographiearbeit für sein nächstes beginnen kann, wie man sein nachtodliches Leben vorbereiten und wie man damit ganz bewußt die Art und Weise, wie die nächste Verkörperung sein wird, beeinflussen kann. Es gilt dies jedoch nicht nur für die eigene Biographie, sondern auch für die Biographie der uns verbundenen Menschen. Denn deren Leben hängt in vielem davon ab, wie wir uns ihnen gegenüber verhalten. Und gerade in diesem Bereich stellt das im vorigen Abschnitt genannte Vergeben beziehungsweise Verzeihen eine starke Kraft dar, die das Leben dessen, der einen geschädigt hat und nun mit dieser Schuld leben muß, positiv beeinflussen kann.[101] Erstreckt sich die Biographiearbeit auch auf diese geistige Ebene, so mündet sie unmittelbar ein in die Schulung geistiger Fähigkeiten, so wie sie in Steiners Werk *Wie erlangt man Erkenntnisse der höheren Welten?* beschrieben sind. Durch diese innere Arbeit und Schulung kann man dazu befähigt werden, sich geistig in anderen Lebensumständen und Verkörperungen wiederzufinden. Tiefe Schicksalseinsichten sind dann die Folge und neue Möglichkeiten heilsamen Wirkens im Sozialen.

Eine solche innere Arbeit, wie anfänglich sie auch geübt wird, ist für das Verarbeiten der Konflikte des täglichen Lebens von unschätzbarem Wert. Denn schon allein der Gedanke, daß sich in den Ereignissen des Lebens nicht pure Zufälle, sondern Folgen früherer Vorkommnisse ereignen sowie Ausgangssituationen, die erst in späteren Erdenleben ihre Fruchtbarkeit zeigen werden, kann uns helfen, mit viel mehr Ruhe und Gelassenheit auf das Leben hinzublicken. Er kann aber auch motivieren, alles zu tun, um den Lebensvorkommnissen eine positive Wende zu geben und das Schicksal aktiv mitzugestalten, indem man nicht nur die Vergangenheit mit ihren Ursachen im Auge hat, sondern vor allem die Folgen für die Zukunft.

Weitere Arbeitsmotive für die Selbsterziehung

1. Die Suche nach dem eigenen Selbst

Viele Menschen blicken – wenn sie ehrlich sind – in eine Kindheit und Jugend zurück, die von Vertrauens- und Liebesmangel, von Angst, von Sich-ausgegrenzt-Fühlen, von Einsamkeit und vielleicht auch periodischem Sinnlosigkeitserleben und Langeweile geprägt war. Es war nicht möglich, zu einer befriedigenden Selbsterfahrung zu kommen und ein gesundes Selbstbewußtsein aufzubauen. Auch fehlte *die Begegnung,* die einem die Freude am Menschsein hätte wirklich vermitteln können. Vielleicht war die Schulzeit auch gekennzeichnet von vielen Demütigungen, weil man leistungsmäßig oft nicht mithalten konnte, vielleicht auch unbeliebt war in der Klasse oder Lehrer hatte, die einen nicht mochten.

Um so verständlicher ist es, daß viele Menschen von *der Beziehung für das Leben* ungemein viel erwarten. Man erhofft sich von ihr, was einem bisher gefehlt hat und was einem insbesondere in Kindheit und Jugend versagt blieb. Die beglückende Erfahrung des Verliebtseins und Geliebtwerdens gibt dieser Erwartung zunächst auch scheinbar recht. Denn man fühlt sich in seinem Selbst gestärkt, überhöht, bejaht, mit Liebe und Vertrauen umgeben und tatsächlich so ein bißchen »wie im Himmel«. Man identifiziert sich, macht sich vielleicht auch ein Bild von dem anderen, das dem eigenen Glückerleben entspricht – oder – wo dies noch nicht in vollem Umfang der Fall ist – von dem man hofft, daß er ihm immer mehr entsprechen wird. *Man bemerkt dabei nicht, daß dieses Wunschbild eigentlich der Selbstentwurf für die eigene Ich-Werdung ist,* und daß man diese unbemerkt in den anderen projiziert. Läßt dann die Intensität des Verliebtseins nach und treten zunehmende Verletzungen dieses symbiotischen Einheitserlebens auf, so wird die damit verbundene Enttäuschung und Unzufriedenheit oft zur Quelle aggressiver Neigungen. Es kann jetzt das andere Extrem eintreten, daß einem der andere so gut wie gar nichts mehr recht machen kann und man an allem etwas auszusetzen hat.

Hier rettet nur die Einsicht, daß der Partner ein genauso unvollkommener, suchender und an seiner Identität noch arbeitender Mensch ist wie man selbst, und daß Momente beglückender Gemeinsamkeit Geschenke sind, deren Wert man in liebevoller Erinnerung behalten muß, damit man sie nicht vergißt, wenn andere Erfahrungen miteinander anstehen. Aus der Illusion, im andern die eigene Identität finden zu können und sich in erster Linie bestätigt und anerkannt zu sehen, befreit einen nur das Interesse am Schicksal des anderen und der Wille, an der eigenen Biographie zu arbeiten und in *ihr* die Entwicklungsbedingungen für die persönliche Ich-Findung zu suchen. Damit kann dann auch das Zusammenleben mit dem anderen seinen angemessenen Stellenwert finden.

2. Falsche Erwartungen durchschauen

Wenn berechtigte Erwartungen enttäuscht werden, so ist das eine bittere Erfahrung. Das betrifft sowohl Erwartungen, die man sich selbst gegenüber gehegt hat, als auch solche, die man an den Lebenspartner hat. Die Frage ist nur, woher man so sicher weiß, daß die eigenen Erwartungen berechtigt waren beziehungsweise sind. Denn die Tatsache, daß sie enttäuscht wurden, zeigt zumindest, daß der andere nicht in der Lage war, sie zu erfüllen. Es ist äußerst heilsam, die eigene Biographie einmal daraufhin durchzuarbeiten, wie man von klein auf mit seinen Erwartungen und Hoffnungen umgegangen ist. Haben sie einen zum Beispiel durch eine schwierige Kindheit und Jugend hindurchgetragen, ohne jemals erfüllt zu werden? Leben sie als unerfüllte Sehnsüchte und Wünsche immer noch in einem? Oder hat man auch erlebt, daß sich hier und da Erwartungen erfüllten? Wie ging man dann mit der Tatsache der Erfüllung um? Nahm man dies nur allzu selbstverständlich hin, oder konnte es Gelegenheit geben, einmal so richtig dankbar zu sein? Dankbarkeit und Zufriedenheit sind Gefühle, die gegenwärtig stark im Verschwinden sind und der Undankbarkeit und der Unzufriedenheit breiten Raum lassen.

Wer die Nachkriegszeit noch erlebt hat mit all ihren materiellen Nöten und Entbehrungen und den Wohlstand heute sieht – trotz Arbeitslosigkeit –, der müßte eigentlich annehmen, daß Dankbarkeit überhaupt *das* beherrschende Gefühl unter den jetzt lebenden Menschen ist. Warum ist das nicht so? Warum wird der Zustand der Bedürftigkeit und der Hoffnung auf materiellen Wohlstand so rasch vergessen? Oder aber: Warum wird das als völlig selbstverständlich gefordert, ohne daß man dafür dankbar sein müßte? Und so ließen sich viele Beispiele anführen, wo Gründe für Dankbarkeit kaum wahrgenommen beziehungsweise verschlafen werden.

In Zeiten, in denen man mit vielem konfrontiert ist, was den eigenen Erwartungen überhaupt nicht entspricht, kann es eine Hilfe sein, einmal eine realistische Bilanz zu ziehen und sich zu fragen, was man bis jetzt, bevor diese Enttäuschungen eingesetzt haben, den Lebensumständen zu verdanken hatte. Dann kann gefragt werden, warum der andere wohl die eigenen Erwartungen enttäuscht hat. Lag es daran, daß er einen Fehler gemacht hat, den er – weil es ein Fehler ist – auch einsehen kann? Oder liegt es an Verhaltensweisen, die einfach zum Partner gehören, an Schwächen, die dieser gegenwärtig nicht bearbeiten kann oder will und als zu sich gehörig betrachtet? Oder liegt der Grund für die Enttäuschung in dem illusionären Bild, das man sich vom anderen gemacht hat und dem er gar nie entsprechen wollte? Angesichts enttäuschter Erwartungen ist die Frage am Platz, wie man sich zu einem gesunden Lebensrealismus erziehen kann. Ideale können nur dann hilfreich sein, wenn sie sich in der Auseinandersetzung mit der Lebenswirklichkeit bewähren, *so wie sie ist*. Je realistischer ein Mensch wird, um so mehr kann er auch das Gefühl der Zufriedenheit kennenlernen. Denn es gibt in allen Lebenssituationen genügend Dinge und Vorgänge, für die man dankbar und infolgedessen auch zufrieden sein kann. Für das Gelingen einer Partnerschaft ist es hilfreich, enttäuschte Erwartungen als Mangel an Realismus zu diagnostizieren und sich auf das zu besinnen, was real möglich ist. Den anderen so nehmen zu lernen, *wie er ist* und *daraus* das Beste zu machen, ist die Aufgabe. Statt dessen wollen wir allzumeist gerne selber bleiben, wie wir sind, und kritisieren den anderen.[102]

3. Wünsche und Erwartungen an sich selber richten

Je weniger man Wünsche und Erwartungen in den Partner projiziert und je mehr man sie, beziehungsweise deren Erfüllung, von sich selbst erwartet, um so entlastender ist dies für eine Beziehung. Und um so mehr Freude macht es dem anderen, einem unerwartete Geschenke zu machen und Liebesbezeugungen zu erweisen. Nichts erkältet und lähmt den Drang mehr, dem anderen eine Freude zu machen, als wenn dieser solches in einer Weise erwartet, wie man es doch nicht erfüllen kann. Da ist es hilfreich, das, was man selbst gerne hätte, probeweise beim anderen zu versuchen.

Als möglichst harmloses Beispiel sei hierfür das Feiern des Hochzeitstages genannt. Wenn man diesen Tag gerne mit irgend etwas Festlichem oder einer kleinen Erinnerung, sei es nur ein Blumenstrauß oder ein Telefongespräch mit dem Partner, begehen möchte, so sollte man diese gute Idee nicht von ihm erwarten, sondern weil man sie selbst hat, auch selbst verwirklichen und dem anderen damit eine Freude machen. Ist man aber sowieso immer derjenige, der ständig eine Freude macht, ohne daß je etwas zurückkommt, so könnte eine konstruktive Initiative darin bestehen, einmal ganz bewußt darauf zu verzichten und statt dessen Dinge zu unternehmen, die einem Spaß machen und auf die man schon seit langem verzichtet hat. Ein solches Verhalten wird dann eher Aufmerksamkeit erregen, zu Gesprächen Anlaß geben oder zumindest zur Folge haben, daß sich in der festgefahrenen Situation etwas ändert, und zwar zum eigenen Vorteil, der genauso berechtigt ist wie der Vorteil des anderen. Ein solches Vorgehen erfordert allerdings Mut, da sich hinter dem »Dem-anderen-alles-recht-machen-Wollen« oft die Angst verbirgt, er könnte einem seine Liebe entziehen, wenn man nicht ständig zur Verfügung steht. Und solche Angst ist kein guter Lebensbegleiter und trägt auch nicht förderlich zur ehelichen Gemeinschaftsbildung bei. Vielmehr schafft Angst zunehmende Abhängigkeit und engt den Betreffenden in seinem Entwicklungsradius immer mehr ein.

Diese Angst kann jedoch – wenn man sie bei sich entdeckt – zum

Anlaß werden, den Mut zu entwickeln, den man zum Selbständigwerden braucht und damit auch zum Überwinden dieser Angst. Denn wenn der andere tatsächlich nur die Dienstleistungen liebt und nicht einen selbst, so ist dies keine Grundlage für eine befriedigende Partnerschaft und muß früher oder später ohnehin in die Krise führen. Wer nicht lernen will, selbständig zu werden und fähig, auch allein zu leben, ist eigentlich nicht reif für eine Partnerschaft. Daß heute so viele Ehen scheitern und die Ein-Personen-Haushalte weltweit in starker Zunahme begriffen sind, ist ein Beweis für diese Tatsache. Viele Ehen sind Lebensgemeinschaften auf Zeit, die sich zwischen die familiäre Abhängigkeit und das wirklich Selbständigsein und Das-Leben-in-die-Hand-nehmen-Können wie eine Art Übergangszeit dazwischenschalten. Hat man jedoch den Mut zur Selbständigkeit gefunden, so hat man auch die Grundlage für eine dauerhafte Gemeinschaftsfähigkeit erworben.

4. Dem Doppelgänger begegnen

In der psychologischen Literatur gibt es verschiedene Bezeichnungen für das »andere Selbst«. Es ist das »niedere Selbst«, der »Schatten« oder wird mit einem Wort aus der esoterischen Literatur auch der »Doppelgänger« genannt. Mit diesem Begriff sind die Eigenschaften umfaßt, die im Unbewußten des Menschen Zweifel, Haßgefühle und Ängste darstellen, aber auch Wünsche, Neigungen und Begierden, die man sich mit vollem Bewußtsein nie eingestehen würde, die aber doch real vorhanden sind. Es handelt sich dabei um den Schattenwurf der Ich-Entwicklung, die Realität des Bösen in uns, die wir so gerne verdrängen. (Vgl. Seite 79.)

Es ist die Seite unserer Natur, die wir noch nicht durch Arbeit an uns selbst »vermenschlicht« und damit in den freien Umgang und die liebevolle Handhabe gebracht haben. Das heißt, es ist die Seite unserer Trieb- und Begierdenatur, mit der die bewußte Identifikation und die liebevolle Handhabe noch nicht eingetreten ist. Der Sublimationsbegriff der Psychoanalyse gibt diese Arbeitsaufgabe nun sehr unvollständig wieder. In der anthroposophischen Menschenkunde wird dieser Prozeß der Umwandlung durch Schulung in aller Klarheit und Vollständigkeit beschrieben.[103]

Da nun jeder Mensch eine große Scheu hat, sich dieses Doppelgängerhafte zum Bewußtsein zu bringen, neigt er dazu – selbstverständlich unbewußt –, dieses in seine Mitmenschen zu projizieren. Das sieht dann in der Praxis so aus, daß man beispielsweise eine Neigung verspürt, bestimmte Menschen in ihrem Verhalten besonders stark zu kritisieren, ohne sich bewußt zu werden, daß man sie eigentlich beneidet. Da man sich den Neid nicht eingestehen will, sucht man nun Gründe, den anderen Menschen gerade als problematisch und nicht beneidenswert durch seine Kritik erscheinen zu lassen. Oder aber man ist argwöhnisch und ängstlich und wittert nun überall berechtigte Gründe für Argwohn und Angst, indem man meint, die anderen hätten Schlechtes im Sinn oder wären nicht zuverlässig oder würden etwas im Schilde führen. Oder man hat eine ausgeprägte Eigenliebe, von der man jedoch nichts weiß, da im Bewußtsein etwas ganz anderes lebt: nämlich große Selbstzweifel und Minderwertigkeitskomplexe. So projiziert man diese Eigenliebe in den anderen und erwartet von ihm, daß er einem ständig das Gefühl des Geliebtseins vermittelt. Auch gibt es Menschen mit einem deutlichen Mangel an sozialer Wahrnehmungsfähigkeit. Anstatt sich diesen Mangel bewußt zu machen, wird er nun bei anderen wahrgenommen, aufgespießt, kritisiert und besprochen. So ist oft zu erleben, daß Menschen, die besonders viel und gerne über das Soziale reden, selber auf diesem Gebiet erstaunlich unfähig sind.

Das Positive an der Projektion der Doppelgängereigenschaften ist, daß einem diese Eigenschaften, Probleme und Eigenarten durch die Begegnung mit den Menschen des Umkreises bewußt werden und man beginnt, daran zu arbeiten. In der Projektion ist diese Arbeit für einen zunächst weniger schmerzhaft, als die entsprechenden Probleme bei sich selber zu entdecken und unmittelbar bei sich zu bearbeiten. Wer jedoch einmal aufmerksam geworden ist auf dieses Problem der Spiegelung oder der Projektion seines Doppelgängers in seine Mitmenschen hinein, steht ab da in einem neuen Verhältnis zu sogenannten sozialen Schwierigkeiten und Problemen. Denn er weiß von diesem Augenblick an: Alles, was mir bei den Menschen meines Umkreises besonders problematisch vorkommt und erscheint, hat auch mit mir selbst zu tun. Indem ich lerne, damit umzugehen, läutert sich mein eigenes unbewußtes Wesen, arbeite ich an der Verwandlung meines eigenen Doppelgängers.

Es ist legitim, seinen Doppelgänger zu projizieren, solange man nicht die Kraft hat, durch ehrliche Selbsterkenntnis bewußt an ihm zu arbeiten und sich auf diese Weise weiterzuentwickeln. Es zeigt sich jedoch eine Quelle unlösbarer Schwierigkeiten, wenn man sich der Tatsache dieser Spiegelung nicht bewußt ist und tatsächlich meint, die Probleme lägen nur bei den anderen und man selbst wäre der unschuldige Richter. Dann kommt es zu unversöhnlichen Verurteilungen oder bitterer Resignation. So ist auch das Thema »Macht in der menschlichen Beziehung« nicht von dieser Doppelgänger-Problematik zu trennen. Denn wer nicht lernt, seine Herrschaftsgelüste und Machtinstinkte auf sich selbst anzuwenden in Form von Selbstbeherrschung, wird diese immer projizieren und Freude daran haben, andere zu beherrschen. Und so ist eigentlich alles, was in diesem Buch diesbezüglich zur Sprache kommt, als Beitrag zu verstehen, gerade diese Doppelgänger-Qualität ins Bewußtsein zu heben, um dadurch zu lernen, Macht da einzusetzen, wo sie gebraucht wird, wo sie hilfreich ist und die Menschlichkeit fördert.

5. Ideale als Kraftquelle

Woher haben Ideale ihre Kraft? Es sind Gedanken, die sich auf Realitäten, Werte, Eigenschaften beziehen, die das Edelste im Menschen ansprechen: seine Würde, seine innersten Lebensziele. Sie beziehen sich aber auch auf konkrete geistige Wesen, die *so sind*. Es gibt das *Wesen der Liebe*, weil es eine Engelhierarchie gibt, die Seraphim heißt, das heißt Geister der Liebe, ebenso wie es Geister der Weisheit (Kyriotetes) gibt oder der Formgewalt beziehungsweise Vollmacht (Exusiai).[104] Und so wie der eine Mensch das Wesen eines geliebten anderen Menschen »in sich tragen« kann, so kann auch ein Engelwesen in und mit einem Menschen leben, mit ihm kommunizieren und ihn dadurch mit seiner Kraft begaben. Wo Wesen sich verbinden, werden neue Kräfte verfügbar. Umgekehrt kann Trennung Kraftverlust bedeuten. Wenn Menschen sich verbinden um bestimmter Ideale oder Aufgaben willen, so bemerken sie oft nicht, daß diese Ideale und Aufgaben Ausdruck bestimmter Taten sind, die höhere geistige Wesen auf der Erde nur durch Menschen vollbringen können.

Das Beseligende, das einen ergreifen kann, wenn etwas Gutes gelingt, die Freude am Tun, ist nie nur persönliches Erleben, sondern immer auch Anteilnahme und Anwesenheit der Engelwesen unter uns. Sie können uns keine Kraft geben, wenn wir nichts erstreben oder tun, was zu ihnen Beziehung hat. Und so verbirgt sich auch hinter dem Ideal, den eigenen Entwicklungsweg zur Selbständigkeit zu gehen, das Wesen des Engels, der uns – auch Schutzengel genannt – durch das Leben begleitet und der in unseren Gedanken Führer und Helfer sein möchte, die richtigen Ziele für unsere nächsten Entwicklungsschritte zu finden. Sein Wesen ist reinste Selbstlosigkeit, da er bei diesem Begleiten des Menschen nichts für sich will. Und so gibt es auch den Gedanken beziehungsweise das Ideal der Selbstlosigkeit, weil es Wesen gibt, die diese Eigenschaft haben. Jedem Gedanken in der Welt entspricht eine Wirklichkeit. Den Idealen entspricht nun in der sinnlich wahrnehmbaren Welt nichts, da sie noch nicht Wirklichkeit geworden sind. Sie beziehen sich auf übersinnliche Wesen, die diese idealischen Eigenschaften haben und die Menschen damit begaben können, wenn diese es wollen. So sind Ideale die gedankliche Ausdrucksform für höhere Wesen, deren Eigenschaften wir durch das Streben nach ihnen mit der Zeit kennenlernen können. Und so wie Menschen, die sich lieben, einander Kraft geben können, so geschieht dies auch mit den höheren Wesen, wenn wir sie durch das Ideal, das ihr Wesen kennzeichnet, lieben und verehren lernen. Wenn wir sie in unseren Gedanken »tragen« und »leben lassen«, so sind wir von guten Geistern begleitet und nicht »von allen guten Geistern verlassen«.[105] In diesem Tatbestand liegt auch der Sinn der kirchlichen Sakramente mit ihren idealen Formulierungen. So sucht man zum Beispiel in der kirchlichen Trauung den göttlichen Beistand für die Lebensgemeinsamkeit, und dieser wird so real, wie man in der Lage ist, die göttlichen – idealischen – Qualitäten zur Richtschnur für das gemeinsame Leben zu machen.[106]

Begegnung mit dem Fremden

Das Gebot der Liebe heißt im letzten Grunde: Es gibt für dich keine Fremden, sondern nur Menschen, deren Wohl und Wehe dir angelegen sein muß.

RUDOLF STEINER

Fremdenfeindlichkeit

Warum reagieren Menschen auf Fremdes so gegensätzlich? Die einen tun es mit Neugier, Interesse, Offenheit, Spannung und Mut, die anderen reagieren dagegen mit Ängstlichkeit oder sogar mit Ablehnung und Haß.

Unternimmt man eine Reise in Gegenden, in denen die dort Lebenden noch nie einen Mitteleuropäer gesehen haben, zum Beispiel bestimmte Gebiete in China, kann man erleben – zumal wenn man blond und blauäugig ist –, daß Einheimische, Erwachsene wie Kinder, näherkommen, einen unbefangen anschauen und Haut und Haare anfassen wollen. Sie staunen mit allen ihren Sinnen, und es ist eine Begegnung ohne Angst und Haß, geprägt von Neugier und Interesse. Man ist als Weißer sofort von Menschen umringt, aber es ist dabei keinerlei Aggression zu spüren. Vielmehr ist die Situation von großer Offenheit geprägt und dem Bedürfnis, diese andersartigen weißen Menschen wahrzunehmen und kennenzulernen.

Und dann gibt es die andere Seite, von der wir gegenwärtig oft in der Berichterstattung hören: Ein Reagieren auf das Fremde und einem nicht Genehme mit Haß und Gewalt, was bis zu Brandstiftung und Mord gehen kann.

Es ist aufschlußreich, wie Fremdenfeindlichkeit in einem Lexikon beschrieben wird: »Aggressiv ablehnende Haltung gegen Menschen aus einer anderen Gemeinde oder Region, aus einem anderen Volk oder Kulturkreis. Sie ist eine häufige Erscheinungsform von Regionalismus, Nationalismus oder Rassismus. Fremdenfeindlichkeit ist eine in der Geschichte der Menschheit sehr, sehr alte Erscheinung. Sie verneint das Verbindende zwischen

Menschen verschiedener Herkunft und kulturellen Zuschnitts, sie schafft oder vertieft Vorurteile, schafft Haßgefühle und sieht im Andersgearteten das Bedrohliche, das es zu bekämpfen gilt. Sie ist damit eine der häufigsten Ursachen von Kriegen und fördert innergesellschaftlich die Diskriminierung, das heißt die Ungleichbehandlung und Benachteiligung von ethnischen oder nationalen Minderheiten. Innerhalb moderner Industriegesellschaften sehen sich ausländische Arbeitnehmer oft fremdenfeindlichen Tendenzen ausgesetzt.«

Damit ist eine einfache, gleichwohl deutliche Charakteristik gegeben, worauf sich dieses Antipathische dem Fremden gegenüber gründet. Warum ist das so? Wodurch wird das Fremdartige als Bedrohung erlebt und entsprechend bekämpft? Wer so empfindet und sich durch Fremdes, Andersartiges bedroht erlebt, ist der ein Mensch, der so bleiben möchte, wie er ist? Verbirgt sich in seiner Haltung eine primäre *Entwicklungsfeindlichkeit*? Es gibt Menschen, die möchten in des Wortes buchstäblicher Bedeutung »nicht aus ihrer Haut heraus«. Sie bekämpfen alles, was sie anregen könnte, über sich hinauszuwachsen, sich zu verändern und in eine neue Richtung zu bewegen. Bei gesund veranlagten Menschen dagegen ist zu beobachten, daß sie entwicklungsfreudig und offen sind und sich nicht abgrenzen, schützen müssen. Vielmehr reagieren sie mit freudiger Sympathie und Neugierde auf Fremdes.

Die eigene Fremdheit

Jeder weiß von sich, daß man, ohne es zu wollen, aggressiv, gereizt, angstvoll oder auch mit Haß reagiert, wenn man aus irgendeinem Grund nicht mehr kann oder überfordert ist. Dies kann zum Beispiel der Fall sein, wenn wir müde oder hungrig sind. Not, Hunger und Unwohlsein brauchen nur ein gewisses Maß zu übersteigen, dann muß beinahe mit Notwendigkeit eine Welle der Aggression losbrechen. Bertolt Brechts – in der *Dreigroschenoper* formulierte – klassenkämpferische These: »Erst kommt das Fressen und dann die Moral«, enthält viel Wahrheit. Friedensfähigkeit stellt eine hohe Kulturleistung dar. Sie steht nicht am Anfang, sondern am Ende einer bestimmten Entwicklungsetappe. So gilt es erst einmal zu *verstehen*, warum Menschen in dieser Weise brutal, aggressiv oder angstvoll reagieren können. Wo stehen sie in ihrer Entwicklung? Wenn zum Beispiel ein Attentat auf ein Asylantenheim verübt wird, wendet sich verständlicherweise das Mitleid den Geschädigten und der Nation, der sie angehören, zu. Es entlädt sich ein gewisser Haß auf die Täter. Dabei merkt man aber in der Regel nicht, daß man genau dasselbe tut wie diese, nämlich seinen Haß auf eine Minderheit (die Täter) zu richten und Sympathie für diejenigen zu entwickeln, die so sind wie man selbst: unschuldig. So ketzerisch dies auf den ersten Blick auch klingen mag, so stellt sich doch die Frage, wie wir Verständnis für die Täter entwickeln können. Wie kam es, daß Haß und nicht Mitgefühl für andere in ihnen geweckt wurde? Sind sie nicht auch – Opfer?

Eine Gesellschaft, die einräumen muß, daß sie eine nennenswerte Anzahl Mitbürger aufweist, die nicht mehr gesund auf andere Menschen reagieren können, muß sich fragen lassen, ob sie nicht Wesentliches versäumt hat in der Art, wie sie die nachfolgende Generation aufzieht und prägt; obwohl oder weil sie eine Wohlstandsgesellschaft ist. Doch wie sieht eine Erziehung zur Fremdenfreundlichkeit aus?

Es muß dies eine Erziehung sein, die überall betont, wie und wo in der *Begegnung* das Neue, Erstrebenswerte möglich wird.

Es bedarf aber noch einer tieferliegenden Einsicht, um eine solche Erziehung – und Selbsterziehung – zur Fremdenfreundlichkeit durchführen zu können. Wohl jeder, der darauf achtet, kennt aus bestimmten Lebenssituationen den Zustand, daß man sich selbst fremd werden kann. Wir fragen uns zum Beispiel: Habe ich das wirklich so gesagt – getan? Wo war ich da eigentlich? Warum hatte ich mich nicht besser in der Hand? Oder: Bin ich noch der, der ich war, nachdem ich dieses oder jenes erlebt habe? Dann gibt es auch die schwierige Aufgabe für die Selbsterziehung, »sich als ein Fremder gegenüberzustehen«.[107] Diese Übung ist beispielsweise grundlegend, um auf seinen Doppelgänger aufmerksam zu werden und seine eigenen Projektionen zu durchschauen. (Vgl. Seite 220ff.) Das Selbst, das man ist, muß man dann objektiv kennenlernen, wobei man erfährt, was da alles an Angst, Unsicherheit und Zweifel aus der eigenen Seele auch sich selbst gegenüber aufsteigen kann. Und wer diese Angst vor sich selbst nicht bewältigen kann, projiziert unbewußt den Mangel an Selbsterkenntnis und die damit verbundene verborgene Angst auf andere Menschen.

Fremdheit in der Geschichte

Dem eingangs angeführten Lexikonzitat ist zu entnehmen, daß jene mit Angst und Aggression verbundene Unfähigkeit, Fremden zu begegnen, alt ist. Wenn wir die Entwicklungsschritte des kleinen Kindes betrachten, so fallen auch hier schon früh charakteristische »Fremdel-Phasen« auf. Die Ablehnung des Fremden gehört in dieser Zeit zum natürlichen Entwicklungsgeschehen. Demgemäß findet man in der frühen Menschheitsgeschichte ebenfalls klassische Abgrenzungen, verbunden mit »Fremdelverhalten«, die im Lauf der Menschheitsentwicklung ebenfalls eine wichtige Durchgangsstation waren. Die Rechtsordnung einer sozialen Gemeinschaft galt für die Sippe, den Stamm oder nur für eine bestimmte Region. Ein Fremder war rechtlos, er konnte versklavt, verkauft oder zu Zwangsarbeit herangezogen, ja sogar gequält und getötet werden, ohne daß ein Gericht für ihn eingetreten wäre. Bei den Germanen gab es aber auch das ungeschriebene Gesetz, daß man als Fremder bei gastlicher Aufnahme die gleichen Rechte wie die Familie und die Sippe genoß. Das heißt, wenn dem Fremden in einer germanischen Hütte ein Haar gekrümmt wurde, dann galten für ihn die gleichen Gesetze der Rache wie für die eigenen Familienmitglieder – bis hin zur Blutrache. Die Rechtsformen waren noch stark an die Blutbande, an die Vertrautheit der Familie und an überschaubare regionale Sozietäten gebunden.[108]

Erstmals wurde im 13. Jahrhundert von dem Stauferkaiser Friedrich II. die Idee *omnes sunt peregrinis* ausgesprochen: Wir sind doch alle Fremdlinge. Fremde wurden unter den Schutz der Krone gestellt. In der Realität setzte sich das Bewußtsein von der Schutzwürdigkeit jedes Menschen jedoch erst langsam durch – ein Prozeß, der auch heute noch nicht abgeschlossen ist. Es gehört ein bestimmter Bildungs- und Entwicklungsgrad dazu, um fremden Menschen sicher, offen und vertrauensvoll begegnen zu können.

Trennung von Gefühl und Willen

Daß sich zwei fremde Menschen gegenüberstehen, die sich gefühlsmäßig nicht sympathisch sind, gleichwohl miteinander reden und Prozesse des Kennenlernens in Gang setzen können, ist oft zu erleben. Auch ist es möglich, jemanden in eine Gemeinschaft aufzunehmen, obwohl man ihn emotional ablehnt. Das heißt, wir können auf der Willensebene positiv handeln, können Fragen stellen und uns gedanklich auf der Erkenntnisebene bewegen, auch wenn wir es gefühlsmäßig schwer miteinander haben. Das setzt jedoch voraus, daß man sein Denken und Wollen innerlich vom Fühlen trennen kann. Eben dies war in früherer Zeit den Menschen nicht annähernd in dem Maß möglich wie heute. Das Denken war viel weniger abstrakt und daher weniger geeignet, sich zu distanzieren. Es war lebendiger mit Fühlen und Wollen verbunden. Woran heute in der Erziehung so intensiv gearbeitet werden muß, nämlich das Fühlen mit der Willenserziehung und Denkentwicklung in Einklang zu bringen, war damals noch viel einfacher. Dabei ist heute beides stärker möglich: die getrennte Handhabung von Denken, Fühlen und Wollen und das bewußte Wieder-Verbinden.

Wie weit die Trennung von Denken, Fühlen und Wollen in pathologischer Weise gehen kann, hat der Nationalsozialismus gezeigt. Dieselben Menschen, welche die Deportation der Juden perfekt planen konnten, waren in der Lage, mit feuchten Augen Beethoven-Symphonien zu hören.[109] Rudolf Steiner hat auf diese Signatur des zwanzigsten Jahrhunderts im Gegensatz zu früheren Jahrhunderten hingewiesen. Intellektualität, Sentimentalität und Brutalität müssen auftreten, wenn an dem bewußten Zusammenwirken dieser drei Seelenkräfte nicht durch Erziehung und Selbsterziehung gearbeitet wird.

Die Möglichkeit, Denken, Fühlen und Wollen getrennt zu handhaben, hat zur positiven Folge, daß wir Sympathien und Antipathien für uns behalten und somit auf der Vernunft- und Handlungsebene konstruktiv zusammenarbeiten können, unabhängig von unseren persönlichen Vorlieben und Abneigungen.

Andererseits ist diese Tatsache aber auch mit dafür verantwortlich, daß Menschen ihren Haßgefühlen in weit stärkerem Maße freien Lauf lassen können, weil sie nicht mehr genügend »wie von selbst« durch Vernunft und vom anerzogenen Willensverhalten zurückgehalten werden. Wer der Frage nachgeht, was sich dem Willen, dem Fremden zu begegnen, entgegenstellt, gelangt in tiefgehende, konstitutionelle menschenkundliche Betrachtungen hinein.

In diesem Zusammenhang ist ein weiterer Gesichtspunkt zu besprechen. Wir erleben gegenwärtig, besonders in der jüngeren Generation, bei vielen Menschen eine völlig selbstverständliche Offenheit gegenüber den verschiedenen Hautfarben, Kulturen und Nationen, und es gibt eine starke Neigung, *multicultural* zu denken, wie man im Englischen sagt, und nicht mehr nationalkulturell. Amerikaner sind immer wieder davon begeistert, wenn man sich nicht als Deutscher – den sie tendenziell für nationalistisch halten – bezeichnet, sondern als Europäer. Und so hat die überwiegende Mehrheit der Menschen eine tiefe Sehnsucht nach dem Zentralmenschlichen, nach dem, was über den Kulturen liegt, sie verbindet und was religiöse und in den Volksgebräuchen liegende Unterschiede überwindet. Es existiert sogar das Bedürfnis, das Wort »Rasse« ganz aus dem Vokabular zu streichen – man kann es heute eigentlich nicht mehr verwenden.[110] Vielmehr möchte man von Internationalität, Solidarität, Friede und von Wahrhaftigkeit hören – von übergreifenden menschlichen Verhaltensweisen und Idealen. Dagegen ist gegenüber allem, was nach Unterschied aussieht, nach Cliquen, Gruppen und Abgrenzungen, eine spürbare Antipathie vorhanden.

Im Kindesalter ist das noch anders. Hier steht der Familien- und Volkszusammenhang noch stärker im Vordergrund. Es ist entscheidend, ob die Erwachsenen ein weltoffenes, tolerantes Verhalten vorleben oder nicht. Denn solange Kinder noch im Wachstum und in der Entwicklung begriffen sind, brauchen sie gerade bezüglich dieser Eigenschaft das Vorbild. Die Fähigkeit, bewußt dem Fremden gegenüberzutreten, ist erst beim Erwachsenen oder dem älteren Jugendlichen vorhanden. Im Kindesalter dagegen wiederholt der Mensch mit einem gewissen Recht Entwicklungsetappen, die der früheren, mit den Blut-, Sippen und Familienbanden verknüpften Menschheit entsprochen haben, die noch instinktiv das

Fremde abgelehnt hat, um sich in dieser Ablehnung und dem damit verbundenen Krieg und Streit selbst zu erleben und daran erst einmal Selbstbewußtsein zu entwickeln.

Dies zeigt sich an den Cliquen- und Bandenbildungen unter Jugendlichen, an Gruppenzwängen und der Neigung, die »nicht dazu Gehörigen« zu drangsalieren. Ein solches Verhalten und der damit verbundene Krieg und Streit haben – wie bereits dargestellt – den Sinn, an diesen Auseinandersetzungen das eigene Selbstbewußtsein zu entwickeln und zu stärken. Wer das im späteren Leben immer noch braucht, hat diese Entwicklungsetappe nicht zureichend durchlaufen können. So ist es verständlich, daß es immer wieder neu zu Sektenbildungen, Cliquen und Abhängigkeitsverhältnissen kommen muß.

Die Rolle der Begegnung

Jede Begegnung birgt die Möglichkeit zur Weckung neuer Eigenschaften. Sie setzt aber auch ein gewisses Maß an Selbstbewußtsein voraus, daß man sie aushält. So braucht der Mensch zunächst einen gewissen Schutz und Halt durch vertraute Menschen bei der Begegnung mit dem Fremden. Nur so kann er den eigenen Umgang damit lernen. Er braucht das Vorbild, bis er selbst so stark geworden ist, daß er seine Entwicklung und damit auch seine Schulung zum Verarbeiten von Fremdem in die Hand nehmen kann.

Diese Schulung, durch die wir lernen können – ja müssen –, dem Fremden zu begegnen, baut auf dem genannten zentralen Entwicklungsgeheimnis auf, das sich in die Worte fassen läßt: Jede Begegnung birgt die Möglichkeit, daß sich Neues entwickelt.

Jede Begegnung mit einem andersartigen Gedanken, einem neuen Gefühl oder einer neuen Frage ist für uns verbunden mit einem Aufwachprozeß und einer Selbstwahrnehmung. Durch diese kommen wir in der Selbsterkenntnis weiter und haben damit auch die Möglichkeit, andere Menschen besser zu verstehen. Nichts macht uns bequemer und träger als der gewohnte Alltagstrott: Man kennt sich, braucht kaum mehr miteinander zu reden, weiß ohnehin, was der andere sagen will... Läßt man sein Leben so verlaufen, besteht die Gefahr, daß Entwicklung nicht mehr stattfindet.

Wir brauchen das Fremde und die Begegnung mit dem Andersartigen, um über unser enges Selbst hinauszuwachsen und uns weiterzuentwickeln. Dem Fremden begegnen wollen, heißt, sich und dem anderen die Chance hierzu zu geben. Fremdenhaß ist so betrachtet das Unvermögen, sich zu entwickeln, und bedarf der Therapie durch Erziehung zu einem gesunden Selbstbewußtsein.

Erziehung zur Konfliktfähigkeit

Meint ihr, ich sei gekommen, um auf Erden Frieden zu stiften? Nein, ich sage euch: Lauter Trennung wird durch mich bewirkt. Von jetzt an werden sich fünf, die in einem Hause beisammen sind, voneinander trennen. Drei werden sich trennen von zweien und zwei von dreien, der Vater vom Sohne und der Sohn vom Vater, die Mutter von der Tochter und die Tochter von der Mutter, die Schwiegermutter von der Braut und die Braut von der Schwiegermutter.

LUKAS-EVANGELIUM

Konfrontation und Aufeinandertreffen

Das Wort »Konflikt« kommt aus dem Lateinischen von dem Verb *confligere, conflixi, confliktum.* Es bedeutet »zusammenschlagen«, »aufeinandertreffen«, wobei dies vom Aufeinanderprallen verschiedener Meinungen bis zum Kämpfen auf Leben und Tod gehen kann. Von daher gibt es auch die unterschiedlichsten Auffassungen und Antworten bezüglich der Frage, was eigentlich ein Ereignis zu einem Konflikt macht. Im Kindesalter kann das Essen oder Zubettbringen bereits ein Konflikt sein, jedes einzelne Kleidungsstück kann zum Konfliktfall werden, wenn die Eltern insistieren, daß dieses jetzt angezogen werden soll und das Kind es bis zu Tränen verweigert. Und so gibt es weitere klassische biographische Konflikte wie Pubertäts-, Schwangerschafts-, Ehe- und Trennungskonflikte. Diese werden dann ergänzt durch eine Fülle sozialer Konflikte, Konflikte auf politischer Ebene und Interessenkonflikte im Wirtschaftsleben. Dabei ist es nicht leicht zu sagen, was ein Konflikt wirklich ist, weil Konfliktbereitschaft und -empfinden der Menschen sehr verschieden sind.

Was für den einen Mensch ein Ehescheidungsgrund ist und ein unlösbarer Konflikt war, ist für einen anderen nur Anlaß für ein ernstes Gespräch unter Freunden. Die Sache selbst und die Art, *wie* sie empfunden wird, müssen so aufeinandertreffen, daß sie von einer Fragestellung oder einem Problem zu einem ernsten Konflikt werden. Daher sind auch die Strategien zum Konfliktverständnis und zur Konfliktbewältigung recht unterschiedlich. Eindeutig ist nur, daß die Erziehung hierbei eine zentrale Rolle spielt. Wer gelernt hat, mit Konflikten umzugehen, für den ist letztlich alles irgendwie lösbar. Wer dies jedoch nicht gelernt hat, kann schon die kleinste Meinungsverschiedenheit zum unlösbaren Konflikt werden lassen, indem die Konfrontation nicht durch gegenseitiges Verstehen aufgearbeitet wird. Interessant ist, daß Rudolf Steiner einmal auf die Frage, warum es immer mehr Ehescheidungen gibt (auch vor dem ersten Weltkrieg wurde dies schon deutlich beobachtet), liebevoll antwortete: »Das liegt daran, daß die Menschen nicht zur Verträglichkeit erzogen sind.«

Ist Verträglichkeit lernbar?

In einer Zeitungsbeilage fand sich vor einiger Zeit ein Bericht mit der Überschrift: »Ist gutes Benehmen noch gefragt? Knigge ist tot!« Knigge lebt nicht mehr, wenn es darum geht, gutes Benehmen dadurch zu zeigen, daß man Austern sachgerecht verspeisen kann – das ist für die Karriere nicht mehr entscheidend. Es geht aus diesem Artikel jedoch hervor, daß gutes Benehmen immer noch gefragt ist. Und dazu – so liest man – gehören bestimmte Verhaltensweisen: Hilfsbereitschaft, Anständigkeit, Fairneß, Verläßlichkeit, Toleranz, Ehrlichkeit, innere Sauberkeit, Selbstdisziplin und -kontrolle, Takt und Rücksichtnahme.

Wer diese Verhaltensweisen beherrscht, ist zweifellos ein angenehmer Mitbürger und entsprechend angesehen. Dennoch könnte hier eingewandt werden, ob dies nicht einer Erziehung zu Unaufrichtigkeit und Anpassung gleichkommt. Wenn ein Mensch über Jahre hinaus in Permanenz hilfsbereit, anständig, fair, verläßlich und so weiter ist, dann könnte, so die Vermutung, dieses gute Benehmen ja auch Fassade sein. Die soziale Umgebung ist zwar hochzufrieden mit ihm, er kann mit diesem Verhalten möglicherweise auch viel Geld verdienen und gesellschaftliche Anerkennung erwerben – aber unter Umständen ist er selber als Mensch hinter dieser Fassade bereits verlorengegangen oder dabei, innerlich zu zerbrechen.

Therapeutische Beratungsstellen werden mit diesem Problem täglich konfrontiert. Anläßlich einer Lebenskrise kommt es plötzlich zu einem gewaltigen biographischen Konflikt, bei dem dann dieses festeingefahrene »gute Benehmen« zum zentralen Problem werden kann. Denn wenn dieses nur Folge von Anpassungsvorgängen gewesen ist, die das Kind oder der Jugendliche hat über sich ergehen lassen, um die Sympathie, Hilfsbereitschaft und Zuwendung seiner Umgebung nicht aufs Spiel zu setzen, so sind dies Eigenschaften, durch die er sich nicht eigentlich selbst verwirklicht, sondern hinter denen er sein Persönliches, das vielleicht ganz andere Wünsche und Neigungen hätte und hat, verbirgt. Eine solche Erziehung zur Anpassung ist Erziehung zum Aufbau eines mehr oder weniger guten »Image«, hinter dem sich der Mensch nicht so entwickeln kann, wie es für ihn richtig wäre. Vielmehr führt er hinter dieser Fassade ein zurückgezogenes, von Verdrängung persönlicher Wünsche gezeichnetes Leben.

Das gute Benehmen wird nur dann nicht Anlaß zum Konflikt, wenn sich der Mensch damit im Laufe von Kindheit und Jugend – oder aber im Erwachsenenalter – uneingeschränkt identifizieren konnte und kann und wirklich so *ist*, wie er *erscheint*. Damit stellt sich die Frage, wie die Erziehung beschaffen sein muß, um zu solcher Identität mit sich selbst zu führen. Sicher spielt hier die Vorschulzeit *die* entscheidende Rolle. Denn in diesem Alter sind Kinder bestrebt, das Verhalten der Erwachsenen mit Sympathie und Vertrauen wahrzunehmen und nachzuahmen. Sie lernen so eine Vielzahl von Verhaltensweisen kennen und nachzuvollziehen. Je mehr Freude und Eifer sie bei der Nachahmung haben, um so mehr sind sie auch mit dem, was sie nachahmend tun, identifiziert und verbunden. Problematisch wird es erst in dem Augenblick, in dem man es Kindern nicht überläßt, aus *eigenem Antrieb* nachzuahmen, sondern wo man sie mit Wort und Handlung zu konditionieren beginnt und ihre eigenen Willensintentionen und Verhaltensweisen immer wieder stört, durchbricht oder verhindert, indem man sie festhält, schlägt, anschreit oder sonst mit Blicken oder Entzug von Zuwendung straft. Solches Verhalten erzeugt Anpassungsvorgänge ohne freudige Identifikation. Alles, was in der Stimmung von Angst, Zwang oder anderen Formen der Lieblosigkeit gelernt und eingeprägt wird, entbehrt der Freiwilligkeit und führt zur Verdrängung eigener Antriebe zum Lernen.

Klingt die spontane Nachahmungsbereitschaft ab, so setzt sich das Lernen unter Zuhilfenahme von Anleitung und Erklärung fort. Hierbei ist nun ebenfalls entscheidend, daß diese Anleitungen zum Lernen von Sympathie zum Kind *und* zur Sache, die gelernt werden soll, geprägt sind. Denn nur dann gibt es dem Kind die Möglichkeit, sich positiv damit zu identifizieren. Wird jedoch unter moralischem Druck, mit Angst oder gar unter Zwangsmaßnahmen das gewünschte Verhalten oder die Fähigkeit gefordert, so kommt es auch hier wieder zur inneren Distanz und die gewünschte Leistung wird nur, »weil es sein muß«, erbracht. Was aus Liebe zur Sache und zu Menschen gelernt wird, führt zu Fähigkeiten, mit denen man später in *freier* Weise umgehen kann. Es führt nie zu einem zwanghaften Verhalten. So kann ein Kind zum Beispiel sagen: »Ich weiß ganz genau, was ich tun muß, damit meine Mama mit mir zufrieden ist.« Und dann kann es strahlend hinzusetzen: »Aber ich mach das nicht immer.« In diesem Stadium der Entwicklung ist gutes Benehmen noch nicht »Charakter« geworden, sondern eine Verhaltensweise, die man gelernt hat und mit der man »spielt«. Sind jedoch Verhaltensweisen durch die Nachahmung veranlagt und später durch gute Erklärungen befestigt, so werden sie im Lauf der Jahre zur Gewohnheit und damit auch zum Charakter des betreffenden Menschen – er kann dann nicht mehr anders als »so sein« – es liegt dann »in ihm«, ohne daß er sich dabei unfrei fühlt. Er ist mit seinem Verhalten einig und identifiziert, da er es *sich selber* nachahmend und verstehend anerzogen hat.

In dem obenerwähnten Artikel heißt es weiter: »Es gibt Lebenssituationen, in denen es darauf ankommt, sich unter Kontrolle halten zu können und ›Form zu zeigen‹. Zu diesen Klippen gehören im Beruf Streitigkeiten, Provokationen, Verleumdungen, Pannen, Unfälle, Verluste, Nichtberücksichtigungen, Notfälle, Aufdringlichkeiten, Übervorteilungen u. a.«

Konflikte treten immer auf, wenn die Beteiligten durch bestimmte Ereignisse überrascht sind und sich überfordert fühlen, wenn man nicht weiß, wie man damit umgehen soll. Je stabiler dann die Gewohnheits- und Charakterbildung der Beteiligten ist, um so besonnener und selbstbewußter kann man sich in solchen Situationen halten. Es fällt einem leichter, die Ruhe zu bewahren und erste Schritte für einen möglichen Ausweg aus dem Konflikt zu suchen. Erziehung zur Konfliktbewältigung findet dann statt, wenn die im Konfliktfall hilfreichen Verhaltensweisen wie Wahrnehmen-Können, Zuhören-Können, Hilfsbereitschaft, Toleranz, Rücksichtnahme und Mut charakterlich erworben werden, das heißt durch die Identifikation hindurchgegangen sind und nicht Fassade oder Anspruch bleiben. Die Kraft, die gebraucht wird, um einen Konflikt zu bewältigen, ist zunächst die Fähigkeit, ihn überhaupt *auszuhalten,* nicht daran zu kranken, davonzulaufen oder zu zerbrechen. Denn Konflikte sind gerade Situationen, die ungelöst sind, die alle Beteiligten mehr oder weniger stark belasten und in denen zunächst *kein* Ausweg in Sicht ist. In dem Augenblick, wo ein Ausweg in Sicht ist, hat sich der Konflikt schon zum Problem gewandelt, an dem man arbeiten kann, bis es gelöst ist.

Wie erwirbt man Führungseigenschaften?

Erziehung zur Verträglichkeit kann natürlich nicht nur darin bestehen, »gutes Benehmen« zu lernen. Vielmehr ist es entscheidend, daß auch Fähigkeiten erworben werden, die es möglich machen, in schwierigen Situationen auch die Führung übernehmen zu können, um – wo möglich – zu helfen. In den Führungsetagen der Großunternehmen oder eines Verwaltungsbereiches gibt es ständig neue, offene, schwer lösbare und damit konfliktträchtige Situationen, verbunden mit einem ziemlichen Entscheidungsstreß. Das heißt, Manager können ihren Beruf nur ausüben, wenn sie selbst zur Konfliktbewältigung erzogen wurden, wenn sie schwierigste offene Situationen aushalten können und sich dabei so weit unter Kontrolle haben, daß sie noch Optimismus ausstrahlen können. (Nebenbei möchte ich gerne bemerken, daß der Beruf des Topmanagers bisweilen durchaus mit demjenigen einer Hausfrau zu vergleichen ist, die je nach Größe des Haushalts und Umfang eigener Nebentätigkeiten genau dieses auch lernen und leisten muß.)

Alfred Herrhausen, der im November 1989 vor seinem Haus von Terroristen ermordete Chef der Deutschen Bank, schrieb dazu Folgendes: »Die immer wieder angesprochenen Eigenschaften, die Manager und Unternehmer angeblich haben müssen, um erfolgreich zu sein, sind Klischees, die nur die halbe Wahrheit abbilden. Schöpferische Gestaltungsfähigkeit, Urteilskraft, Selbstvertrauen, vielseitiges Wissen, Entschlußfreude, Zähigkeit – [dies die Anforderungen, die man spontan mit der Rolle des Managers assoziiert] – stellen selbstverständliche Voraussetzungen für diesen Beruf dar, aber sie machen ihn nicht aus. Es sind sehr vordergründige Paradigmata, mit denen man Oberflächenphänomene zutreffend beschreibt – [...]«[111]

Er nennt also diese erfolgversprechenden Verhaltensweisen

Oberflächenphänomene. Hier spürt man den Kenner, der niemals behaupten würde, es reiche schon, sich gut zu benehmen, um erfolgreich zu sein. Vielmehr spricht er aus, daß dies eben nur die Oberfläche ist, die – falls sie nur Fassade ist – das Eigentliche, worauf es ankommt, nicht ersetzen kann. Auf dieses Eigentliche, Tieferliegende weist Herrhausen folgendermaßen hin: »[...] – das Unsichtbare und Unwägbare, *das die alles entscheidende geistige Haltung konstituiert*, wird damit kaum erfaßt.«[112] Der Autor kommt auf die Frage der Identifikation zu sprechen, denn was *ist* das Unwägbare, Unsichtbare, das alles entscheidet? Es ist jene »alles entscheidende geistige Haltung« – die *Charaktereigenschaft*.

Und weiter heißt es: »Jeder, der eine Top-Managementposition bezieht, nimmt im Vergleich zu seiner vorherigen Stellung in der betrieblichen Hierarchie nochmals einen tiefgreifenden Berufswechsel vor. Es ist nicht einfach eine Fortsetzung der bisherigen Tätigkeit auf höherer Ebene, was hier erfolgt, sondern etwas spezifisch Neues. Dabei ändern sich nicht die Fähigkeiten, sondern die Verantwortungen, nicht die Problemstrukturen, sondern deren Wertigkeit, oftmals nicht der Kreis der Mitarbeiter, immer aber der soziale Bezug zu ihnen. An die Stelle der klar umrissenen betrieblichen Aufgabe tritt eine viel weniger präzise gesellschaftspolitische Mission.

Zu der Verantwortung kommt die Pflicht, das Unternehmen als ein umfassenderes System zu verstehen, zu dessen dynamischem Gleichgewicht man nur ohne Ressortegoismus beitragen kann. Dieser Pflicht wird nicht gerecht, wer in der Rolle des Nur-Technikers, Finanzmannes, Personalchefs verharrt. Auf der Ebene der obersten Unternehmensführung besteht eine fatale Solidarität derer, die für den Gesamterfolg gemeinschaftlich verantwortlich sind. Sie erfordert Teamverhalten anstelle von Konkurrenz, Toleranz statt eigensüchtiger Ambitionen, Gruppengeltung und nicht Einzelprestige.

Das ist in einem System, das Wettbewerb auch als Wettbewerb um individuelles Ansehen und um hierarchischen Vorrang impliziert, nicht einfach. Ganz oben sollen plötzlich das natürliche Unterscheidungsverlangen und der persönliche Ehrgeiz eingeschränkt und durch Integrationspflicht ersetzt werden – ein schwieriger, aber notwendiger psychologischer Sprung. Er macht die Spitzenposition nicht nur zu einer Würde, sondern auch zur Bürde, die innere Bescheidenheit verlangt, Anmaßung nicht verträgt.«[113]

Hier wird eine alles entscheidende geistige Haltung angesprochen, die Anmaßung nicht verträgt, die integriert, Verantwortung verlangt, die eigene Interessen denen des gesamten Unternehmens unterordnen und dabei bescheiden bleiben kann. Herrhausen beschreibt eine wesentliche Qualität der Ich-Funktion des Menschen. Haupteigenschaft des menschlichen Ich ist, daß es integrierend wirken und sich identifizieren kann. Andererseits ist es völlig undenkbar, daß man das Ziel der *vollständigen* Integration und Harmonisierung je erreicht, da das Ich sich erst nach und nach durch unausgesetzte Lernprozesse seiner selbst bewußt wird und seine Entwicklung begleitet wird von der Möglichkeit, zu irren und zu versagen. Im Kapitel über den Mut wurde bereits auf die fundamentale Eigenschaft des Ich hingewiesen, über das »Ja« und über das »Nein« zu verfügen, trennen und verbinden zu können. Es ist dieses »zweischneidige Schwert«, das einerseits ganz auf sich selbst gestellt sein muß und andererseits in der Lage ist, sich mit Welt und Mensch zu verbinden. Es kann unterscheiden und integrieren, weswegen im Evangelium auch beides von Christus gesagt wird. Als Förderer der Ich-Werdung des Menschen muß er auf der einen Seite sagen: Ich bringe Trennung (von Luther mit »Zwietracht« übersetzt), auf der anderen Seite gibt er den Frieden. Herrhausen führt weiter aus: »Das so oft beschworene Wort ›Im Mittelpunkt des Betriebes steht der Mensch‹ stimmt eben nicht in dem Sinne einer spannungsfreien Zweckgemeinschaft. Betriebe sind das Spielfeld von sozialen Prozessen, in denen keine Harmonie herrscht, weil unsere Gesellschaft nun einmal kein Harmonieverein ist.«[114]

Unsere Gesellschaft lebt in der Spannung von »Trennung« und »Friede«, weil hier Ich-Entwicklung stattfindet in Form von Selbstfindung und sozialer Integration.

Das Fazit der Betrachtung von Alfred Herrhausen ist, daß wir, wenn wir den Anspruch stellen, eine Erziehung zur Konfliktbewältigung leisten zu wollen, durch die Oberfläche hindurch an den Kern der menschlichen Persönlichkeit herankommen müssen. An jene innere Tragefähigkeit des Ich, Konflikte auszuhalten und Lösungsansätze aus der *Gesamtwahrnehmung* des Problems zu suchen und den Mut zu haben, sie auf den Weg zu bringen. Führungsqualitäten, die nicht primär im Dienst der Selbstdarstellung gelebt werden, sondern der Aufgabe zuliebe, um die es geht, wirken immer konstruktiv. Hier gilt es auch, das Unbehagen zu überwinden, überhaupt eine Führungsaufgabe zu ergreifen. Denn Dank und Anerkennung sind dabei selten zu ernten. Es wird ja erwartet, daß die Sache klappt, und schon kleine Fehler werden mit Spott und Kritik geahndet. Der Spruch ist wahr, der besagt: »Man gebe die Macht denen, die sie nicht wünschen.« Wer nicht führen will – es aber durchaus kann – ist der Geeignetste. Für ihn wird Führung zur anspruchslosen Dienstleistung, um derentwillen er auch persönliche Unannehmlichkeiten in Kauf nimmt. Auch hat er eine gute Selbstwahrnehmung, um zu beurteilen, ob er der Sache noch dient, um die es geht, oder ob die Übergabe der Verantwortung in andere Hände angesagt ist.

Auch in der Familie ist die Führungsfrage gegenwärtig. Viele Eltern wollen ihre Überlegenheit dem Kind gegenüber nicht leben. Sie wollen sich von vornherein zum Partner machen und sich mit dem Kind auf eine Stufe stellen. Sie wollen ihre Kinder gerne freilassen und sozusagen auf ihren naturgegebenen Vorsprung verzichten, den sie durch den biologischen Altersvorsprung und die damit verbundene Lebenserfahrung und durch ihre intellektuelle und gefühlsmäßige Reife besitzen. Damit verhindern sie aber gerade, daß die Kinder das durch ihre Elternfunktion gegebene – notwendige – hierarchische Element wahrnehmen und gute Vorbilder bekommen, was konstruktive Führungsqualitäten sind. »Mutter« und »Vater«, »Mami« und »Papi« sind *mehr* als »Heike« oder »Ralf«. Es kommt in der Erziehung wohl darauf an, sich *menschlich* auf eine Ebene mit den Heranwachsenden zu stellen, trotzdem aber den Vorrang, den man durch die größeren Fähigkeiten hat, zum Wohl des Kindes zu nutzen. Es führt früher oder später zu Konflikten, wenn nicht gelernt wird, daß es neben der notwendigen *Gleichstellung* auf der menschlichen Ebene auch noch eine *Hierarchie der Fähigkeiten* gibt. Wenn ich etwas nicht kann, bin ich dadurch *nicht gleichberechtigt*. Der Fähige muß dann die Sachentscheidung treffen.

Diese sachorientierte und *sachdienliche* Führungsqualität zu erleben und verstehen beziehungsweise beurteilen zu lernen, ist die entscheidende Grundlage zur Entwicklung konstruktiver Führungsqualitäten. Wird dies vom Kind nicht wahrgenommen, weil die Eltern in unserer auf Demokratie und Gleichberechtigung hin orientierten Gesellschaft alles ablehnen, was nur von weitem so aussieht wie Autorität, Führung oder Macht, so geschieht folgendes: Die Kinder ahmen dann einen Erwachsenen nach, der im Umgang mit ihnen »nicht weiß, was er will«, sondern sie fragt. Natürlich ist es wichtig, daß, wenn das Kind von sich aus Wünsche äußert, diese im Rahmen des nur irgend Möglichen Berücksichtigung finden sollten. Im übrigen bedeutet es aber für das Kind das Erleben von Sicherheit und Vertrauen, wenn der Erwachsene den Ablauf des Tages beherrscht und das Kind sich an feste Essens-, Schlafens-, Spiel- und Ruhegewohnheiten gewöhnen kann und auch an solche Nahrung, die der Erwachsene als gesund und richtig ansieht. Geschieht dies nicht, so ist einerseits eine gewisse Unsicherheit, um nicht zu sagen Verunsicherung, die Folge. Diese aber führt gerade nicht zur erwünschten Selbstsicherheit. Andererseits lernen die Kinder das anspruchsvolle Auftreten mit der Gewohnheit, daß, wenn man nur genügend laut schreit, man doch letztlich alles bekommt, was man will. Und gerade diese Haltung ist es, die Konflikte im späteren Leben verschärfen kann und einer gewissen Besonnenheit und Objektivität im Urteil entgegensteht. Leider verwechseln viele Erwachsene das Ausleben einer solchen Anspruchshaltung durch lautstarkes Äußern der eigenen Wünsche mit einem gesunden Selbstbewußtsein. In Wirklichkeit ist dies eine Erziehung zur Frustrationsintoleranz auf der Basis eines eher schwachen Selbstbewußtseins. Denn da man nie Maßstäbe und Grenzziehungen erlebt und gelernt hat, sich darauf einzustellen, damit umzugehen, daran Stärke zu entwickeln, kann man dies auch im späteren Leben nicht und wird infolgedessen auf dort gezogene Grenzen, Probleme oder Konflikte anspruchsvoll, unzufrieden oder auch streitlustig reagieren. So ist die Fähigkeit des Erwachsenen, sich als selbstverständliche Sachautorität und wirklich als »Erwachsener« im Umgang mit den Angelegenheiten des Tages darzustellen, geradezu die entscheidende Hilfe für den Erwerb von Führungeigenschaften.

Das eigentliche Vorbild

In dem genannten Bericht *Ist gutes Benehmen noch gefragt?* heißt die Anleitung: »Gute Lebensformen lernt man am besten im Umgang mit Menschen, genauer gesagt durch gute Vorbilder.« Und dies entspricht auch durchgängiger Lebenserfahrung. Entscheidend ist jedoch, daß der Erwachsene wirklich Vor-*Bild* ist und dem Kind nicht permanent *sagt*, wie es sich vorbildlich verhalten soll.

Denn da liegt heute das Problem. Viele Eltern mißachten das Entwicklungsgesetz, daß im Vorschulalter die Nachahmung *über die Sinne* geht und nicht über das Sprachverständnis. Im Vorschulalter steht dabei eindeutig die *nonverbale Erziehung* im Vordergrund.[115] Man kann selbstverständlich seine Handlungen in Gegenwart des Kindes mit Worten begleiten (es fördert dies dann nebenbei die Sprachentwicklung), das Wirksame ist jedoch *die Handlung selbst*, das heißt die vollmenschliche Realität. Je weniger in diesem Alter geredet wird: Mach dies so, laß das, ich habe dir doch schon so oft gesagt etc., um so freier fühlt sich das Kind, das zu lernen, was es sieht, interessant findet und was vom Erwachsenen ja deshalb getan wird, weil es richtig, sinnvoll und im Augenblick angebracht ist.

Die Erziehung über Wort und Erklärung sollte erst dann beginnen, wenn die natürliche Nachahmungsfähigkeit abklingt und das Kind diese einmalige Begabung verliert, vollmenschlich-intuitiv aufzunehmen, was der Erwachsene denkt, fühlt und tut. Es gehört ja zu den erschütternden Erfahrungen im Umgang mit Kindern, daß sie nicht nur das miterleben und nachahmen, was sie äußerlich an Handlungsabläufen wahrnehmen. Vielmehr ahmen sie auch die seelische und geistige Verfassung des Erwachsenen nach, der mit ihnen umgeht.

In der Kindersprechstunde konnte ich es oft erleben, daß die beschwörenden Worte, das Kind müsse keine Angst haben, nicht gehört wurden. Vielmehr weint das Kind, weil es die Spannung der Mutter miterlebt, die genau weiß, daß jetzt doch wieder eine Spritze fällig ist und nun Angst hat, es könnte dem Kind weh tun. Auch haben kleine Kinder noch ein unmittelbares Empfinden für Wahrheit und Lüge, für das, was der Erwachsene *eigentlich* meint. Sie finden zum Beispiel sehr schnell heraus, ob ein ausgesprochenes Verbot tatsächlich von der Mutter oder dem Vater als Verbot gemeint ist oder nur als ein Angebot, um ein provozierendes Spiel zu beginnen. Kinder provozieren dann unter Umständen so lange, bis sie herausgefunden haben, ob das Verbot tatsächlich ernst gemeint ist, oder ob der Erwachsene »umfällt«. Ist das Verbot jedoch von vornherein vollkommen ernst gemeint, bleiben die Provokationen in der Regel aus, weil das Kind sogleich spürt, daß es mit seiner Opposition keine Chance hat. Dann erntet der Erwachsene allenfalls ein vorübergehendes Maulen und noch nicht ganz Einverstanden-Sein und die Sache kommt schnell zur Ruhe. Wie der Erwachsene selber mit sich umgeht, ob er zum Beispiel Vorbild *ist* im Umgang mit Konflikten – darauf kommt es an. Denn wenn er nur stark ist im Meistern der kleinen Konflikte im Umgang mit dem Kind und sich da dominant und zeigt, seine eigenen Probleme aber nicht im Griff hat, so ist dies keine Erziehung zur Konfliktfähigkeit, da das Kind in diesem Fall höchstens die Überlegenheit des Erwachsenen ihm gegenüber wahrnimmt.

Die »alles entscheidende geistige Haltung«, von der Herrhausen spricht, kann jedoch nicht erlebt und nachgeahmt werden. Und so bedeutet Kinder-Haben – insbesondere kleine – eine tägliche Schulung in Selbstbeherrschung, um seinem Erziehungsauftrag gerecht zu werden. Täglich werden Erfahrungen gemacht, die einen erst einmal wütend werden lassen könnten: Die Garageneinfahrt ist zugeparkt, die Straßenbahn wurde nicht mehr erreicht. Der Veranstaltungsbeginn wird verpaßt, weil dieser oder jener für etwas Bestimmtes zu lange gebraucht hat. Auf der Autobahn muß man scharf bremsen, weil ein überholendes Auto knapp vor einem einschert und so weiter. Wie geht man damit um? Man bemüht sich vielleicht, seine Wut zu kontrollieren und die Vernunft einzuschalten, aber man steht doch auch immer wieder vor der Tatsache, daß man den aufwallenden Ärger sich voll hat entwickeln lassen. Wer dies immer wieder selbst erlebt – ohne jedoch aufzuhören, permanent an einer Veränderung seines Verhaltens zu arbeiten – wird *sehr bescheiden*, so wie Herrhausen es beschreibt. Denn er merkt, wie rasch auch er sich aus der Kontrolle verliert, wenn er unter Belastung steht.

Was nun die Vorbildfunktion dem Kind gegenüber anbetrifft, so ist es tröstlich zu wissen, daß es dieses »Auf-sich-Aufpassen« und die Fähigkeit, eigene Entgleisungen zu bemerken und an ihnen zu arbeiten, sind, an denen sich das Kind orientiert. Es sind nicht die Ergebnisse des Gelingens oder die Fehler, die der Erwachsene macht, an dem es sich orientiert, sondern es ist die *Art und Weise, wie der Erwachsene mit seinem Gelingen und Mißlingen umgeht.* Es ist die Art seiner Ich-Anwesenheit, die das Kind schätzt und nachahmt. Seine Aufmerksamkeit gilt tatsächlich der »alles entscheidenden geistigen Haltung«. Damit nimmt das Kind in Wirklichkeit das als Vorbild wahr, was der Erwachsene *selbst hat,* und was in Form seiner Gewissensstimme oder seiner Lebensideale in ihm lebt, auch wenn er im äußeren Verhalten diesem noch lange nicht entspricht. Wenn also Erwachsene in der Erziehung zur Konfliktfähigkeit für ihre Kinder Vorbild sein wollen, so können sie das nicht etwa deshalb, weil sie selbst schon ausgesprochen konfliktfähig und vorbildlich wären – das ist nur selten der Fall. Sie können es aber dadurch, daß sie ein Vorbild in sich tragen – ihr Lebensideal –, an dem sie ihr eigenes Handeln unausgesetzt orientieren. Weil wir Menschen sind, wissen wir, was eigentlich menschlich ist – selbst wenn wir dieses Ideal nicht im einzelnen formulieren und es vielleicht nur fühlen können. Wesentlich ist aber, *daß* wir es fühlen, daß es in uns anwesend ist, und daß das Kind es an unserem Verhalten wahrnehmen kann. Gerade Kinder, die oft erleben, daß sie es sind, die noch sehr viel lernen müssen, was die Erwachsenen alles schon können, fühlen sich tief verstanden und bestätigt, wenn sie erleben, daß der Erwachsene auch ein Lernender ist. Die Gefahr, in der Vorbildfunktion eitel zu werden oder seine Übermacht auszuspielen, kann nur dadurch wirksam gebannt werden, daß man sich klarmacht, daß in dem Kind, ihm noch verborgen, dasselbe Vorbild lebt wie im Erwachsenen, und daß man mit ihm *diesbezüglich* auf einer Stufe steht. Diese so unsäglich wichtige Fähigkeit: sich allen Menschen auf der menschlichen Ebene gleichgestellt zu erleben und keine Unterschiede zu machen nach Rang, sozialer Stellung, Alter und Geschlecht – diese wahrhaft soziale Lebenseinstellung und Verhaltensweise kann sich nur ausbilden, wenn der Erwachsene sie in dieser Weise partnerschaftlich dem Kinde vorlebt.

Die Entwicklungsstadien im Vorschulalter, Schulalter und in der Jugendzeit brauchen alle das Vorbild – nur jeweils auf einer anderen Ebene. Das Vorschulkind braucht das Vorbild durch die Handlung, die Tat, das »Sein«. Es stellt damit die höchsten Ansprüche an den Erwachsenen. Das Schulkind braucht das Vorbild im Wort. Es muß erleben, daß das Wort gilt und daß es zu den vom Lehrer beschriebenen *Sachverhalten* hinführt. Am leichtesten ist dies in der Mathematik zu verstehen. Ohne Erklärung seitens des Lehrers wird nichts verstanden, letztlich lernt das Kind jedoch, selber mit der Sache umzugehen. Autorität wird von Kindern immer akzeptiert, wenn sie sachlich begründet ist und sich nicht auf persönliche Sympathie oder Antipathie stützt. Im Jugendalter schließlich braucht der Heranwachsende für seine eigene Weiterentwicklung das Erleben von Erwachsenen, für die die Wahrheit beziehungsweise die Suche nach Wahrheit *die Autorität* in ihrem Denken ist. Nicht mehr der Erwachsene, der etwas erklärt und zu einer Sache hinführt, ist nunmehr das Vorbild beziehungsweise die führende Autorität, sondern das Erkenntnisproblem an sich ist die Wahrheit, die es zu verstehen gilt. Soll in diesem Alter Erziehung zur Konfliktfähigkeit stattfinden, so muß der Jugendliche den Erwachsenen angesichts der Wahrheit genauso fragend erleben, wie er selbst fragend ist. Gute Fragen rufen das eigene Denkvermögen auf und fördern die Selbständigkeit auf diesem Gebiet.

Hilfen im Umgang mit Konflikten

1. Führung muß sein

Sind mehrere Menschen an einem schwelenden Konflikt beteiligt, der sich nicht »normal« lösen läßt, so ist es notwendig, daß sie sich auf einen Menschen einigen können, der die Führung im zu ordnenden Sozialprozeß übernehmen »darf«. Er kann von außen hinzugebeten oder aber aus den eigenen Reihen genommen werden. Entscheidend ist nur, daß die Beteiligten mit ihm einverstanden sind. Er hat dann die Aufgabe, sich mit den verschiedenen Standpunkten der in den Konflikt einbezogenen Menschen in Ruhe auseinanderzusetzen, *jeden* zu hören und ernst zu nehmen und Lösungsmöglichkeiten vorzubereiten. Geschieht dies in der Familie, so können sie dann im »Familienrat« vorgetragen werden. Geschieht es im Kollegium einer Schule, so werden diese Lösungsvorschläge dann wieder in der Gesamtkonferenz vorgestellt. Wenn es auf dieser Basis dann zu einer Lösung des Konfliktes kommt, und zumindest die große Mehrheit mit dem Lösungsvorschlag zufrieden ist (ideal ist natürlich, wenn es alle sind), dann ist die Sache vorerst beendet. Für den Fall, daß dieser Lösungsvorschlag nicht die genügende Akzeptanz findet, muß der Prozeß noch weitergeführt werden (das heißt wieder zunächst Einzelgespräche oder in kleineren Gruppen zur Erarbeitung eines besseren Lösungsvorschlages), oder aber es muß eine neue Kontaktperson hinzugezogen werden. Auf diese Weise wird verhindert, daß durch zermürbenden Streit in der Familie oder endlose Debatten im betroffenen Kollegium der Konflikt sich aufheizt, emotionalisiert und schließlich eskaliert. Wer meint, Konflikte in zeit- und schlafraubenden Diskussionen »aussitzen« oder unter wechselnder kollegialer Gesprächsleitung bearbeiten zu können, braucht sich nicht zu wundern, wenn der Konflikt chronisch wird oder zur

Eskalation führt und bei den Beteiligten alle Zeichen zunehmender Erschöpfung und Allergisierung bemerkbar werden. Kennzeichen von Konflikten ist, daß Prozesse außer Kontrolle geraten, daß Integrationsmöglichkeiten, Flexibilität und Wahrnehmungsvermögen, worum es eigentlich geht, sukzessive abnehmen. Damit werden jedoch gerade die Ich-Funktionen ausgeschaltet. Sie aber sind es, die wieder hereingeholt und gestärkt werden, wenn ein persönlich möglichst wenig vom Konflikt betroffener Mensch – gerade als Einzelindividualität – die Führung übernimmt und seine Ich-Funktionen zur Versachlichung der Lage einsetzt und jeden einzelnen – separat – zur konstruktiven Mitarbeit wieder neu motiviert. Ein Kollegium ist zu solchem Vorgehen nicht in der Lage, weil letztlich keiner das Mandat hat, sich mit aller Ich-Kraft und Konsequenz einzusetzen. Nicht zuletzt entstehen ja sogar viele Konflikte dadurch, daß kein sachgerechtes Verhältnis zwischen notwendiger individueller und kollegialer Verantwortung hergestellt werden kann.

2. Zusammenhänge erkennen lernen

Das naturwissenschaftliche Denken unserer Zeit hat es mit sich gebracht, die Dinge isoliert zu betrachten. Und so sehen wir heute überall den daraus resultierenden Mangel, Zusammenhänge wahrzunehmen, aufzusuchen und die entsprechenden Konsequenzen zu ziehen. Niemals hätte es zur ökologischen Katastrophe von heute kommen können, wenn die Zusammenhänge im Naturkreislauf gebührend berücksichtigt worden wären. So hat man sich daran gewöhnt, den Problemen hinterher zu laufen, anstatt sie vorausschauend ins Auge zu fassen und vorbeugend die notwendigen Maßnahmen zum Ausgleich zu ergreifen. Ähnlich ist es mit dem Problem der Arbeitslosigkeit, das einer menschlich-ökologischen Katastrophe gleichkommt. Millionen Menschen beziehen ihr Lebenseinkommen aus der Sozialhilfe, das heißt aus Steuergeldern. Es ist ihnen nicht möglich, der Gesellschaft eine Gegenleistung zu erbringen. Das Wirtschaftsleben ist nicht gesund in den sozialen Organismus integriert. Weder Staatskapitalismus noch einseitig profitorientierte Privatwirtschaft sind auf Dauer sozial verträgliche Lösungen, sondern ein System, bei dem die Vertreter der Wirtschaft und der Verbraucher partnerschaftlich mit Politik und Kultur kooperieren. Eine »freie Marktwirtschaft« – noch dazu globalen Ausmaßes – braucht Regulative seitens des Rechts- und Geisteslebens, um nicht auf Kosten der arbeitenden Bevölkerung, sondern zu deren Wohl zu agieren. Patentlösungen gibt es sicher nicht. Wenn aber nicht energisch das Denken in Zusammenhängen geübt wird und dies zu Konsequenzen im Handeln führt, kann das soziale Leben mit all seinen ungelösten Problemen nicht gesunden.

Natürlich ist es bequem, sich nur auf eine Sache konzentrieren zu müssen und den Umkreis, die Lebensbedingungen, in denen der Sachverhalt steht, auszublenden. Menschen, die durch die Schule eines solchen Denkens gegangen sind, sind jedoch unfähig, Konflikte zu lösen, bei denen vieles zusammenkommt und guter Rat teuer ist, wenn alle am Konflikt Beteiligten zu ihrem Recht kommen sollen. Überall ist heute Zusammenarbeit und »Vernetzung« der verschiedenen Gebiete gefragt, wenn nicht immer mehr »unlösbare« Konflikte und Probleme im Sozialen entstehen sollen.

Das Familienleben, der Klassenverband in der Schule sind hingegen ideale Übungsfelder, um Zusammenhänge erkennen und berücksichtigen zu lernen. Kein alltägliches Ereignis ist so harmlos, daß dies nicht daran geübt werden könnte. Aus welchem Land kommt der Kaffee, den es morgens zum Frühstück gibt? Wie wird Zucker hergestellt? Was muß alles geschehen, damit ein Kühlschrank zustandekommt? Der Tagesablauf, die Abende, ein Essen mit Gästen, eine notwendige Abreise von zwei Familienmitgliedern – all dies so zu planen, daß alle Familienmitgliedern ihren Bedürfnissen entsprechend Berücksichtigung finden – *das ist die große Schule* zur Konfliktfähigkeit. Ebenso das Rücksichtnehmen auf Klassenkameraden, auf Fächer übergreifende Sinnbezüge beim Lernen, auf kollegiale Abstimmungen bei der Gestaltung des Schulalltags etc. Im späteren Leben kann durch bewußte Schulung geübt werden, Zusammenhänge zu überschauen und sein eigenes Anliegen im Zusammenhang mit dem der anderen zu sehen und angemessen zu gewichten. Auf geistiger Ebene ist diese Übung eine fundamentale Konzentrationsübung. Rudolf Steiner empfiehlt sie zur Erziehung des Denkens zur Sachlichkeit als Vorbereitung für das Meditieren.

»Wer sich überwindet, durch Monate hindurch täglich wenigstens fünf Minuten seine Gedanken an einen alltäglichen Gegenstand (zum Beispiel eine Stecknadel, einen Bleistift usw.) zu wenden und während dieser Zeit alle Gedanken auszuschließen, welche nicht mit diesem Gegenstande zusammenhängen, der hat nach dieser Richtung hin viel getan. (Man kann täglich einen neuen Gegenstand bedenken oder mehrere Tage einen festhalten.) Auch derjenige, welcher sich als ›Denker‹ durch wissenschaftliche Schulung fühlt, sollte es nicht verschmähen, sich in solcher Art für die Geistesschulung ›reif‹ zu machen. Denn wenn man eine Zeitlang die Gedanken haftet an etwas, was einem ganz bekannt ist, so kann man sicher sein, daß man sachgemäß denkt. Wer sich fragt: Welche Bestandteile setzen einen Bleistift zusammen? Wie werden die Materialien zu dem Bleistift vorgearbeitet? Wie werden sie nachher zusammengefügt? Wann wurden die Bleistifte erfunden? und so weiter, und so weiter: ein solcher paßt seine Vorstellungen sicher mehr der Wirklichkeit an als derjenige, der darüber nachdenkt, wie die Abstammung des Menschen ist oder was das Leben ist.«[116]

3. Abwägen im Interessenkonflikt

Nachdem der Zusammenhang erkannt ist und die verschiedenen Problemfelder abgesteckt sind, kommt als nächster wichtiger Schritt das Ausloten der verschiedenen Interessen, die miteinander in Konflikt geraten sind. Es sei dies anhand eines Beispiels aus dem familiären Bereich demonstriert: Ein Ehepaar ist geschieden, man hat sich relativ gut geeinigt, einmal im Monat ist das Kind für ein Wochenende beim Vater, und weitere Besuche finden während einiger Urlaubswochen und zu Weihnachten statt. Und nun geraten die verschiedenen Erziehungsstile und Auffassungen, was für das Kind gut oder schlecht ist, miteinander in Konflikt, und ein Problem, unter dem das Kind schon litt, als die Eltern noch beieinander waren, findet auf andere Art jetzt seine Fortsetzung. Das Kind liebt beide Eltern und kommt begeistert vom Vater nach Hause und wagt kaum zu erzählen, was es da alles wieder fernsehen durfte und erlebt hat, von dem es weiß, daß Mama das nicht mag. Der Interessenkonflikt liegt hier in der Konstellation Vater/Mutter, Kind/Fernsehen. Die Mutter ist dagegen, der Vater dafür – und das Kind? Ist es dafür, wenn es begeistert erzählt, was es alles sehen durfte? Man kann fast sicher sein, daß es *für beides* ist, weil es beide Eltern liebt. Es spürt auch die Sorge und den Ernst der Mutter, warum sie sich ablehnend verhält. In diesem Fall hat sich ihr geschiedener Mann durchgesetzt und läßt das Kind fernsehen, auch wenn er genau weiß, daß seine Frau dagegen ist. Warum? Möchte er dem Kind nur eine Freude machen? Weiß er sonst nicht, was er mit dem Kind anfangen soll? Möchte er sich auf diese Art an seiner Frau rächen oder seine Macht und Selbständigkeit demonstrieren? Das sind Fragen, die sich die Mutter jetzt neu stellen muß. Es hat keinen Sinn, diesbezügliche Gespräche mit ihrem Mann wieder aufzunehmen. Schon zu oft hatten sie sich seinerzeit deswegen gestritten. Auch muß sie sich eingestehen, daß es *ihr* Konflikt ist, wohingegen

Vater und Kind eigentlich kein Problem damit haben. So muß sie also selbst überlegen, was sie zur Konfliktlösung beitragen kann. Und nun gilt es, die verschiedenen Interessen im Zusammenhang zu sehen und gegeneinander abzuwägen: Was hat ihr ehemaliger Mann davon, wenn das Kind bei ihm fernsehen darf? Es liegt auf der Hand, daß es ihm Spaß macht, mit dem Kind auf diese Weise etwas Lustiges oder Interessantes anzuschauen, noch dazu etwas, was es eigentlich »nicht darf«, wodurch der Wert noch gesteigert wird. Auch weiß sie, daß er dem Kind gegenüber während der Sendung immer auch Kommentare abgibt und das eine oder andere erklärt, so daß sich während des Fernsehkonsums doch auch menschlich etwas abspielt. Und das ist ja doch eigentlich etwas Gutes. Könnte sie nicht ihren geschiedenen Mann fragen, ob er dies konsequenter machen kann, ob er – wenn er schon mit dem Kind fernsieht – sich vornehmen kann, selbst immer mit dabei zu sein und hinterher womöglich auch noch ein wenig über das Gesehene zu sprechen? Dies könnte dann, vor allem wenn das Kind älter wird, ein annehmbarer Kompromiß sein, das nur passive Konsumieren der Sendungen in ein aktiveres umzuwandeln. Und das Kind?

Es möchte es einerseits beiden Eltern recht machen, und andererseits liebt es die Fernsehstündchen mit dem Papa, und überdies muß es jetzt auch noch die Scheidung der Eltern verkraften. Je deutlicher sich die Mutter das alles vor Augen führt, empfindet sie auch, daß sie diesen Konflikt jetzt nicht nur lösen muß, sondern auch kann. Denn eins wird ihr immer klarer: Es ist für das Kind schädlicher, das Hin- und Hergerissensein zwischen den Eltern zu erleben, als einmal im Monat fernzusehen! Jetzt, wo sie nicht mehr zusammen wohnen, ist der Konsum ohnehin reduziert und nicht mehr ein tägliches Vergnügen. Und es wäre doch furchtbar, wenn ihr Kind – um sie als Mutter nicht zu ärgern oder zu verletzen – ihr nicht richtig erzählen könnte, was es beim Papa sehen und erleben darf. Außerdem ist das aktive Heraufholen von Fernsehinhalten in das Bewußtsein gar nicht so einfach – diese Inhalte werden erstaunlich schnell vergessen. Also ist auch das Erzählen davon eine gute Übung für das Gedächtnis. Nach Bedenken und Abwägen all dieser Faktoren, entschließt sie sich, den Konfliktpunkt Fernsehen damit beizulegen und dies auch ihrem Mann mitzuteilen. Erlebt nun das Kind einen solchen Wandel im Umgang mit dem Problem bei der Mutter mit, so ist dies zugleich ein Stück Erziehung zur Konfliktbewältigung. Zum anderen ist es aber auch ein Beispiel dafür, wie ein gewisses Maß an Bereitschaft zur Selbsterziehung unabdingbare Voraussetzung für Konfliktbewältigung ist.

Das Beispiel kann auch deutlich machen, daß ein gewisser Anteil an der Konfliktbewältigung »im Innern« stattfinden muß. Jeder an einem Konflikt Beteiligte kann seine »Macht« zur Verschärfung oder zur Linderung der Problematik einsetzen. Daher kommt den Nächten, in denen scheinbar Pause ist, und »nichts geschieht«, eine besondere Bedeutung zu. Nachts erleben wir die Ereignisse des Tages noch einmal, aber jetzt von der Perspektive der anderen aus gesehen. Rudolf Steiner schildert aus seiner Geistesforschung sehr anschaulich, wie wir nachts »in den Armen unserer Feinde« liegen und mit ihnen beraten, was getan werden könnte. Allerdings geschieht diese Beratung nicht vom egozentrischen Alltagsbewußtsein aus, sondern vom altruistischen Engelbewußtsein aus, in das sich auch die Beurteilung der höheren Hierachien und letztlich »Gottes« mitteilt.

Das klingt unwahrscheinlich, weil zumeist am Tage die Auseinandersetzungen unvermindert weitergehen. Manchmal kommt aber auch ganz unverhofft ein guter Einfall, der der Sache eine positive Wendung gibt. Man hat den Schlaf schon seit alters her »den kleinen Bruder des Todes« genannt. Was nach dem Tode geschieht, in der Zeit der sogenannten Seelenläuterung – bildhaft auch »Fegefeuer« genannt –, wenn alles auf Erden seelisch Durchlebte noch einmal durchlaufen wird, nur jetzt so, wie die anderen die Ereignisse mit uns erlebt haben, das geschieht – unbewußt für unser Tageserleben – jede Nacht im kleinen. Gehen wir nun mit der Frage in die Nacht, wie wir uns hilfreich in einer Konfliktsituation verhalten können, und sind wir offen auch für neue, andere Gesichtspunkte, so können wir unter Umständen mit Gesichtspunkten aufwachen, oder sie während des Tages in Form von »Einfällen« bekommen, die aus solchen nächtlichen Beratungen stammen. Dann kann unter Umständen schon hier und jetzt und nicht erst »nach dem Tode« ein Konflikt aufgearbeitet oder beigelegt werden.

Stefan Leber hat die Forschungsergebnisse Rudolf Steiners mit den Ergebnissen der naturwissenschaftlichen Schlafforschung in Zusammenhang gebracht und so eine sehr erhellende Arbeit zur Dimension des Schlafes und seiner Bedeutung für das soziale Leben geleistet.[117]

4. Lob und Tadel

Selbstsicherheit und Zuversicht sind wichtige Eigenschaften, die der Konfliktbewältigung dienen. Diese Eigenschaften werden in der Entwicklung gefördert durch sachgerechten Umgang mit Lob und Tadel. Es bedeutet eine Schwächung für das kindliche Selbstbewußtsein, wenn es im Laufe eines Tages mehr getadelt als gelobt wird. In der kinderärztlichen oder schulärztlichen Sprechstunde kommt es immer wieder vor, daß ein »schwieriges Kind« vorgestellt wird, und man genauestens erfährt, wo überall die Probleme sitzen. Fragt man dann, was die Fähigkeiten und Möglichkeiten dieses Kindes sind, das, was es positiv bieten kann, so herrscht erst einmal Schweigen. Die positiven Eigenschaften des Kindes leben längst nicht so lebhaft im Bewußtsein wie die Probleme, an denen man sich täglich sorgt und reibt. Es ist wichtig, sich in die Lage eines solchen Kindes hineinzuversetzen. Kein Erwachsener würde eine derartige Situation längere Zeit ertragen. Er würde entweder den Arbeitsplatz wechseln oder zu Hause ausziehen – je nachdem, wo man ihm solchen Psychostreß zumuten würde. Das Kind kann jedoch nicht davonlaufen, sondern nur verhaltensauffällig werden, immer mehr provozieren, um deutlich zu machen, daß hier etwas nicht stimmt. Beim Umgang mit Lob und Tadel gibt es eine goldene Regel, die unbedingt zu berücksichtigen ist: Wenn du an deinem Kind etwas kritisierst, mußt du dir auf der anderen Seite auch eine Fähigkeit überlegen, die es hat und an der du Freude hast und dies bei der nächstpassenden Gelegenheit erwähnen. Und wenn du bei deinem Kind oder Schüler in der Schule nur drei positive Eigenschaften entdeckst, so darfst du auch nur drei negative tadeln – alle anderen mußt du übersehen. Denn nur wenn Lob und Tadel im Gleichgewicht sind, ist die Mindestvoraussetzung geschaffen, daß die Freude und das Kraftgefühl, das durch das Lob hervorgerufen werden, gerade ausreichen, um den Schmerz auszuhalten, der durch den Tadel entsteht. Es gibt jedoch Kinder – insbesondere aus belasteten Familien – für die das nicht reicht, sondern bei denen das Aufspüren *eines* Fehlers aufgewogen werden muß mit dem Lob von mindestens *drei* lobenswerten Ereignissen oder Verhaltensweisen, um dem Kind das Gefühl zu geben, daß es doch recht ist, so wie es ist.

Man muß sich nur einmal in die Situation eines »schwierigen« Kindes versetzen. In Gedanken gleichsam neben ihm stehen und alles, was es erlebt, aus seinem Blickwinkel betrachten. Stellt man dann beispielsweise fest, daß innerhalb kürzester Zeit sein Name zu Hause oder in der Schule immer wieder im Zorn, mit einer gewissen Emotionalität oder einem Unterton von Ermahnung gerufen wird, so kann man sich überlegen, wie man sich selbst fühlen würde, wenn man ständig aus dem Umkreis widergespiegelt bekäme: So wie du dich benimmst, bist du nicht zu gebrauchen. Nimmt man sich dann vor, ein solches Kind zum Beispiel morgens besonders lieb zu wecken und das Zu-Bett-Gehen noch bewußter zu gestalten oder aber es in der Schule fröhlich zu begrüßen und – egal was im Unterricht war – es auch freundlich wieder zu verabschieden, so kann das bereits einiges zur Verbesserung der Situation beitragen. Gelingt es dann noch, mit den Mahnungen sparsamer zu sein und bewußt auch immer wieder Dinge nicht zu sehen, so kann das Kind plötzlich entspannen und wird unter dem nun ebenfalls viel bewußter gehandhabten Lob deutlich ruhiger und sicherer.

Die Fragen, die sich hier immer wieder anschließen müssen, lauten: Wie gehen wir im Alltag miteinander um? Wie »loben« und »tadeln« wir uns in Gedanken, Gefühlen und Worten? Was können wir durch mehr Wachheit, Sorgfalt und Ehrlichkeit auf diesem Gebiet zur Stabilisierung der sozialen Verhältnisse beitragen?

Begegnet man Menschen, die eine gute Frustrationstoleranz haben und in schwierigen Situationen die Ruhe bewahren können, dann stammen diese häufig aus einer größeren Familie. Es ist eine wesentliche Unterstützung für die Erziehung zur Konfliktbewältigung, Geschwister zu haben, mit denen man gemeinsam die verschiedensten Konflikte aushandeln, durchleben und bewältigen gelernt hat. Besonders wertvoll ist es, wenn zu Hause die Gewohnheit herrscht: Streit nimmt man nicht mit in die Nacht. Dann gewöhnt man sich daran, Konflikte bis zum Abend so weit zu beenden, daß man sich friedlich gute Nacht sagen kann. Da genügt oft die kurze Frage am Abend vor dem Schlafengehen: Was war denn heute besonders schlimm – und dann wird vielleicht das eine oder andere erzählt, und man kann fragen: Und – seid ihr euch inzwischen wieder gut? Und man merkt es den Kindern an, ob, wenn sie ja sagen, dies auch wahr ist. Und wenn es nicht wahr ist, so kann man gemeinsam überlegen, wie der Ausgleich und das notwendige Verstehen herbeigeführt werden können. So wichtig es ist, daß Eltern solche Prozesse begleiten, so wichtig ist es aber auch, daß sie in die kindlichen beziehungsweise geschwisterlichen Konflikte in der Regel nicht richtend eingreifen. Um so mehr lernen die Kinder selber daran.

5. Die Gewissensstimme

Aus dem bisher Dargestellten konnte deutlich werden, daß eine Erziehung zur Konfliktfähigkeit identisch ist mit einer Erziehung, die zum Ziel hat, das Ich des Kindes, insbesondere seinen Persönlichkeitskern anzusprechen und dessen Fähigkeiten zur Wirksamkeit zu bringen. Damit ist aber auch das Höhere im Menschen angesprochen, dasjenige, was sich uns bemerkbar macht, wenn wir auf unsere Gewissensstimme hören. Die treffendsten Worte, die wohl bisher über das menschliche Gewissen gesagt wurden, stammen von Novalis. In seinem Roman *Heinrich von Ofterdingen* schildert er ein Gespräch zwischen dem Arzt Sylvester und Heinrich über das menschliche Gewissen. Heinrich fragt:

»›Wann wird es doch‹, sagte Heinrich, ›gar keiner Schrecken, keiner Schmerzen, keiner Not und keines Übels mehr im Weltall bedürfen?‹

›Wenn es nur Eine Kraft gibt – die Kraft des Gewissen – Wenn die Natur züchtig und sittlich geworden ist. Es gibt nur Eine Ursache des Übels – die allgemeine *Schwäche*, und diese Schwäche ist nichts als geringe sittliche Empfänglichkeit und Mangel an Reiz der Freiheit.‹

›Macht mir doch die Natur des Gewissens begreiflich.‹

›Wenn ich das könnte, so wäre ich Gott, denn indem man das Gewissen begreift, entsteht es. [...]

[...] das Gewissen erscheint in jeder ernsten Vollendung, in jeder gebildeten Wahrheit. Jede durch Nachdenken zu einem Weltbild umgearbeitete Neigung und Fertigkeit wird zu einer Erscheinung, zu einer Verwandlung des Gewissens. Alle Bildung führt zu dem, was man nicht anders, wie Freiheit nennen kann, ohnerachtet damit nicht ein bloßer Begriff, sondern der schaffende Grund alles Daseins bezeichnet werden soll. Diese Freiheit ist Meisterschaft. Der Meister übt freie Gewalt nach Absicht und in bestimmter und überdachter Reihenfolge aus. Die Gegenstände seiner Kunst sind sein und stehn in seinem Belieben, und er wird von ihnen nicht gefesselt oder gehemmt. Und gerade diese allumfassende Freiheit, Meisterschaft oder Herrschaft ist das Wesen, der Trieb des Gewissens. In ihm offenbart sich die heilige Eigentümlichkeit, das unmittelbare Schaffen der Persönlichkeit, und jede Handlung des Meisters ist zugleich Kundwerdung der hohen, einfachen, unverwickelten Welt – Gottes Wort.› [. . .]

›Allerdings ist das Gewissen der eingeborene Mittler jedes Menschen. Er vertritt die Stelle Gottes auf Erden, und ist daher so Vielen das Höchste und Letzte. Aber wie entfernt man die bisherige Wissenschaft, die man Tugend- oder Sittenlehre nannte, von der reinen Gestalt dieses erhabenen, weitumfassenden persönlichen Gedankens. Das Gewissen ist der Menschen eigenstes Wesen in voller Verklärung, der himmlische Urmensch. Es ist nicht dies und jenes, es gebietet nicht in allgemeinen Sprüchen, es besteht nicht aus einzelnen Tugenden. Es gibt nur Eine Tugend – den reinen, ernsten Willen, der im Augenblick der Entscheidung unmittelbar sich entschließt und wählt. In lebendiger, eigentümlicher Unteilbakeit bewohnt es und beseelt es das zärtliche Sinnbild des menschlichen Körpers und vermag alle geistigen Gliedmaßen in die wahrhafteste Tätigkeit zu versetzen.‹«[118]

Nun gibt es viele Menschen, die über eine Gewissensstimme, wie sie hier von Novalis geschildert wird, nicht verfügen. Vielmehr klagen sie darüber, daß sie oft ein »schlechtes Gewissen« haben, welches bei bestimmten Entscheidungsprozessen oder -abläufen im Alltag eher störend ist als nützlich. Sie erleben es nicht als vom höheren Ich inspiriert, sondern eher als Reminiszenz autoritärer Verhaltensweisen in Kindheit und Schulzeit, wo alles mögliche verboten war und man auf diese Weise bei Übertretungen den Kindern ein schlechtes Gewissen »beibrachte«. Mit solchen Konditionierungen darf die aus dem höheren Ich inspirierte Gewissensstimme nicht verwechselt werden. Will man sich an dieses Höhere im Menschen heranarbeiten und gleichsam seine eigene Gewissensstimme entwickeln und erziehen, so kann man dies am besten auf dem Wege, der in diesem Buch schon mehrfach angesprochen worden ist, auf dem Weg der Pflege der drei Kernideale des Ich:

- Ehrlichkeit mit sich und anderen
- Liebe zu sich und anderen
- Freiheit für sich und für andere

Wenn man sich mit diesen Idealen identifiziert, sich von ihnen führen läßt, so inspirieren sie einen und können zur Gewissensstimme werden. Denn wenn ich mich angesichts einer zu fällenden Entscheidung frage: Wie sehen ihre Konsequenzen aus, wenn ich sie vom Gesichtspunkt der Ehrlichkeit betrachte? Wem oder was zuliebe wirken sie sich aus? Wessen Freiheit fördern sie? so werden andere Kriterien meine Entscheidungsfindung beeinflussen, als wenn ich sie nur nach dem Sympathie- / Antipathie-Prinzip oder aus pragmatischen Gründen fälle. Wer sich durch diese

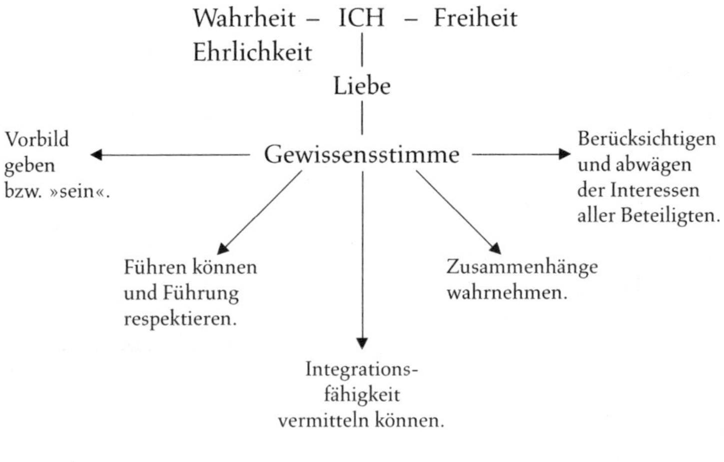

drei Kernideale beziehungsweise Ich-Funktionen führen läßt, hat das Autonomieprinzip in sich selbst entdeckt und damit auch die Voraussetzung, andere ohne Gefahr für deren Entwicklung zu führen. Denn durch die eigenständige Suche nach Wahrheit wird man unabhängig und unbestechlich, durch das Üben der Liebefähigkeit lernt man die Wünsche und Interessen der anderen verstehen. Und das Freiheitsideal läßt einen die Intentionen und Impulse der anderen ernst nehmen und berücksichtigen. Damit sind diese Ich-Qualitäten Quelle beziehungsweise Voraussetzung der fünf wichtigsten Eigenschaften, auf die es vor allem ankommt, wenn man Konflikte bearbeiten und zu deren Lösung beitragen will. Die nebenstehende Graphik möge es nochmals veranschaulichen.

Diese fünf Fähigkeiten sind Ausdrucksformen und Verhaltensweisen des Ich, die uns konfliktfähig machen. Sie sind – genauer betrachtet – therapeutische Eigenschaften. Bei jeder Krankheit, die geheilt werden soll, brauche ich ein therapeutisches Ziel, eine Strategie für den Verlauf der Therapie, Prozeßorientiertheit und die Fähigkeit, die verschiedenen Symptome in ihrem Zusammenhang zu erkennen.

Konflikte und Führungsfragen in Lebensgemeinschaften und kollegialer Zusammenarbeit

Heilsam ist nur,
wenn im Spiegel der Menschenseele
sich bildet die ganze Gemeinschaft,
und in der Gemeinschaft
lebet der Einzelseele Kraft.

Rudolf Steiner

Das Problem

Konflikte in der Familie, am Arbeitsplatz, in Wirtschaftsbetrieben, in sozialen Einrichtungen wie Schulen, heilpädagogischen Heimen und auch sonst im sozialen Leben entzünden sich überwiegend an Führungsfragen. Oder sie entstehen, weil die Struktur- und Führungsfragen nicht befriedigend gelöst sind. Führungsfragen aber sind Machtfragen. Wer gibt den Ton an, wer hat das Sagen und warum? Wer fördert andere oder läßt sie nicht hochkommen? Wer vereitelt wichtige Initiativen oder regt sie an? Wer wirkt lähmend oder anregend auf seine Mitarbeiter? Wer kann nicht abgeben, nicht delegieren, nicht loslassen? Wer meint, alles alleine machen zu können, zu sollen – ? Wer wird als gerecht erlebt? Wer hört wem zu? Wer interessiert sich überhaupt für andere? Wer kann die Fähigkeiten anderer nicht nur wahrnehmen, sondern auch anerkennen und fördern? Wie wird man vertrauenswürdig, ohne der Gefahr zu verfallen, Menschen in falsche Loyalitätsverhältnisse bis hin zur Abhängigkeit zu bringen? Und vieles andere noch.

Rudolf Steiner hat in einem Vortrag am 29. Oktober 1919 drei verschiedene Möglichkeiten von Führung und Gemeinschaftsbildung charakterisiert:[119] die hierarchische Führung mit ihrer klassischen pyramidalen Struktur, die demokratie-gestützte Führung, die vom Austausch und der Mitbestimmung aller Beteiligten geprägt ist, und die sogenannte Gemeingesellschaft, deren Führungsstruktur derjenigen einer umgekehrten Pyramide entspricht: Wer hier führen will, tut dies nicht im Bewußtsein seiner Macht und Sonderstellung oder primär um seiner Selbstverwirklichung willen, sondern weil er im Interesse des Ganzen gebraucht wird und das Bestreben hat, seine Fähigkeiten in dem Maße, wie es gebraucht wird, für das Ganze einzusetzen. Führung wird hier zur konsequenten Dienstleistung. Machtausübung im Sinne der Gemeingesellschaft ist freiwilliger Dienst am Ganzen. Die älteste Gesellschaftsform, die schon in der Vergangenheit der Menschheitsgeschichte zu hoher Blüte gekommen ist, ist die theokratisch-hierarchische. Demgegenüber sind Demokratie, Selbstbestimmung und Mitbestimmung Qualitäten, die in der historischen Gegenwart weltweit schon errungen sind oder aber zur Zeit erstrebt werden. Ganz zukunftsorientiert ist hingegen die dritte Gesellschaftsform, die Steiner die Gemeingesellschaft nennt. Denn sie setzt bereits den mündigen Menschen voraus, das heißt denjenigen, der seine eigene Aufgabe und Stellung in einer Gemeinschaft realistisch einschätzen kann. Er ist in der eigenen Entwicklung so weit fortgeschritten, daß er sich bewußt und freiwillig in einen bestimmten Sozialzusammenhang hineinstellen beziehungsweise integrieren kann. Auf den einzelnen Menschen übertragen entspricht diese Dreiheit der Art und Weise, wie wir mit unserem Denken, Fühlen und Wollen umgehen. Was das Denken anbetrifft, so muß hier jeder im Sinne der pyramidal-hierarchischen Struktur sein eigener unbedingter Herr und Herrscher sein beziehungsweise werden. Was das Fühlen anbetrifft, so wird man diesem nur gerecht, wenn man in ständigem Austausch mit seiner Mitwelt lebt, durch Mitempfinden und Wahrnehmen, aber auch sich selbst erleben und wahrnehmen lassen. Das eigene Willensvermögen jedoch und die daraus resultierenden Handlungen sollten sich förderlich für die Mitwelt in das soziale Leben hineinstellen und sich nach den Erfordernissen und Bedürfnissen dieser Mitwelt richten.

Damit ist auch der Schlüssel gegeben für einen elementaren und damit eminent praktischen Zugang zu den drei Gliedern des sozialen Organismus: zum Geistesleben, Rechtsleben und Wirtschaftsleben. Was ich mir denken kann, was ich aus den Erfahrungen meines Lebens mache, was und durch wen ich lerne, entscheide ich im Sinne des Geisteslebens frei. Durch das Erleben und Einhalten der Spielregeln, die das soziale Miteinander der Menschen im Sinne des Rechtslebens ordnen, entwickelt sich das für eine Gemeinschaft von Menschen spezifische Gerechtigkeitsempfinden und Mitgefühl, wo die eigene Freiheit aufhört und der andere zu seinem Recht kommen muß. Da wo mein Eigenwille jedoch auf die Handlungsbereitschaft eines andern Menschen trifft, wo unterschiedliche Bedürfnisse miteinander in Konflikt geraten, ist brüderliche Wahrnehmung der Intentionen des andern ebenso notwendig, wie das Wahrnehmen der Aufgabe, die es – unter Umständen auch gegen so manchen Widerstand – zu verwirklichen gilt. Treten in der Gemeinschaft Konflikte auf, so ist schon viel gewonnen, wenn man herausfindet, auf welcher Ebene des sozialen Lebens sie beheimatet sind. Dann ist es relativ leicht, adäquate Lösungsansätze zu finden. Auch ist es hilfreich, die heutzutage immer zeitaufwendiger und unbeweglich werdenden kollegialen Leitungsstrukturen nicht nur als fortschrittlich anzusehen, weil durch sie der hierarchisch-patriarchalische Führungsstil abgelöst wurde, sondern diese Leitungsstrukturen auch einmal an der Idee der Gemeingesellschaft zu messen, wo *nur* das eingerichtet wird, *was der Sache dient*, weswegen sowohl individuelle als auch kollegiale Verantwortung gefragt sind.

Lösungsansätze auf geistiger Ebene

Wo auch immer Zusammenarbeit unter mündigen Menschen stattfindet, steht und fällt sie damit, ob der einzelne sich darin als aktiver Mitunternehmer empfinden kann oder nicht. Unabhängig von seiner Position oder Aufgabe, die er innerhalb des Betriebes oder der Einrichtung einnimmt, muß er sich an der gemeinsamen Arbeit geistig mitverantwortlich und mitbeteiligt sehen können. Das heißt, der Anschluß an das Leitbild oder die Aufgabenstellung, in deren Dienst die Einrichtung steht, müssen für jeden Mitarbeiter unmittelbar zugänglich sein und ihm inneres Mittragen und Mitvollziehen des gemeinsamen Auftrags ermöglichen. Damit ist aber zugleich auch angedeutet, was Führung letzten Endes ist: Sie geht vom Leitbild selber aus, von der Idee, von der Aufgabenstellung, dem Ziel, in dessen Dienst sich eine Menschengemeinschaft, eine Einrichtung, ein Betrieb stellen. So sind es letztlich *geistige Ziele*, an denen alle teilhaben, die denjenigen, die Führungsaufgaben übernommen haben, Mandat und Orientierung geben. So gesehen sind es eigentlich nicht Menschen, die führen, sondern das Ziel, dem eine Gruppe von Menschen ihre Arbeitskraft zur Verfügung stellt. So wird auch Arbeitskraft nicht »verkauft«, sondern einer Sache gewidmet. Diese Widmung gilt es zu honorieren – »bezahlt« werden kann sie in Wirklichkeit nicht.

Lebt in einem Betrieb ein solches Bewußtsein, so kann dadurch die brüderliche Gesinnung geweckt werden, die es dem einzelnen erleichtert, seinen eigenen – vielleicht bescheidenen – Beitrag zum Gelingen der gemeinsamen Aufgabe zu leisten. Um dieses zu unterstützen, ist es wichtig, daß es in der Einrichtung ein Gremium oder Organ gibt, in dem er in freier Weise seine Ansichten im Hinblick auf die Betriebsziele zur Geltung bringen kann und umgekehrt auch Gelegenheit hat, zu hören, wie die andern zu wichtigen Fragen der Arbeitsgestaltung stehen. Wie viel von dem so Gehörten und Erarbeiteten er dann in seinem persönlichen Wirkungskreis und Aufgabenfeld fruchtbar machen kann, ist Ansporn und Anspruch seiner unternehmerischen Fähigkeiten. Nur wenn jeder einzelne immer besser auslotet, wie er durch seine Arbeit und die Art des Umgangs mit seinen Kollegen das gemeinsame Ziel am besten fördert, entsteht ein Betriebsklima, das von einem

Sich-frei-Fühlen und von gegenseitiger Förderung geprägt ist. Hingegen wirkt sich lähmend und Argwohn erzeugend aus, wenn man dem andern dessen Arbeit und Einfluß neidet und ihn – um dies zu kompensieren – versteckt oder offen kritisiert. Das in einer nicht gut zusammenarbeitenden Gemeinschaft sich anhäufende Kritikpotential, das sich am Ende nahezu gegen alles und jeden richten kann, entspricht dem Ausmaß an blockierter Initiativkraft beziehungsweise gelähmtem Unternehmertum der einzelnen Mitarbeiter. Wer solches erkennt und den Spieß umdreht, indem er von sich selber an seinem Platz alles erwartet und dankbar hinblicken lernt auf das, was die andern positiv beitragen können, arbeitet zugleich an seinem Sozialmündig-Werden. Dadurch wird er für die Gemeinschaft schöpferisch und hilfreich. Wie viele Probleme, die einer gedeihlichen Zusammenarbeit im Wege stehen, haben ihre Ursache ausschließlich darin, daß man von andern erwartet, daß sie dies und das tun sollten, und zugleich fordert, daß das, was man selber einbringt, auf mehr Anerkennung treffen sollte.

In einer Lehrerkonferenz hörte ich angesichts einer zu bewältigenden Schwierigkeit in der Lehrer / Elternbeziehung einen Kollegen sagen: »Wir könnten doch alle Phantasie entwickeln, was jeder von uns dazu beitragen kann, die Schwächen der andern auszugleichen, so daß deren Stärken besser zum Tragen kommen können.« Nichts wirkt sich in einem Schulzusammenhang sozial destruktiver aus, als wenn zum Beispiel ein Lehrer vor Schülern oder Eltern seine eigene Beliebtheit oder gute Stellung auf Kosten eines andern noch vergrößert, indem er dazu beiträgt, daß dessen Ansehen weiter schwindet durch die Art und Weise, wie er über ihn spricht und sich ihm gegenüber verhält. Wenn Eltern und Schüler hingegen die Lehrerschaft als konstruktive Solidargemeinschaft erleben, die die anstehenden Probleme offen und fair bespricht und bearbeitet, so können sie der Erziehungsarbeit der Lehrer mit mehr Respekt und Vertrauen begegnen. Wenn Lehrer sich gegenseitig helfen und unterstützen und dennoch Probleme mit Eltern und Schülern nicht unter den Teppich gekehrt, sondern offen besprochen werden können, so wird die Schule zu einem Lebensraum, in dem für alle daran Beteiligten Entwicklung stattfinden kann. Auch kann so dem sozialen Märtyrertum vorgebeugt werden: »Was ich alles tun muß, während die anderen bei schon viel weniger Belastung Halt machen.« Denn der einzelne wird auf diese Weise selbständig und weiß, was er zum Ganzen beitragen will und kann. Er tut, was er für sachlich richtig hält, aus eigenem Antrieb, ohne zu vergleichen, was andere tun. Er wird so sein eigener Herrscher beziehungsweise Arbeitgeber, auch wenn dies äußerlich-juristisch der Personalchef oder der Schulvorstand ist. Das Prinzip der hierarchisch-pyramidalen Machtstruktur findet auf dieser individuellen Ebene gesunden Eingang in die heutige Gesellschaft. Der einzelne repräsentiert für sich, was früher der Herrscher für sich und andere besorgte, die noch unmündig waren.

Lösungsansätze auf der Rechtsebene

Welche Rechte hat der einzelne in der Gemeinschaft? Welches sind seine Pflichten? Wo ist Gleichberechtigung und Mitbestimmung nicht nur sinnvoll, sondern absolut notwendig, und welche Pflichten ergeben sich daraus? Wo gilt es dann zum Beispiel, Dinge mitzutragen, an deren Zustandekommen man nicht beteiligt war? Und wo darf dieses keine Gültigkeit haben?

Das Gerechtigkeitsempfinden entzündet sich an allem, an dem man sich als Mensch den andern gleichgestellt erlebt. In einer Einrichtung, wo Menschen zusammen arbeiten, gibt es darüber hinaus Rechte und Pflichten, die auf den für alle geltenden Vereinbarungen beruhen, die für den möglichst reibungslosen und effektiven Ablauf der Arbeit in der Einrichtung notwendig sind. So gilt es zum Beispiel in einer Schule kollegial zu verabreden, welche Zeitstruktur die Arbeitsabläufe benötigen, wo und wann pünktliches Erscheinen erforderlich ist, welche Führungs- und Sozialstruktur die Sache erfordert, der man seine Arbeitskraft zur Verfügung stellt. Wo ist Führung, Mandatierung für Aufgaben oder Delegation sachdienlich bzw. nötig? Welche zeitliche Begrenzung ist für die eine oder andere Beauftragung sinnvoll? Welche Kontrollorgane für Qualität und Leistung soll es geben? Je klarer all dies geregelt und gemeinsam beraten und beschlossen worden ist, um so ungestörter kann sich jeder in den Arbeitsprozeß eingliedern, ohne sich ungerecht behandelt zu fühlen. Jeder Neuankömmling hat die Möglichkeit, diese Arbeitsbedingungen einzusehen und zu den geforderten Rechten und Pflichten ja zu sagen, oder aber die Arbeit an diesem Platz nicht aufzunehmen, wenn er diese Bedingungen ablehnt. Solidarität und Vertrauen können sich bilden, wenn jeder diesen Bereich der Rechte und Pflichten akzeptiert und von Zeit zu Zeit in einem dafür zuständigen Gremium mit berät und weiter verbessern hilft. Auf dieser rechtlichen Ebene zählt jeder einzelne gleich viel im demokratischen Prozeß der Abstimmung, was im Interesse des Ganzen erforderlich ist. Sowohl für die optimale Verteilung der Arbeit wie auch des Geldes bedarf es der Richtlinien, an die sich alle Beteiligten für einen gemeinsam festgelegten Zeitraum halten müssen, bis neue Erfahrungen vorliegen und vielleicht das eine oder andere revidiert werden kann oder muß.

Ein besonders wichtiges Gebiet der Vereinbarungen betrifft die Qualitätskontrolle, die Sicherung der vereinbarten Leistung. Es muß Menschen geben, die von allen oder zumindest der Mehrheit den Auftrag und das Vertrauen haben – selbstverständlich zeitlich befristet – Einspruch zu erheben, Probleme zur Sprache zu bringen, Sorgen entgegenzunehmen und sie den dafür Verantwortlichen zu spiegeln. Es muß »Sozialfähige« geben, die zum Beispiel das Mandat haben, inakzeptable Mängel oder Fehlleistungen beim Namen zu nennen. Wenn dann eine Entlassung oder ein Aufgabenwechsel vorgenommen werden muß, kann dies bei vollem Verständnis für die Situation des Betroffenen doch aus sachlichen Gründen heraus notwendig sein. Anderenfalls würden Qualität und Anspruch der Einrichtung immer weniger der eigentlichen Zielsetzung entsprechen.

Je besser die Spielregeln für soziale Abläufe dieser Art vereinbart sind und sich alle Beteiligten daran orientieren und bei Übertretung korrigieren und gegenseitig zur Rede stellen können, um so konstruktiver kann der Arbeitsablauf gestaltet werden. Denn es gewinnt nicht nur die Arbeit dadurch Kontinuität und Qualität, sondern der einzelne hat auch eine dauerhafte Unterstützung für seinen eigenen Schulungsweg in der Gemeinschaft, indem er lernt, Funktionen zu respektieren, Mandate zu achten, das Fehlermachen-Können und Positionen-erst-ausfüllen-Lernen, nachdem man sie übertragen bekommen hat, auch mitzutragen und Hilfestellung zu geben, ohne den Mandatsträger in Frage zu stellen, bzw. ihm in den Rücken zu fallen. Auf die vereinbarte Zeit hin hat dieser oder eine kleine Gruppe Kredit und genießt das für eine optimale Erfüllung der Aufgabe notwendige Vertrauen und die Hilfestellung der andern.

Nur dadurch, daß die Strukturen im Betrieb transparent sind, so daß der einzelne sich auch mit dem Ganzen und der Art, wie dort Entscheidungsprozesse laufen und Informationen weitergegeben werden, verbunden fühlen kann, ist gewährleistet, daß er sich als Mensch akzeptiert erleben und dementsprechend vollen Einsatz geben kann. Auf der Rechtsebene findet so der Führungsstil demokratischer Systeme seinen konstruktiven Platz im Betriebsganzen.

Lösungsansätze auf der persönlich-sozialen Ebene

Nichts ist so »ungerecht« wie die soziale Lebenswirklichkeit. Jeder Mensch bringt sein eigenes Begabungs- und Unfähigkeitsspektrum mit und hat demgemäß unterschiedliche Ansprüche an sich selbst und die Gemeinschaft, in der er lebt oder arbeitet. So unterschiedlich wie das Begabungsspektrum, so verschieden sind auch oft die Bedürfnisse. Der eine ist beispielsweise mit einem vollen Lehrerdeputat oder den Anforderungen im Büro ganz und gar ausgelastet, bisweilen sogar überfordert. Ein anderer hat darüber hinaus noch freie Valenzen und kann entweder einem reichen Hobbyleben nachgehen oder zusätzliche, übergeordnete Aufgaben für die Einrichtung übernehmen.

Für die Entwicklung jedes einzelnen gilt, daß sie in der ständigen Herausforderung stattfindet, die durch die Spannung zwischen den individuellen Leistungsgrenzen und der zu leistenden Aufgabe gegeben sind. Nicht mehr von sich zu fordern, als was man nicht noch mit einer gewissen Freude tun kann, muß ebenso gelernt werden wie das Mobilisieren aller Kraft, wenn es notwendig ist. Die Grenze zwischen Gesundheit und Krankheit verläuft oft ganz unmerklich da, wo man die Lust und den Sinnbezug zur Arbeit verliert und nur noch unter Druck oder aus Pflicht tätig ist. Um solchen Krankheitstendenzen wirksam vorzubeugen, ist es notwendig, sich für möglichst viele Mitarbeiter und deren individuelle Möglichkeiten zu interessieren. Wie viel ist schon geholfen, wenn man einen Kollegen bei Bewertung oder Beurteilung seiner Arbeit nicht an dem eigenen Leistungsvermögen mißt oder mit demjenigen von andern Kollegen vergleicht, sondern nur mit dem, was dieser eine Kollege tut, gemessen an dem, wofür er eingestellt worden ist, wie er bisher in den Arbeitsprozeß hereingewachsen ist und welche Fortschritte er dabei gemacht hat. Nur auf solcher Basis ist es möglich, daß der andere sich verstanden und anerkannt fühlen kann. Dieses aber ist eine wesentliche Grundlage für die Freude an der Arbeit.

Wenn Unzufriedenheit oder Vorbehalte gegenüber der Arbeit anderer auftreten, ist es notwendig, direkt und persönlich das Problem mit dem betreffenden Kollegen anzusprechen und nichts über ihn mit andern zu verhandeln, was man nicht auch mit ihm besprochen hat oder besprechen könnte. Fehlt hierzu der Mut oder hat man den Eindruck, daß der andere es nicht verkraften könnte, so ist die Zeit nicht reif, die Probleme, die man mit ihm hat, anzusprechen. In diesem Fall sollte man dann auch entweder darauf verzichten oder sich an den oder die Kollegen wenden, die das Mandat (und hoffentlich auch die Fähigkeit) zum Bearbeiten von Sorgen haben, die sich auf die Qualität der Arbeit in der Einrichtung beziehen. Methoden der Supervision und Qualitätsbeurteilung finden heute Eingang in fast alle Lebensbereiche. Ideal ist es, wenn diese im Sinne einer *selbstgewollten, selbstbeauftragen,* freiwilligen Verpflichtung zur Weiterbildung entstammen. Dabei ist es vorteilhaft, wenn die Supervision aus dem Kreis der Mitarbeiter der eigenen Einrichtung heraus benannt werden kann. Denn dieses fördert die Vertrauensbildung unter den Mitarbeitern und die Kontinuität der Arbeit. Auch wenn die »Hilfe von außen« der größeren Anonymität und vermeintlichen Objektivität wegen oft attraktiver erscheint, so zeigt die Erfahrung doch, daß die anstehenden Probleme am besten von denen gelöst werden, die dann auch die praktischen Konsequenzen der Lösung zu tragen haben.

Am flexibelsten erweisen sich stets solche Strukturen, die man sich selber erarbeitet hat und an deren fortdauernder Anpassung an die Anforderungen von außen und die sozialen Bedürfnisse und Möglichkeiten von innen gearbeitet wird. Auch gehört es zu den Notwendigkeiten eines konstruktiven Zusammenarbeitens, daß, wer die Arbeit der andern kritisiert – ob nun berechtigter- oder unberechtigterweise – selber auch lernt, Kritik anzunehmen und für sich das Berechtigte daran herauszufinden, das Unberechtigte jedoch innerlich oder auch äußerlich abzuweisen. Von Steiner wird der Ausspruch überliefert: »Angesichts von Initiativen muß man mit Kritik rechnen. Kritik wird immer sein – sie darf nur nicht stimmen.« Letzteres aber kann und muß man selbst herausfinden und sich dementsprechend dann auch verhalten. Die Leistungsfähigkeit und Ausstrahlung einer Einrichtung werden bestimmt durch die Art und Weise, wie die Menschen ihre besten Fähigkeiten in der Zusammenarbeit einsetzen können. Daher kommt dem *Aufbau einer Fähigkeitenhierarchie* und einer dementsprechenden Kompetenzverteilung eine hervorragende Bedeutung zu. Dabei muß sichergestellt werden, daß sich die »Macht« der Fähigen nur auf den für ihren spezifischen Arbeitseinsatz festgesteckten Rahmen erstreckt und darüber hinaus kein Anspruch auf Geltung und höheres Gewicht der eigenen Stimme bei Fragen entsteht, die außerhalb des eigenen Kompetenzbereiches liegen. Hat beispielsweise eine Schule einen respektablen »Spiritus rector«, so muß dieser lernen, seine Autorität auch zum Schutz der Kompetenzen der anderen einzusetzen, anstatt Kraft der eigenen Autorität unversehens die der andern zu unterminieren.

So relativ leicht sich all dies sagen und formulieren läßt, so schwer ist es doch, dies alles wirklich zu tun, zu »leben«. Ohne den Willen zur Entwicklung, den Willen zum Lernen, ist es nicht zu erreichen. Dabei gibt es stets die beiden Quellen für Lernprozesse: die durch Einsicht und die durch Erfahrung, durch das Erleben von Defiziten und Fehlern oder aber von Möglichkeiten und Vorbildern. Dabei ist das Lernen aus Fehlern nicht nur wesentlich für den Umgang mit sich selbst, sondern vor allem auch für den Umgang mit den Fehlern der Mitarbeiter und Kollegen. Aus diesen läßt sich ebenso lernen wie aus den eigenen. Auch geschieht oft das Wunder, daß diese Fehler ebenso verschwinden und von den Betreffenden überwunden werden können, wie es die eigenen tun, wenn man genügend lange daran gelernt und gearbeitet hat. Wird solches erlebt, so kann ein tiefes Vertrauen in die Schicksalsführung daraus erwachsen. Es kann einem bewußt werden, daß einen das Leben gerade an den Ort gestellt hat, an dem man die Entwicklungsbedingungen findet für einen weiteren Weg. Wenn man durch herrschende Strukturen, durch Machtverhältnisse oder die Kompetenzen anderer nach außen hin gehindert ist, seine volle Arbeitskraft der Einrichtung zur Verfügung zu stellen, so hat man doch die Möglichkeit, für sich selber Ziele und Aufgaben zu finden und außerhalb der Einrichtung initiativ zu werden. Wohingegen man sich bei einer andern Konstellation der Verhältnisse vor allem dieser einen Einrichtung und deren sozialem Umfeld zuwenden kann.

Alle Einrichtungen – auch solche, die wie zum Beispiel die Waldorfschulen konsequente Selbstverwaltung betreiben – brauchen soziale Formen, die es einerseits möglich machen, daß die Initiativkraft jedes einzelnen sich größtmöglichst für die Aufgabe der Gemeinschaft entfalten kann. Andererseits müssen sie auch gewährleisten, daß im Interesse der gemeinsamen Aufgabe diejenigen mit leitenden Aufgaben betraut werden, die es am besten können. Hier wird häufig eingewendet, daß die wesentlichen Führungsaufgaben heute in kollegialer Verwaltung geschehen können. Wird dies jedoch praktiziert, so kommt früher oder später die Zeit, wo mehr oder weniger alle zu ächzen beginnen wegen der Menge an notwendigen Sitzungen und vor allem infolge des enormen Zeitaufwandes, der damit verbunden ist und oft zur Vernachlässigung der eigenen Arbeit führt. So notwendig Kollegien und Beraterkreise für die verschiedenen Funktionsfelder sind, so können sie doch die Möglichkeiten nicht ersetzen, die ein einzelner im Dienst des Ganzen entfalten kann und muß, wenn es gilt, gute Arbeit zu leisten. Wie notwendig ist es beispielsweise in einer Schule oder einer sozialtherapeutischen Einrichtung, daß die Eltern klar definierte Ansprechpartner haben, die sie für bestimmte Entscheidungen oder Verhaltensweisen verantwortlich machen können. Klare Zuständigkeiten, die Möglichkeit, rasch und flexibel zu entscheiden und zu handeln, sind Qualitäten, die es insbesondere ermöglichen, sorgfältig mit Zeit und Kraft der Mitarbeiter umzugehen. Es ist dadurch gewährleistet, daß einerseits gemeinsam besprochen wird, was sinnvollerweise im Interesse der Arbeit getan werden sollte. Andererseits hat der von der Gemeinschaft dann beauftragte Funktionsträger in dem abgesteckten Rahmen Entscheidungskompetenz, ohne jedes Mal längere Debatten und Sozialprozesse durchlaufen zu müssen.

Es ist deutlich, daß eine befriedigende Führungsstruktur für Einrichtungen und Betriebe heute im Sinne der Gemeingesellschaft veranlagt werden müßte. Soll effektiv gearbeitet werden, bedarf es der Führung, der Fähigkeitenhierarchie, der Entscheidungskompetenz – aber im Sinne der Gemeingesellschaft, der umgekehrten Pyramidalstruktur. Das hierarchische und demokratische System müssen demgegenüber immer wieder zu Konflikten führen, da ersteres den Mitarbeitern nicht gerecht wird und letzteres der zu leistenden Arbeit schadet.

Schwellenbewußtsein im sozialen Leben[120]

Macht- und Führungsfragen rühren an den Lebensnerv vieler Menschen. Denn diese sind in ihrer Entwicklung direkt davon betroffen und haben Mühe, innerlich und / oder äußerlich damit zurechtzukommen. Da kann es helfen, sich klar zu machen, daß die alte Machtgesellschaft mit ihrer hierarchisch-pyramidalen Struktur und die heute so geliebte Demokratiegesellschaft Formen sind, zu deren Handhabung gewisse persönliche Fähigkeiten und gute Spielregeln genügen, um zu funktionieren. Denn sie sind ganz im Diesseits zu Hause. Dies ändert sich bei dem Schritt zur bewußten

Mitarbeit in einer Einrichtung oder einer Gemeinschaft von Menschen im Sinne der Gemeingesellschaft. Dieser Schritt ist nur möglich, wenn der einzelne bereit ist, seinen Arbeitswillen *freiwillig* in den Dienst des gemeinsamen Wollens im Sinne der Zielsetzung beziehungsweise des Leitbildes der Einrichtung zu stellen. Dieses aber bedarf immer wieder der Selbstüberwindung in der Art, wie sie geübt werden muß, wenn man das Betreten der »Schwelle zur geistigen Welt« nicht scheut, und wenn man sich selber nicht nur dem Arbeitgeber, den Kollegen gegenüber, beziehungsweise seiner Arbeit verpflichtet fühlt, sondern auch der geistigen Zielsetzung gegenüber, der die Einrichtung dient. Arbeit im Sinne der Gemeingesellschaft ist Dienst »im freiwillig übernommenen Auftrag der geistigen Welt«, der gegenüber man sich verantwortlich fühlt. Hier gilt, was Rudolf Steiner in dem Drama *Prüfung der Seele* im Rahmen einer Bruderschaft, die geistigen Zielen dient, aussprechen läßt

Es muß sein Sondersein und Leben opfern
Wer Geistesziele schauen will
Durch Sinnesoffenbarung;
Wer sich erkühnen will
In seinem Eigenwillen
Den Geisteswillen zu ergießen.[121]

Indem dies hier so angesprochen wird, kann zugleich die Gefahr deutlich werden, die von einer derart idealistischen Aufgabenstellung ausgeht – wenn dies als moralischer Imperativ auftritt und quasi von den Mitarbeitern als »selbstloser Einsatz« erwartet oder gar gefordert wird. Dieser Gefahr kann nur dann wirksam begegnet werden, wenn das entscheidende Grundprinzip des Stehens an der Schwelle und damit auch der Führung im Sinne der Gemeingesellschaft beachtet wird: daß hier jeder einzelne nur für sich entscheiden kann. Strukturen, die Machtausübung im Sinne des alten hierarchischen Systems ermöglichen, oder solche, die Demokratie und Mitbestimmung möglich machen, kann man einrichten, organisieren und mit äußeren Mitteln durchsetzen. Dieses – unter Umständen auch mit moralischem Druck – geht mit der Gemeingesellschaft nicht. Hier können zwar entsprechende Strukturen veranlagt werden, die das Führungsprinzip der Gemeingesellschaft erleichtern. Organisieren und »durchsetzen« läßt es sich jedoch von außen nicht. Es steht einem solchen Unterfangen der Wille jedes einzelnen Mitarbeiters[122] so lange entgegen, als dieser sich nicht individuell und freiwillig entschieden hat, im Sinne einer solchen Struktur mitzuarbeiten. Daher bedeutet Führung und Mitarbeit im Sinne der Gemeingesellschaft nicht primär das Einrichten und Akzeptieren bestimmter Sozialstrukturen, sondern das *Leben* einer bestimmten Haltung der Arbeit und den Kollegen gegenüber.

Von Menschen, die dem Tode nahe waren oder schon einmal eine außerkörperliche Erfahrung gemacht haben, wird berichtet, daß sie sehr häufig als Verwandelte ins Leben zurückkehren. Verwandelt in dem Sinne, daß sie von nun an jeden Lebensaugenblick als Kostbarkeit empfinden können, daß sie ganz andere Wertungen und Sinngebungen vornehmen können, was Menschenbegegnungen, Ziele und Aufgabenstellungen des Lebens betrifft. Sie können mit einem Mal von sich absehen und mit größtem Interesse auf andere hinblicken. Sie haben einen Eindruck von dem gewonnen, was jenseits der Todesschwelle liegt, und können im Lichte dieser Erfahrung das Leben und seine Sinnhaftigkeit würdigen.

Schon wer mit sich selbst einmal das Gedankenexperiment vornimmt: Wie würde ich den heutigen Tag durchleben, wenn ich schon gestorben wäre und noch einmal für diesen Tag in das Leben zurückkehren dürfte? Worauf würde ich achten, was wäre mir wesentlich, was würde ich noch in Ordnung bringen? – der wird sofort bemerken, wie sich Perspektiven und Gewichtungen sogleich ändern gegenüber dem, wie man zuvor ganz selbstverständlich gelebt und empfunden hat. So fängt die Arbeit an der zukunftsorientierten Verwirklichung der Gemeingesellschaft ganz im stillen bei jedem einzelnen an, der die Notwendigkeit einer solchen Sozialstruktur eingesehen hat und an ihrer Verwirklichung mitarbeiten möchte. Unabhängig von äußerer Stellung und äußerem Rang, unabhängig von der aktuell herrschenden Sozial- beziehungsweise Führungsstruktur in einem Betrieb oder einer Einrichtung, kann man sich im Sinne der Gemeingesellschaft verhalten und wird aufgrund dieses Verhaltens einen heilsamen Einfluß auf seine soziale Umgebung ausüben.

Die globalen Probleme und Konflikte, von denen die Menschheit heute betroffen ist und an deren Lösung man schier verzweifeln könnte angesichts der Geschwindigkeit, mit der bestimmte Entwicklungen ökologischer und wirtschaftlicher Art vonstatten gehen, werden sich in unerwarteter Weise und unter Umständen auch Schnelligkeit zu lösen beginnen, wenn aus innerer Einsicht und innerem Antrieb heraus eine genügend große Anzahl von Menschen beginnt, sich im Sinne der Gemeingesellschaft in das soziale Leben hereinzustellen – ganz gleich in welchem Bereich der Arbeit und des Lebens. Menschen, die sich zu solchem entschließen, arbeiten mit an dem heute so dringend notwendigen kulturellen Wandel, die ganz auf den Egoismus des einzelnen gebauten gesellschaftlichen Werte zu ersetzen durch solche, die die Voraussetzungen schaffen wollen für eine Kultur der Mitmenschlichkeit, der Brüderlichkeit und der Liebe zur Erde mit ihren Naturreichen und deren Entwicklungsbedigungen. Sie entwickeln eine unternehmerische Gesinnung nicht nur für ihr persönliches und berufliches Leben, sondern für das Unternehmen Menschheitsentwicklung an der Schwelle vom zwanzigsten zum einundzwanzigsten Jahrhundert. Die politische Wende von 1989, die getragen war vom spontanen Konsens von Millionen von Menschen bedarf der Ergänzung durch eine ethische-moralische Wende. Jede einzelne ist hier zur Mitarbeit gefragt.

Anhang

Anmerkungen

1 Man denke in diesem Zusammenhang an die Leistungen der alten Griechen auf den Gebieten der Philosophie (Weisheit), der Plastik (Schönheit) und an die Wettkämpfe im Rahmen der Olympischen Spiele (Stärke).

2 Covey, S.: Die sieben Wege zur Effektivität; im englischen Original klingt der Titel allerdings wesentlich inspirierender: *The seven habits of highliy effective people.*

3 A. a. O., S. 46 ff.

4 A. a. O., S. 67 ff.

5 In diesem Zusammenhang sei bemerkt, daß es im 20. Jahrhundert zwei herausragende Autoren gibt, die dieses Mißverständnis über den freien Willen als solches entlarvt und richtiggestellt haben. Erkenntnistheoretisch und philosophisch wurde es durch Rudolf Steiner dargestellt in seinem Buch *Die Philosophie der Freiheit*; empirisch geschah es durch Viktor Frankl, der im Zustand größter Unfreiheit während der Gefangenschaft im Konzentrationslager seine innere Freiheit entdeckte und darauf dann seine spätere Psychotherapie vom Erringen der richtigen Einstellung zum Leben aufbaute; siehe auch Frankl, V. E.: Zeit der Entscheidung; ders.: Was nicht in meinen Büchern steht; ders.: Trotzdem Ja zum Leben sagen.

6 Covey, S.: Die sieben Wege zur Effektivität, S. 65 ff.

7 Mandela, N.: Der lange Weg zur Freiheit.

8 Covey, S.: Die sieben Wege zur Effektivität, S. 89 ff.

9 A. a. O., S. 133 ff.

10 Rudolf Steiner gibt unter anderem in den sogenannten »Nebenübungen« Beispiele für solche Willensübungen; vgl. Steiner, R.: Anweisungen für eine esoterische Schulung, S. 16 f; zu den Nebenübungen siehe auch Lowndes, F.: Die Belebung des Herzchakra.

11 Covey, S.: Die sieben Wege zur Effektivität, S. 191 ff.

12 A. a. O., S. 223 ff.
13 A. a. O., S. 247 ff.
14 A. a. O., S. 263 ff.
15 Steiner, R.: Wie erlangt man Erkenntnisse der höheren Welten?
16 A. a. O., S. 67.
17 A. a. O., S. 91 f.
18 A. a. O., S. 97; durch Gespräche und gezieltes Fragen den anderen zu Erkenntnisprozessen anzuregen, taucht als Methode bereits in der Antike auf, in vollkommener und bis heute gültiger Weise in den Dialogen Platons.
19 Vgl. hierzu Kniebe, G.: Die Temperamente in der modernen Psychologie; Leber, S.: Die Menschenkunde der Waldorfpädagogik, S. 308 ff; Sixel, D.: Rudolf Steiner über die Temperamente; Steiner, R.: Die geistig-seelischen Grundkräfte der Erziehung, S. 133 ff.
20 Vgl. König, K.: Die ersten drei Jahre des Kindes.
21 Vgl. Gabert, E. / Kniebe, G.: Strafe in der Selbsterziehung und in der Erziehung des Kindes; Glöckler, M.: Elternsprechstunde, S. 311 ff.
22 Vgl. Wais, M. / Gallé, I.: Der ganz alltägliche Mißbrauch; Petersen, P. / Rosenhag, J.: Dieser kleine Funken Hoffnung.
23 Vgl. Hoffmeister, M.: Die übersinnliche Vorbereitung der Inkarnation.
24 Dunn, J. / Plomin, R.: Warum Geschwister so verschieden sind.
25 Steiner, R.: Pädagogische Praxis vom Gesichtspunkte geisteswissenschaftlicher Menschenerkenntnis; vgl. auch Goebel, W. / Glöckler, M.: Kindersprechstunde, 2. Teil.
26 Wie diese Tatsache von der Werbung mit Blick auf die Zielgruppe der Kinder benützt werden kann, indem sie jenes Lustgefühl permanent hervorruft, dem dann der Willensimpuls »zu kaufen« entspringt, ohne daß ihm eine altersgemäße Lebenserfahrung zugrunde liegt, und welche seelischen Folgen dies haben kann, beschrieb Hanspeter Rosenlechner in: *kids*.
27 Vgl. Anmerkung 10.
28 Vgl. hierzu Treichler, M.: Mensch – Kunst – Therapie.
29 Steiner, R.: Wie erlangt man Erkenntnisse der höheren Welten?, S. 25 f.
30 Miller, A.: Das Drama des begabten Kindes und die Suche nach dem wahren Selbst.
31 Maaz, H.-J.: Der Gefühlsstau, S. 73.
32 Rittelmeyer, F.: Medita-

tionen; zu Rittelmeyer siehe auch: ders.: Aus meinem Leben.

33 Vgl. Leber, S.: Geschlechtlichkeit und Erziehungsauftrag; Suchantke, A.: Sexualität – Individualität – Bewußtsein.

34 Zur Sinneslehre auf anthroposophischer Grundlage, die von einem erweiterten Sinnesbegriff ausgeht, der mehr als die bekannten sechs Sinne umfaßt, und auf dem die folgenden Ausführungen aufbauen, siehe Aeppli, W.: Sinnesorganismus; Scheuerle, H. J.: Die Gesamtsinnesorganisation; Soesmann, A.: Die zwölf Sinne – Tore der Seele; Steiner, R.: Allgemeine Menschenkunde, 8. Vortrag, insbes. S. 124ff; ders.: Zur Sinneslehre.

35 Vgl. Kranich, E.-M. u. a.: Die Bedeutung des Rhythmus in der Erziehung, insbes. S. 11ff und S. 43ff; Goebel, W./Glöckler, M.: Kindersprechstunde.

36 Vgl. Internationale Vereinigung der Waldorfkindergärten (Hrsg.): Eurythmie im Kindergarten.

37 Steiner, R.: Allgemeine Menschenkunde, 4./5. Vortrag, S. 62ff.

38 Vgl. Glöckler, M.: Die männliche und weibliche Konstitution.

39 Vgl. Schad, W.: Säugetiere und Mensch. Zur Gestaltbiologie vom Gesichtspunkt der Dreigliederung.

40 Vgl. Steiner, R.: Die Erziehung des Kindes vom Gesichtspunkt der Geisteswissenschaft.

41 Vgl. Sanders, B.: Der Verlust der Sprachkultur; den Zusammenhang von Sprachverlust und Aggression beschreibt auch sehr pointiert der folgende Satz aus dieser empfehlenswerten Publikation: »Die Pistole ist das Schreibgerät des Analphabeten.«

42 Es ist symptomatisch für diesen Bewegungsmangel, daß viele Kinder im Vor- und Grundschulalter nicht mehr fähig sind, rückwärts zu laufen. Auch aus diesem Grund haben in den letzten Jahren an den Grundschulen Fächer wie »psychomotorisches Spielen« immer mehr Einzug gehalten.

43 Vgl. Glöckler, M. (Hrsg.): Das Schulkind – Gemeinsame Aufgaben von Arzt und Lehrer.

44 Vgl. hierzu auch Seite 187ff.

45 Schmidbauer, W.: Alles oder Nichts.

46 Steiner, R.: Philosophie der Freiheit, S. 271.

47 Die Biographie Tolstois stellt ein bedeutendes, literatur- und geistesgeschichtlich folgenreiches Beispiel für einen solchen »Wechsel der Ideale« dar. Der metaphorische Bezug zu Licht und Finsternis kommt in diesem Zusammenhang besonders deutlich in dem Titel desjenigen Dramas von Tolstoi zum Ausdruck, in dem er autobiographisch diesen Umschwung dargestellt hat: *Und das Licht scheint in die Finsternis.*

48 Wolfram von Eschenbach: Parzival I, 5, 247 ff.

49 Vgl. das schon erwähnte Buch von Alice Miller *Das Drama des begabten Kindes und die Suche nach dem wahren Selbst.*

50 Vgl. Steiner, R.: Wahrheit und Wissenschaft.

51 Lusseyran, J.: Das wiedergefundene Licht, S. 81.

52 Johannes 10, 11 ff.

53 Markus 10, 17 f.

54 Vgl. hierzu auch: Havel, V.: Versuch, in der Wahrheit zu leben; diesen wichtigen Essay schrieb Havel noch in Zeiten der äußeren Bedrängnis und Verfolgung durch das kommunistische Regime der damaligen CSSR.

55 Steiner/Wegmann: Grundlegendes für eine Erweiterung der Heilkunst, S. 12 f.

56 Nähere Ausführungen hierzu in: Glöckler, M.: Elternsprechstunde; Glöckler, M.: Elternfragen heute.

57 Vgl. Glöckler, M.: Elternfragen heute, S. 121 ff.

58 Johannes 14, 6.

59 Vgl. Leber, S.: Der Schlaf und seine Bedeutung.

60 Vgl. das Kapitel *Wesensgliedertätigkeit in aufeinanderfolgenden Erdenleben* in: Glöckler, M.: Begabung und Behinderung.

61 Vgl. Anmerkung 36; zur Eurhythmie siehe auch Froböse, E. (Hrsg.): Rudolf Steiner über eurythmische Kunst.

62 Prejean, H.: Dead Man Walking.

63 Siehe z. B. Kluge, H.: Cato Bontjes van Beek.

64 Vgl. Glöckler, M.: Vom Umgang mit der Angst.

65 Vgl. hierzu z. B. das Kapitel *Das Wesen des Menschen* in: Steiner, R.: Thesophie, S. 24 ff, oder das Kapitel *Wesen der Menschheit* in: ders.: Die Geheimwissenschaft im Umriß, S. 52 ff.

66 A. a. O., S. 54 ff.

67 A. a. O., S. 58 ff.

68 Vgl. Huseman, A.: Der musikalische Bau des Menschen.

69 Vgl. Steiner, R.: Die Geheimwissenschaft im Umriß, S. 60 ff.

70 Johannes 14, 6.

71 Siehe dazu auch das Kapitel *Biographie und Wiederverkörperung*, S. 212 ff.

72 Diese Zusammenhänge sind ausführlich wiedergegeben in: Glöckler, M.: Die männliche und weibliche Konstitution.

73 Vgl. Steiner, R.: Theosophie, S. 48 ff.

74 Goethe, J. W.: Dichtung und Wahrheit.

75 Vgl. z. B. Burkhard, G.: Das Leben in die Hand nehmen; dies.: Schlüsselfragen zur Biographie; Hansen, B. (Hrsg.): Biographiearbeit; Lievegoed, B.: Lebenskrisen – Lebenschancen; ders.: Der Mensch an der Schwelle; Wais, M.: Biographiearbeit.

76 Symptomatisch hierfür ist der ungebrochene Trend bei Film und Fernsehen zu »übersinnlichen« Inhalten und außerirdisch-dämonischen Lebewesen; jüngste Beispiele hierfür: *Independence Day*, einer der erfolgreichsten Filme aller Zeiten, *Das fünfte Element* oder *Akte X – Die unheimlichen Fälle des FBI*.

77 Vgl. Lauenstein, D.: Der Lebenslauf und seine Gesetze; O'Neil, G.: Der Lebenslauf; Steiner, R.: Vom Lebenslauf des Menschen.

78 Allerdings macht sich seit geraumer Zeit, ausgehend von den angelsächsischen Ländern, eine von Gesellschaftsforschern als »Kommunitarismus« bezeichnete Gegenbewegung bemerkbar, die den einzelnen sich tendenziell wieder unter das Gemeinwohl unterordnen läßt. Auch dies kann sich ins Extreme steigern, wie z. B. der manchmal militante Züge annehmende Feldzug gegen Raucher in den USA zeigt.

79 Lievegoed, B.: Durch das Nadelöhr, S. 22 f.

80 Steiner, R.: Wahrspruchworte, S. 205.

81 Vgl. Beauvoir, S. d.: Memoiren einer Tochter aus gutem Hause.

82 Dunn, J./Plomin, R.: Warum Geschwister so verschieden sind, S. 81 f.

83 A. a. O.

84 A. a. O.

85 Beauvoir, S. d.: Memoiren einer Tochter aus gutem Hause, S. 42, zitiert nach Dunn/Plomin.

86 Twain, M.: Gesammelte Werke, Band 5, S. 53, zitiert nach Dunn/Plomin.

87 Vgl. auch Anmerkung 17.
88 Miller, A.: Das Drama des begabten Kindes und die Suche nach dem wahren Selbst, S. 13.
89 Gerade in jüngster Zeit ist eine zunehmende Sensibilisierung des öffentlichen Bewußtseins für dieses Thema festzustellen. Dabei wurde der Zusammenhang von früher am eigenen Leib erlebtem Machtmißbrauch und späterer krankhafter Praktizierung desselben, bis hin zu Kindesmißbrauch und Mord, immer evidenter; vgl. dazu auch Anmerkung 22.
90 Vgl. Anmerkung 65.
91 Steiner, R.: Wie erlangt man Erkenntnisse der höheren Welten?, S. 16.
92 Vgl. Glöckler, M.: Die Heilkraft der Religion.
93 Vgl. Anmerkung 75.
94 Matthäus 18, 20.
95 Johannes 19, 11.
96 Matthäus 22, 22.
97 Lukas 23, 34.
98 Vgl. Prokofieff, S. O.: Die okkulte Bedeutung des Verzeihens.
99 Steiner, R.: Theosophie, S. 88.
100 Steiner, R.: Die Offenbarungen des Karma; vgl. auch: ders.: Reinkarnation und Karma – Wie Karma wirkt.
101 Vgl. Anmerkung 98.
102 Vgl. dazu auch: Steiner, R.: Wie kann die seelische Not der Gegenwart überwunden werden?
103 Vgl. Leber, S.: Die Menschenkunde der Waldorfpädagogik.
104 Vgl. Schröder, H.-W.: Mensch und Engel.
105 a. a. O.; siehe auch: Steiner, R.: Vom Wirken der Engel.
106 Vgl. Lenz, J.: Lebensgemeinschaft und Trauung – Das Sakrament der Ehe.
107 Vgl. Steiner, R.: Wie erlangt man Erkenntnisse der höheren Welten?, S. 31 ff.
108 Reste einer solchen an Stamm und Sippe gebundenen Rechtsauffassung lassen sich auch heute noch in bestimmten südeuropäischen Gegenden finden, wo beispielsweise die *Vendetta*, die Blutrache, praktiziert wird. Sie lassen sich aber auch innerhalb des deutschen Rechtssytems im Rahmen des Einbürgerungsgesetzes wiederfinden, in dem nach dem Prinzip des *jus sanguinis* als Voraussetzung zur Erlangung der Staatsbürgschaft der Nachweis blutsmäßiger deutscher Vorfahren gilt.
109 Vgl. hierzu Arendt, H.: Eichmann in Jerusalem.

110 Dies ist mit ein Grund dafür, daß sich die Anthroposophie seit einigen Jahren immer wieder dem Vorwurf des Rassismus ausgesetzt sieht, da Rudolf Steiner den Rassebegriff in bestimmten Zusammenhängen zeitimmanent gebraucht. Diesem Vorwurf liegt aber ein falsches, die historischen Umstände nicht berücksichtigendes Verständnis des Begriffs zugrunde. Es wird dabei übersehen, daß es zu Lebzeiten des Autors das geschilderte Bedürfnis, »Rasse« aus dem Vokabular zu streichen, nicht gab, und daß damals auch noch nicht die Erfahrungen des substanziellen Mißbrauchs dieses Wortes durch die Nationalsozialisten mit den bekannten furchtbaren Folgen vorlagen, die sich erst nachträglich mit ihm verbunden haben.

111 Herrhausen, A.: Denken, Ordnen, Gestalten, S. 25; Alfred Herrhausen war Vorstandssprecher bei der Deutschen Bank und ein international anerkannter Topmanager des Bankwesens. Er wurde 1989 vor seinem Haus ermordet. Nach seinem Tod ist aus dem umfangreichen Nachlaß und aus Reden, die er gehalten hatte, dieses Buch zusammengestellt worden.

112 A. a. O., S. 25.

113 A. a. O., S. 25 f.

114 A. a. O., S. 27.

115 Vgl. dazu auch das Kapitel *Nonverbale Erziehung* in: Glöckler, M.: Elternsprechstunde, S. 167 ff.

116 Steiner, R.: Die Geheimwissenschaft im Umriß, S. 330 f.

117 Vgl. Anmerkung 59.

118 Novalis: Werke, S. 379 ff.

119 Steiner, R.: Soziale Zukunft.

120 Siehe hierzu auch: Dumke, K.: Vom Abgrund des Individuellen.

121 Steiner, R.: Die Prüfung der Seele, S. 69 f.

122 Vgl. hierzu Gause, R.: Integration der Mitarbeiter.

Literatur

Aeppli, Willi: Sinnesorganismus, Sinnesverlust, Sinnespflege. Die Sinneslehre Rudolf Steiners in ihrer Bedeutung für die Erziehung, Stuttgart 1996.

Arendt, Hanna: Eichmann in Jerusalem. Ein Bericht von der Banalität des Bösen, München 1986.

Beauvoir, Simone de: Memoiren einer Tochter aus gutem Hause, Reinbek 1969.

Burkhard, Gudrun: Das Leben in die Hand nehmen. Arbeit an der eigenen Biographie, Stuttgart 1995, 5. Aufl.

–: Schlüsselfragen zur Biographie. Ein Arbeitsbuch, Stuttgart 1995, 2. Aufl.

Covey, Stephen: Die sieben Wege zur Effektivität. Ein Konzept zur Meisterung Ihres beruflichen und privaten Lebens, München 1997, 5. Aufl.

Dumke, Klaus: Vom Abgrund des Individuellen. Der Schwellengang als *Voraussetzung* künftiger Gemeinschaftsbildung. In: Die Drei 8/1992.

Dunn, Judy/Plomin, Robert: Warum Geschwister so verschieden sind, Stuttgart 1996

Frankl, Viktor Emil: Zeit der Entscheidung, Freiburg 1996.

–: Was nicht in meinen Büchern steht. Lebenserinnerungen, Weinheim 1995.

–: Trotzdem Ja zum Leben sagen. Ein Psychologe erlebt das Konzentrationslager, München 1995, 7. Aufl.

Froböse, Eva (Hrsg.): R. Steiner über eurythmische Kunst, Köln 1983.

Gabert, Erich/Kniebe, Georg: Strafe in der Selbsterziehung und in der Erziehung des Kindes, Stuttgart 1993.

Gause, Renate: Integration der Mitarbeiter. Was leisten Unternehmenskultur, Führungsstil und Lernstatt?, München 1988.

Glöckler, Michaela: Begabung und Behinderung, Stuttgart 1997.

–: Elternsprechstunde. Erziehung aus Verantwortung, Stuttgart 1993, 3. Aufl.

–: Elternfragen heute. Erziehung aus Verantwortung, Stuttgart 1992.
–: Die Heilkraft der Religion, Stuttgart 1997.
–: Die männliche und weibliche Konstitution. Medizinisch-menschenkundliche Aspekte zur Ehe, Stuttgart 1989, 2. Aufl.
–: Vom Umgang mit der Angst. Eine biographisch-menschenkundliche Studie, Stuttgart 1993, 2. Aufl.
Glöckler, Michaela (Hrsg.): Das Schulkind – Gemeinsame Aufgaben von Arzt und Lehrer, Dornach 1992.
Goebel, Wolfgang / Glöckler, Michaela: Kindersprechstunde. Ein medizinisch-pädagogischer Ratgeber, Stuttgart 1994, 11. Aufl.
Goethe, Johann Wolfgang von: Dichtung und Wahrheit, hrsg. von Erich Trunz, Hamburg 1955. (= Hamburger Ausgabe Bd. 9 u. 10)
Hansen, Bernd (Hrsg.): Biographiearbeit, Flensburg 1991 (= Flensburger Hefte 31)
Havel, Vaclav: Versuch, in der Wahrheit zu leben, Reinbek 1989, 5. Aufl.
Herrhausen, Alfred: Denken – Ordnen – Gestalten. Reden und Aufsätze, München 1992.
Hoffmeister, Max: Die übersinnliche Vorbereitung der Inkarnation. Erkenntnisgrundlagen zur Frage der Wesenheit des Ich und der Regelung der Empfängnis, Basel 1991.
Husemann, Armin: Der musikalische Bau des Menschen. Entwurf einer plastisch-musikalischen Menschenkunde, Stuttgart 1993, 3. Aufl.
Internationale Vereinigung der Waldorfkindergärten e.V. (Hrsg.): Eurythmie im Kindergarten, Stuttgart 1988.
Kluge, Heidelore: Cato Bontjes van Beek: »Ich will nur eins sein, und das ist ein Mensch«. Das kurze Leben einer Widerstandskämpferin, Stuttgart 1995, 2. Aufl.
Kniebe, Georg: Die Temperamente in der modernen Psychologie. In: Erziehungskunst 11 / 97.
König, Karl: Die ersten drei Jahre des Kindes, Stuttgart 1994, 9. Aufl.
Kranich, Ernst-Michael u.a.: Die Bedeutung des Rhythmus in der Erziehung, Stuttgart 1992.
Lauenstein, Dieter: Der Lebenslauf und seine Gesetze, Stuttgart 1985, 5. Aufl.
Leber, Stefan: Der Schlaf und seine Bedeutung. Geisteswissenschaftliche Dimensionen des Un- und Überbewußten, Stuttgart 1996.
–: Die Menschenkunde der Waldorfpädagogik. Anthropologische

Grundlagen der Erziehung des Kindes und Jugendlichen, Stuttgart 1993.
–: Geschlechtlichkeit und Erziehungsauftrag. In: Die Geschlechtlichkeit des Menschen. Gesichtspunkte zu ihrer pädagogischen Behandlung, Stuttgart 1989, 2. Aufl.
Lenz, Johannes: Lebensgemeinschaft und Trauung – das Sakrament der Ehe, Stuttgart 1993, 2. Aufl.
Lievegoed, Bernard: Durch das Nadelöhr. Ein Leben mit der Anthroposophie, Stuttgart 1993, 2. Aufl.
–: Lebenskrisen – Lebenschancen. Die Entwicklung des Menschen zwischen Kindheit und Alter, Stuttgart 1991, 8. Aufl.
–: Der Mensch an der Schwelle. Biographische Krisen und Entwicklungsmöglichkeiten, Stuttgart 1994, 4. Aufl.
Lowndes, Florin: Die Belebung des Herzchakra. Ein Leitfaden zu den Nebenübungen Rudolf Steiners, Stuttgart 1996.
Lusseyran, Jacques: Das wiedergefundene Licht, Stuttgart 1966.
Maaz, Hans-Joachim: Der Gefühlsstau. Ein Psychogramm der DDR, München 1992.
Mandela, Nelson: Der lange Weg zur Freiheit. Eine Autobiographie, Frankfurt/M. 1994.
Miller, Alice: Das Drama des begabten Kindes und die Suche nach dem wahren Selbst, Frankfurt/M. 1995.
Novalis: Werke in einem Band, hrsg. von Hans-Joachim Mähl u. Richard Samuel, München 1981.
O'Neil, George und Gisela: Der Lebenslauf. Lesen in der eigenen Biographie, Stuttgart 1995, 2. Aufl.
Petersen, P./Rosenhag, Jeanne: Dieser kleine Funken Hoffnung. Therapiegeschichte eines sexuellen Mißbrauchs, Stuttgart 1994.
Prejean, Helen: Dead Man Walking. Sein letzter Gang, München 1996.
Prokofieff, Sergej O.: Die okkulte Bedeutung des Verzeihens, Stuttgart 1995, 3. Aufl.
Ritchie, George/Sherill, Elizabeth: Rückkehr von Morgen, Marburg 1990, 5. Aufl.
Rittelmeyer, Friedrich: Aus meinem Leben, Stuttgart 1986, 3. Aufl.
–: Meditationen. Zwölf Briefe über Selbsterziehung, Stuttgart 1989, 12. Aufl.
Rosenlechner, Hanspeter: »kids«. In: Erziehungskunst 9/1996.
Sanders, Barry: Der Verlust der Sprachkultur, Frankfurt/M. 1995.

Scheuerle, Hans Jürgen: Die Gesamtsinnesorganisation. Überwindung der Subekt-Objekt-Spaltung in der Sinneslehre, Stuttgart/New York 1984, 2. Aufl.

Schad, Wolfgang: Säugetiere und Mensch. Zur Gestaltbiologie vom Gesichtspunkt der Dreigliederung, Stuttgart 1991, 2. Aufl.

Schmidbauer, Wolfgang: Alles oder nichts. Über die Destruktivität von Idealen, Reinbek 1987.

Schröder, Hans-Werner: Mensch und Engel. Die Wirklichkeit der Hierarchien, Stuttgart 1993, 4. Aufl.

Sixel, Detlev: Rudolf Steiner über die Temperamente, Dornach 1990.

Soesman, A.: Die zwölf Sinne – Tore der Seele, Stuttgartt 1996, 2. Aufl.

Steiner, Rudolf: Allgemeine Menschenkunde als Grundlage der Pädagogik, Dornach 1992, GA 293.

–: Anweisungen für eine esoterische Schulung. Aus den Inhalten der »Esoterischen Schule«, Dornach 1973.

–: Die Erziehung des Kindes vom Gesichtspunkte der Geisteswissenschaft, Dornach 1992.

–: Die Geheimwissenschaft im Umriß, Dornach 1989, GA 13.

–: Die geistig-seelischen Grundkräfte der Erziehung, Dornach 1991, GA 305.

–: Die Offenbarungen des Karma, Dornach 1982, GA 121.

–: Die pädagogische Praxis vom Gesichtspunkte geisteswissenschaftlicher Menschenerkenntnis, Dornach 1989, GA 306.

–: Die Philosophie der Freiheit, Dornach 1995, GA 4.

–: Die Prüfung der Seele, Dornach 1956.

–: Reinkarnation und Karma – Wie Karma wirkt, Dornach 1985.

–: Soziale Zukunft, Dornach 1977, GA 332a.

–: Theosophie, Dornach 1987, GA 9.

–: Vom Lebenslauf des Menschen, hrsg. von Erhard Fucke, Stuttgart 1996, 5. Aufl.

–: Vom Wirken der Engel, hrsg. von Wolf-Ulrich Klünker, Stuttgart 1996, 3. Aufl.

–: Wahrheit und Wissenschaft, Dornach 1980, GA 3.

–: Wahrspruchworte, Dornach 1991, GA 40.

–: Wie erlangt man Erkenntnisse der höheren Welten, Dornach 1993, GA 10.

–: Wie kann die seelische Not der Gegenwart überwunden werden?, Dornach 1994.

–: Zur Sinneslehre, hrsg. von Christoph Lindenberg, Stuttgart 1994, 4. Aufl.

Steiner, Rudolf / Wegmann, Ita: Grundlegendes für eine Erweiterung der Heilkunst, Dornach 1984, GA 27.

Suchantke, Andreas: Sexualität – Individualität – Bewußtsein. In: Die Geschlechtlichkeit des Menschen. Gesichtspunkte zu ihrer pädagogischen Behandlung, Stuttgart 1989, 2. Aufl.

Treichler, Markus: Mensch – Kunst – Therapie. Anthropologische, medizinische und therapeutische Grundlagen der Kunsttherapien. Stuttgart 1996.

Twain, Mark: Gesammelte Werke, München 1985.

Wais, Mathias: Biographiearbeit und Lebensberatung. Krisen und Entwicklungschancen des Erwachsenen, Stuttgart 1996, 2. Aufl.

Wais, Mathias / Gallé, Ingrid: Der ganz alltägliche Mißbrauch. Aus der Arbeit mit Opfern, Tätern und Eltern, Ostfildern 1996.

Wolfram von Eschenbach: Parzival, Band 1: Buch 1–8 Mittelhochdeutsch / Neu-hochdeutsch, Stuttgart 1981 (= Reclams Universal-Bibliothek Nr. 3681)

Register